método 1
DE ESPAÑOL

A1

Libro del alumno
ESPAÑOL LENGUA EXTRANJERA

Coordinadores
Sara Robles Ávila y Salvador Peláez Santamaría

Autores
Francisca Cárdenas Bernal
Antonio Hierro Montosa
Sara Robles Ávila

Coordinadores

Sara Robles Ávila, profesora titular del Departamento de Filología Española I de la Universidad de Málaga

Salvador Peláez Santamaría, profesor del Departamento de Filología Española I y coordinador académico del Curso de Español para Extranjeros de la Universidad de Málaga

Autores

Francisca Cárdenas Bernal, Antonio Hierro Montosa, profesores del Curso de Español para Extranjeros de la Universidad de Málaga

Sara Robles Ávila, profesora titular del Departamento de Filología Española I de la Universidad de Málaga

Equipo editorial

EDICIÓN Y COORDINACIÓN: Milagros Bodas y Sonia de Pedro
ILUSTRACIÓN: Ximena Maier
CUBIERTA: Marivíes
DISEÑO Y MAQUETACIÓN: Seshat, producción gráfica y visual
CORRECCIÓN: Carmen Albert y Montserrat Sanz Mayo
EDICIÓN GRÁFICA: Nuria González y Seshat, producción gráfica y visual
ESTUDIO DE GRABACIÓN: Kingston Audiovisuales

Fotografías

AGE Fotostock; Agencia EFE; Archivo Anaya (Boe, O.; Cosano, P.; Enríquez, S.; Lezama, D.; Martín, J. A.; Ramón Ortega, P.-Fototeca de España; Ruiz, J. B.; Sánchez, J.; 6 x 6 Producción Fotográfica; Torres, O.; Valls, R.; Vázquez, A.); Cordon Press; 123RF/Quick Images

Fotografía de cubierta

AGE Fotostock

© DE LA AUTORÍA: Francisca Cárdenas Bernal, Antonio Hierro Montosa y Sara Robles Ávila
© DE LA COORDINACIÓN: Sara Robles Ávila y Salvador Peláez Santamaría
© DE LOS DIBUJOS Y GRÁFICOS: Grupo Anaya, S. A.
© DE ESTA EDICIÓN: Grupo Anaya, S. A. 2012

DEPÓSITO LEGAL: M-26990-2012
ISBN: 978-84-678-3041-5
PRINTED IN SPAIN

Las normas ortográficas seguidas en este libro son las establecidas por la Real Academia Española en su última edición de la *Ortografía*.

Reservados todos los derechos. El contenido de esta obra está protegido por la Ley, que establece penas de prisión y/o multas, además de las correspondientes indemnizaciones por daños y perjuicios, para quienes reprodujeren, plagiaren, distribuyeren o comunicaren públicamente, en todo o en parte, una obra literaria, artística o científica, o su transformación, interpretación o ejecución artística fijada en cualquier tipo de soporte o comunicada a través de cualquier medio, sin la preceptiva autorización.

MÉTODO ANAYA ELE:
UNA PROPUESTA INNOVADORA

MÉTODO Anaya Ele se presenta como una **propuesta innovadora** en el campo de la didáctica del Español que pone de manifiesto los avances en el ámbito de la enseñanza-aprendizaje de las segundas lenguas y de las lenguas extranjeras no solo desde el punto de vista teórico y procedimental sino desde la experiencia de un grupo de autores y coordinadores que, apoyados en las directrices técnicas y doctrinales de la ciencia, han plasmado en este método **lo mejor de la tradición** y de las **nuevas corrientes metodológicas.**

COMUNICACIÓN / PRAGMÁTICA

Son los dos pilares sobre los que se fundamenta **MÉTODO Anaya Ele. La lengua es comunicación y en este método resultan clave los aspectos pragmáticos, discursivos y los usos culturales de la lengua.** Así hemos querido plasmarlo en el manual, ya que todos los contenidos vienen demandados por una necesidad comunicativa y aparecen contextualizados en actuaciones auténticas. El objetivo es que el estudiante no solo desarrolle su competencia lingüística, sino también que produzca mensajes adecuados y apropiados a las situaciones de uso y a los fines para los que se construyen, que atienda a los aspectos codificados de la lengua y la cultura y, gradualmente, nivel tras nivel, a los no codificados, a los significados y a los sentidos, al contenido completo que se actualiza en una comunicación concreta. En definitiva, perseguimos desarrollar en el estudiante extranjero la **competencia pragmática,** entendiendo por tal la que se ocupa de la comunicación en toda su complejidad y extensión.

FOCO en el ALUMNO

MÉTODO Anaya Ele centra la atención en el **estudiante, eje del proceso de enseñanza-aprendizaje.** Por ello, se le asigna una función plenamente activa en todo momento y en todas las secciones que conforman las diferentes unidades del manual: atendiendo a sus motivaciones e intereses, incentivando su participación, promoviendo la reflexión, animándolo a la interacción significativa, ejercitando todas las destrezas y, en suma, facilitándole el aprendizaje de la lengua y la cultura.

MÉTODO Anaya Ele se dirige a estudiantes extranjeros jóvenes y adultos que desean aprender español con una secuencia didáctica perfectamente graduada, que va desde el nivel A1 hasta el nivel C2, y que sigue atentamente los presupuestos y las recomendaciones del *Marco común europeo de referencia para las lenguas* (MCER) y del *Plan curricular del Instituto Cervantes* (2007).

CONOCIMIENTO Y EXPERIENCIA: GARANTÍA DEL MÉTODO

Los equipos de trabajo de **MÉTODO Anaya Ele** poseen una **sólida formación** específica en el campo de la enseñanza de ELE y una **demostrada experiencia docente** con estudiantes extranjeros. Han combinado el saber teórico en el ámbito de la didáctica de lenguas extranjeras, fruto de la investigación y de la docencia universitaria como profesores especialistas y responsables de la línea de investigación dedicada a la enseñanza de ELE en los estudios de grado, máster y doctorado de la Universidad de Málaga, y la labor docente en el área de la enseñanza de español con alumnos y alumnas extranjeros. Esa doble vertiente –bien fundamentada metodológicamente y experimentada en el día a día de la docencia– se percibe con claridad en las páginas de este método y es la garantía de su valor. Este manual es, pues, la plasmación de una metodología que se fundamenta en las buenas prácticas que han surgido de tres ejes complementarios: **la formación, la investigación y la experiencia de sus promotores.**

INTENSIVO Y EXTENSIVO

MÉTODO Anaya Ele es un curso de español que ofrece una secuencia, pensada para desarrollarse en unas 80-100 horas de clase; y una sección *¡extra!* en cada unidad, diseñada como material para cubrir un curso extensivo o como complemento de refuerzo del curso intensivo. El manual se caracteriza por ofrecer un rico banco de prácticas que permite al docente y al estudiante avanzar en los contenidos y reforzarlos en su funcionalidad comunicativa.

Hemos querido mostrar un caudal extenso de propuestas didácticas, de manera que ni el profesor ni el estudiante sientan que les falta material para lograr los objetivos que se marcan en cada unidad del libro.

No obstante, la secuencia didáctica permite adaptar el método a cursos intensivos más breves y modularlo para alumnos que tengan distinto grado de dificultad en el aprendizaje de ELE. Además, como complemento perfecto del Libro del Alumno se ha elaborado el Cuaderno de Ejercicios, que se presenta como un valioso material de apoyo y de refuerzo de todos los contenidos aprendidos en las distintas unidades.

Su estructura en dos partes permite el manejo autónomo por parte del estudiante y la localización de las prácticas que desee trabajar en cada momento. En la sección **CONCENTRADOS EN LA LENGUA** el foco se dirige a las cuestiones lingüísticas tanto gramaticales como léxicas, fonéticas y ortográficas; mientras que en **CONCENTRADOS EN LAS DESTREZAS** se atiende a la puesta en práctica y a la ejercitación de las habilidades comunicativas orales y escritas, receptivas y productivas. Asimismo, esta última sección está diseñada también para la ejercitación de los contenidos por destrezas siguiendo de cerca el modelo de actividades de los **exámenes DELE.**

UN MÉTODO GRADUADO, DINÁMICO, CLARO

En el **MÉTODO Anaya Ele** se ha puesto mucha atención en la graduación y secuenciación de los contenidos de cada unidad, de manera que el estudiante vaya avanzando progresivamente sin tropiezos, sin lagunas. Para ello, hemos tratado de combinar el *input* con la consolidación y el refuerzo como un principio básico del método, de manera que en todo momento el estudiante se sienta capaz de desarrollar las acciones que se le proponen con los recursos que previamente se le han facilitado.

Hemos tratado de que la producción comunicativa a lo largo de cada unidad fluya natural en contextos de usos cercanos, necesarios e interesantes para el alumno.

ESTRUCTURA

El Libro del Alumno consta de **10 unidades** articuladas en cuatro secciones más el apartado *¡extra!*

Arrancamos con **CONTEXTOS,** sección entendida como la puerta por donde entra y sale la comunicación. En esta primera parte aproximamos a los alumnos a los contenidos de la unidad. En **CONTEXTOS** vamos a encontrar muestras de lengua (oral y escrita) en uso, textos aportados, *input* de entrada pero también actividades productivas en las que se va a pedir al estudiante que se exprese, que produzca mensajes, que genere un *output* empleando sus conocimientos previos, su experiencia o su intuición surgida a partir del *input* motivador aportado. Se trata de un primer acercamiento de carácter general a determinadas cuestiones lingüísticas y comunicativas programadas en la unidad.

▶ **Nos concentramos en OBSERVA Y APRENDE,** la sección dedicada a la **reflexión sobre el funcionamiento de la lengua** y a las conceptualizaciones **a partir del cuestionamiento**. Este espacio muestra la concepción metodológica que es la base del manual: asignar a los alumnos un papel activo en el proceso de enseñanza-aprendizaje para que, desarrollando su capacidad de inferencia, puedan ser capaces de ir descubriendo por sí mismos reglas, usos y estrategias de comunicación en español. En **Observa y Aprende** vamos a encontrar contenidos lingüísticos que el alumno, en una primera fase, tendrá que intentar descubrir a partir de muestras de comunicación por medio de estímulos, de sugerencias y de una incitación bien pautada.

Posteriormente, se presentan cuadros de contenidos explícitos tratados en la unidad (reglas, funciones, usos, recomendaciones, etc. sobre aspectos morfosintácticos, léxicos, fónicos, ortográficos, pragmáticos, culturales...). El objetivo de estos cuadros es proporcionar al estudiante de manera clara, concisa y ordenada las cuestiones lingüísticas de cada unidad que le sirvan para confirmar sus inferencias y como material de consulta.

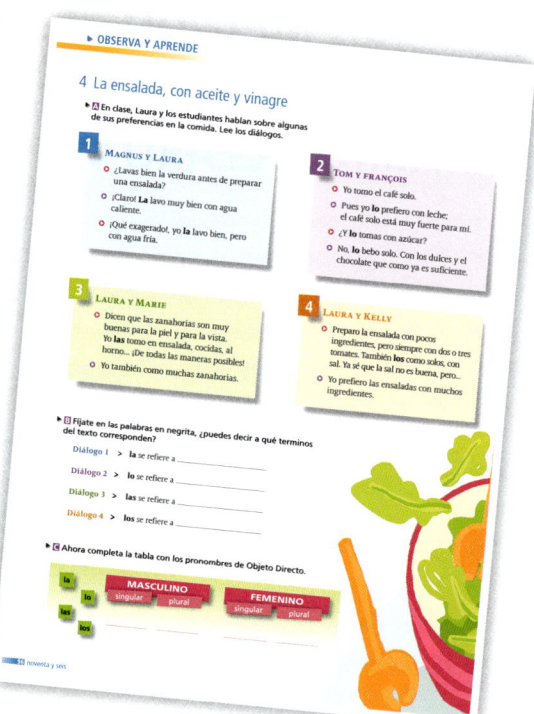

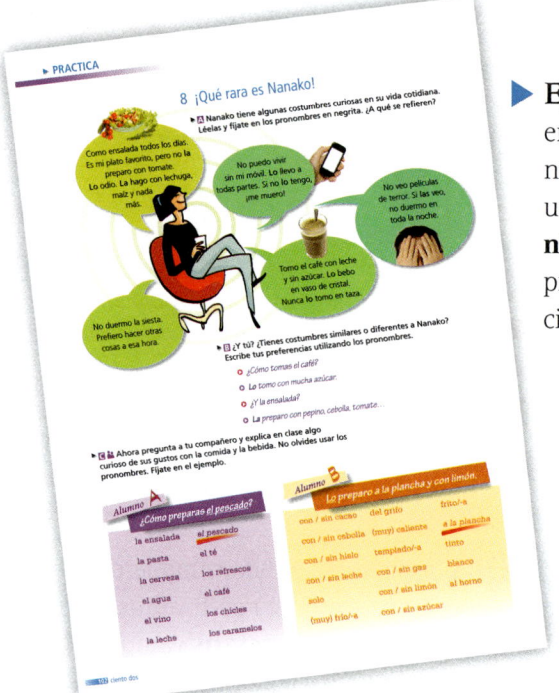

▶ **Ejercitamos los contenidos en PRACTICA.** Es un espacio para ensayar el *input* y concentrarse en la lengua mediante prácticas destinadas a la interiorización, a la aprehensión y automatización de reglas, usos y funciones; en definitiva, se trata de **la fijación de los contenidos lingüísticos.** En esta fase el estudiante será capaz de generar productos comunicativos como respuesta a un extenso corpus de ejercicios orales y escritos de reflexión y ensayo lingüísticos.

▶ Finalmente, en la sección **EN COMUNICACIÓN** animamos a los alumnos a la producción más libre, menos pautada, más próxima a los hablantes nativos de español, a través de actividades orientadas a **la ejercitación comunicativa** y centradas en la **transmisión de significados.** El estudiante en esta sección hace un uso personal de los recursos y de las herramientas que se le han proporcionado a lo largo de toda la unidad; tiene que activar su aprendizaje previo y ponerlo en uso, en comunicación auténtica en contextos reales y próximos a su entorno vital.

▶ Y, para acabar cada unidad, se incluye la sección

¡extra!

que consta de tres áreas:
- ✓ ¡EXTRA! CONTEXTOS
- ✓ ¡EXTRA! PRACTICA
- ✓ ¡EXTRA! EN COMUNICACIÓN

Está concebida como material para un curso extensivo que permita cubrir un mayor número de horas de clase, aunque en cursos de menor duración esta parte se puede usar como complemento de alguna o de todas las secciones de la unidad. En este espacio no se introducen contenidos nuevos sino que se refuerzan los de cada unidad mediante la **ampliación** de contextos de uso, nuevas prácticas formales centradas en la lengua y en su funcionamiento, y **minitareas de comunicación** semidirigidas y libres.

UN MÉTODO COMPLETO

MÉTODO Anaya Ele es una gran apuesta editorial que ofrece recursos muy variados para dar respuesta a las necesidades de los alumnos y profesores de español en el proceso de enseñanza-aprendizaje de ELE. Se compone de los siguientes materiales:

Libro del Alumno + CD audio
Cuaderno de Ejercicios + CD audio
Libro del profesor + CD audio

ÍNDICE

		Funciones comunicativas	Contenidos gramaticales
Unidad preliminar			
Hola, ¿qué tal?	pág. 12	• Saludar • Presentarse • Despedirse	
Unidad 1			
En Internet café Situación comunicativa: En un cibercafé	pág. 14	• Pedir y dar información personal • Identificar a una persona dentro de un grupo	• Verbo *ser* I • Los pronombres personales de sujeto • Género y número • El artículo determinado • El verbo *llamarse*
Unidad 2			
Hablamos de nosotros Situación comunicativa: Con los compañeros y los nuevos amigos	pág. 32	• Hacer y responder preguntas personales • Pedir y dar el número de teléfono • Preguntar y decir la hora	• El presente de los verbos regulares • El verbo *tener* • Verbo *ser* II • Interrogativos
Unidad 3			
Y tú, ¿con quién vives? Situación comunicativa: En casa	pág. 52	• Preguntar una dirección • Localizar a personas, objetos y lugares • Expresar existencia y ausencia • Expresar estados	• Verbo *estar* • Preposiciones y adverbios de lugar • Las contracciones *al* y *del* • *Hay / estar; Ser / estar* • El artículo indeterminado • Los indefinidos más usuales
Unidad 4			
Mi piso nuevo Situación comunicativa: Buscar alojamiento	pág. 72	• Expresar posesión y relación • Hablar del barrio y de los tipos de casas • Llamar por teléfono	• El presente de los verbos irregulares I • Los adjetivos y pronombres demostrativos • Adjetivos posesivos
Unidad 5			
Llenar la nevera Situación comunicativa: De tiendas: hacer la compra / De tapas	pág. 92	• Expresar preferencias o intereses • Preguntar por productos y sus precios • Expresar cantidades	• Verbos irregulares II • *Querer / Poder / Preferir / Desear* + Infinitivo • Los pronombres de objeto directo

Contenidos léxico-semánticos	Contenidos socioculturales	Contenidos pragmáticos	Contenidos fonéticos y ortográficos
• Expresiones para la comunicación en clase • Léxico de instrucciones en la clase • Los números del cero al diez		• Saludo y despedida informal	• El abecedario español
• Países • Nacionalidades • Profesiones • Colores	• Información general sobre España • El español en el mundo • Nombres y apellidos • Personajes significativos del mundo hispano	• Tú / Usted	• Las letras *g* y *j* • El signo @
• Adjetivos para la descripción de personas: el físico y el carácter • El tiempo cronológico: la hora • Los días de la semana • Los números del cero al cincuenta	• Los horarios en España y en Hispanoamérica	• Cortesía: *gracias* • Los atenuantes en las descripciones de aspectos negativos • La fórmula negativa atenuadora para evitar una afirmativa	• Las letras *qu* y *c*
• Adjetivos para la descripción y el estado de los objetos, lugares y personas • La casa I • Los números del cincuenta al mil uno	• Aspectos culturales de Málaga • La tradición de las doce uvas de la suerte	• Modales y cortesía	• Las letras *s*, *c* y *z*
• La casa II: salón, cocina y baño • Tipos de viviendas y características • El barrio y la calle	• Tipos de viviendas en España y en otros lugares del mundo • Barrios famosos del mundo hispano	• Fórmulas para comenzar un intercambio con una persona desconocida: *Oye / Oiga* • Fórmulas propias de las conversaciones telefónicas	• Las letras *b* y *v*
• La comida y la bebida • Tipos de tiendas • Verbos que se prestan a confusión: *conocer* y *saber*	• La comida y la bebida en el mundo hispánico • Tradiciones culinarias: las tapas	• Consonantizaciones para expresar gusto, agrado y deseo: ¡*Mmmm*! • Expresiones para mostrar desacuerdo: ¡*No, hombre, no!*, ¡*Qué va!* • Expresiones para mostrar acuerdo: ¡*Claro!*, ¡*Claro que sí!*	

ÍNDICE

	Funciones comunicativas	Contenidos gramaticales
▶ **Unidad 6**		
Mi vida día a día pág. 112 Situación comunicativa: Ir de compras	• Describir acciones habituales • Expresar la frecuencia de las acciones • Expresar coincidencia o divergencia de opinión	• Los verbos pronominales • Los pronombres reflexivos • *Soler* + Infinitivo • *También / Tampoco* • *Dormir / Dormirse*
▶ **Unidad 7**		
Nos vemos en la fiesta pág. 134 Situación comunicativa: De fiesta	• Expresar gustos e intereses • Contrastar gustos • Hablar de actividades de ocio y tiempo libre	• Los verbos *gustar, encantar, apetecer* e *interesar* • Las estructuras *A mí también / A mí tampoco; (Pues) a mí sí / (Pues) a mí no* • Los pronombres personales de objeto indirecto • Preposiciones *por* y *para* • El verbo *llevar* (ropa)
▶ **Unidad 8**		
¿Estás bien? Tienes mala cara pág. 152 Situación comunicativa: Cita con el médico	• Preguntar por la salud • Expresar sensaciones físicas • Mostrar dolor • Pedir cita con el médico • Expresar obligación y necesidad • Hacer recomendaciones	• El verbo *doler* • Perífrasis de obligación: *Deber / Tener / Hay que* + Infinitivo • Verbos que se prestan a confusión: *ir / venir; traer / llevar*
▶ **Unidad 9**		
Todo sobre mi familia pág. 172 Situación comunicativa: Con la familia	• Describir una acción que se está realizando • Hablar de acciones futuras • Expresar planes y proyectos • Hablar de las relaciones personales y de parentesco • Hablar del clima	• *Estar* + Gerundio • Futuro inmediato: *ir a* + Infinitivo • Adverbios de cantidad: *muy, mucho, poco, bastante, demasiado* • *Hay / hace* • *Llover, nevar*
▶ **Unidad 10**		
¡Ha sido increíble! pág. 190 Situación comunicativa: De viaje	• Hablar de experiencias pasadas relacionadas con el presente • Preguntar y responder afirmativa o negativamente si se ha terminado una acción • Preguntar y responder si se ha hecho algo alguna vez • Pedir y dar opinión • Manifestar acuerdo y desacuerdo	• Pretérito perfecto • Adverbios de tiempo: *ya, todavía (no), aún (no)* • Contraste presente / pretérito perfecto

Transcripciones pág. 209 | **Glosario** pág. 217

Contenidos léxico-semánticos	Contenidos socioculturales	Contenidos pragmáticos	Contenidos fonéticos y ortográficos
• Actividades cotidianas • Adverbios de frecuencia • Léxico relacionado con el ocio (deportes, cine, música…)	• Lugares para comprar: el rastro, grandes almacenes y tiendas pequeñas • El cine español • La música	• Mostrar expresividad cuando se está de acuerdo o en desacuerdo con alguien: *¡Ah, y yo también / tampoco!*, *¡Ah, pues yo sí / no!*	• Las grafías *ll* e *y*
• La ropa • Ocio y aficiones	• Gustos e intereses de los españoles y gente de otros países • Fiestas populares españolas e hispanoamericanas	• Fórmulas para pedir disculpas (*perdona*) • Justificaciones con *por*, *porque* y *es que* • Los titubeos: *ah, hum…*	
• El cuerpo humano • Expresiones con el verbo *tener*: *fiebre, tos, gripe…* • Expresiones con el verbo *estar*: *mareado, resfriado…* • Léxico sobre la salud y la enfermedad • Los teléfonos móviles e Internet	• Interés por la salud de otras personas • Nuevas adicciones • La solidaridad: ONG	• Introducir una objeción: *pero* • Atenuantes para restar importancia a algo	
• La familia • El clima • Las estaciones del año • Los meses del año	• Relaciones familiares y de amistad • Acontecimientos familiares: cumpleaños • Los reyes de España	• El tratamiento en las conversaciones telefónicas • Expresiones para mostrar desagrado: *¡Uf!, ¡Qué rollo!* • *Pues…* para iniciar una intervención	• La división silábica • La sílaba tónica
• Los viajes • La ciudad • Lugares turísticos	• Los viajes de los españoles • Ciudades españolas: Madrid, Granada y Vigo	• Fórmulas enfáticas para mantener el contacto con el lector en los textos escritos: *¡Claro!, ¿Sabes?, ¡Mira!*	

Unidad preliminar
Hola, ¿qué tal?

1 Nos saludamos

🔊 1|01

Saludos

¡Hola!
Hola, ¿qué tal?
Bienvenido / Bienvenida
Buenos días
Buenas tardes
Buenas noches

Presentaciones

¿Cómo te llamas?
Me llamo…

Despedidas

¡Adiós!
¡Hasta luego!
¡Hasta mañana!

2 Instrucciones de clase

🔊 1|02 Escucha y marca la palabra según el orden de audición.

☐ Lee	☐ Juega	☐ Compara
☐ Escucha	☐ Habla	☐ Corrige
☐ Contesta	☐ Comprueba	☐ Fíjate
☐ Escribe	☐ Marca	☐ Relaciona
☐ Completa	☐ Mira	

3 Comunicación para la clase

▶ Relaciona.

1. Más despacio, por favor.
2. ¿Cómo se deletrea?
3. ¿Cómo se escribe?
4. ¿Puede repetir, por favor?
5. ¿Qué significa…?
6. ¿Cómo se dice… en español?
7. ¿Cómo? No comprendo.
9. Más alto, por favor.

a. No sabes si es *avión* o *abión*.
b. Hablan rápido.
c. Preguntas las letras de una palabra.
d. Hablan bajo.
e. Quieres escuchar otra vez.
f. Quieres usar una palabra en español.
g. Una persona te pregunta algo y no sabes.
i. No comprendes la palabra.

4 El abecedario español

● A, B, C...

🔊 1 | 03

a, A	(a)	árbol	u, U	(u)	uva
b, B	(be)	botella	v, V	(uve o be corta)	vaso
c, C	(ce)	casa	w, W	(uve doble)	waterpolo
d, D	(de)	dados	x, X	(equis)	taxi
e, E	(e)	elefante	y, Y	(i griega o ye)	yogur
f, F	(efe)	flor	z, Z	(zeta)	zapato
g, G	(ge)	gato			
h, H	(hache)	helado			
i, I	(i)	iglesia			
j, J	(jota)	jabón			
k, K	(ka)	kilo			
l, L	(ele)	lápiz			
m, M	(eme)	mesa			
n, N	(ene)	naranja			
ñ, Ñ	(eñe)	piña			
o, O	(o)	oso			
p, P	(pe)	pelota			
q, Q	(cu)	queso			
r, R	(erre)	oro			
s, S	(ese)	sopa			
t, T	(te)	taza			

→ ATENCIÓN

Hay sonidos que se representan con combinaciones de dos letras:

- **ch (che)** *chocolate*
- **gu (gue)** *guitarra*
- **ll (elle)** *llave*
- **qu (cu)** *queso*
- **rr (erre doble)** *pizarra*

→ ATENCIÓN

	B / V	*Bienvenidos / vestido* Se pronuncian igual.
	LL / Y	*Llave / yate* Generalmente se pronuncian igual.
/k/	C + a, o, u	Cacao, coco, cuerpo
	Qu + e, i	Queso, quince
/θ/	Z + a, o, u	Zapato, zona, zumo
	C + e, i	Cero, cine
/g/	G + a, o, u	Gato, gota, guapa
	Gu + e, i	Guernica, gueto, guitarra
/x/	J + a, e, i, o, u	Jamón, jefa, jirafa, juego, José, julio
	G + e, i	Gente, página

5 Cosas de la clase

▶ Fíjate en estas palabras, ¿qué significan?
Para explicarlas búscalas en la clase. ¿Están todas?

lápiz > ___		papelera > ___		libro > ___	
mesa > ___		goma > ___		sacapuntas > ___	
pizarra > ___		ventana > ___		estuche > ___	
bolígrafo > ___		puerta > ___		silla > ___	
cuaderno > ___		ordenador > ___		carpeta > ___	

6 Número a número

▶ 🔊 1 | 04 Escucha, repite y deletrea.

1 Uno 2 Dos 3 Tres 4 Cuatro 5 Cinco
6 Seis 7 Siete 8 Ocho 9 Nueve 10 Diez

▶ **Unidad 1**

En Internet café

▶ **Necesitamos aprender**
- Los verbos SER (I) y LLAMARSE
- Los artículos
- El género
- El número
- Las profesiones y los colores

▶ **Para**
- Presentarnos e identificarnos

Buenos días, me llamo Magnus. Soy de Suecia.

Hola, ¿qué tal? Soy Nanako, de Japón.

> CONTEXTOS

1

1 Nuestros compañeros

▶ 🔊 1|05 En la nueva clase de español hay muchos alumnos de diferentes países del mundo. Lee y escucha cómo se presentan.

- Hola. Soy Hellen y soy de Alemania.
- Mi nombre es Kelly. Soy de Estados Unidos.
- Hola, chicos. Soy François y soy francés. ¿Y tú? ¿Cómo te llamas?
- Yo me llamo Marie y también soy de Francia. Encantada.

2 Los amigos de mis amigos

▶ **A** 🔊 1|06 Escucha y relaciona cada foto con su diálogo correspondiente.

1 Diálogo: _____

2 Diálogo: _____

3 Diálogo: _____

quince **15**

CONTEXTOS

▶ **B** 🔊 1 06 Escucha otra vez la grabación y completa los diálogos.

1.
¡Hola! _____ Elke Grass.

¡Hola!, _____ Soy Isabel, soy española.

Encantada, Isabel.

2.
¡Hola!, ¿_____?

¿Yo? Me llamo Pei Yang y _____ de China. ¿Y tú?

Yo me llamo Elke, y soy de Alemania.

_____, Elke.

3.
Hola, ¿qué tal?

Bien, _____. Soy Diego Ramírez, de México. ¿_____?

Soy Elke, de Alemania. _____.

3 En un cibercafé

▶ Magnus, el chico de Suecia, está en un cibercafé. Allí conoce a otros estudiantes de su nueva escuela de español. Imagina la nacionalidad y la profesión de los nuevos amigos.

→ Mecánico, informática, profesor, escritora.
→ Estadounidense, marroquí, holandesa, finlandés.

Tom Clancy
profesión: _____
nacionalidad: _____

Fátima Rachidi
profesión: _____
nacionalidad: _____

Margot Versteeg
profesión: _____
nacionalidad: _____

Marti Pärsinen
profesión: _____
nacionalidad: _____

> OBSERVA Y APRENDE

4 Gente del mundo

▶ **A** Fátima tiene muchos amigos en la Red social Mundobook. Fíjate en sus nombres. Son de diferentes países.

Mundobook
- Pierre, Francia
- Willem, Holanda
- Brigitte, Alemania
- Liang, China
- Reinaldo, Cuba
- Raquel, España
- Francesco, Italia
- Roberto, Argentina
- Regina, Brasil

▶ **B** En parejas, completad el cuadro con los países de la actividad A y su correspondiente nacionalidad. Fijaos en las fotos.

Cuba	Cub_____
Argentina	Argentin_____
_____	_____
_____	_____
_____	_____
_____	_____
_____	_____
_____	_____

▶ **C** Escribe en la pizarra tu país de origen y tu nacionalidad.

Birkir es de Islandia. → Birkir es islandés.

Yo soy de _____ → Soy _____

▶ OBSERVA Y APRENDE

5 Gente en Mundobook

▶ **A** Fátima chatea con Graciela, una nueva amiga de la Red:

Mundobook — Chat

- Hola, ¿cómo te llamas?
- Hola, soy Graciela. ¿Y tú?
- Yo soy Fátima. ¿De dónde eres?
- Soy de Mar del Plata, Argentina.
- Yo soy marroquí. ¿Cuál es tu profesión?
- Soy enfermera. ¿Y tú?
- Yo soy informática.

▶ **B** ¿Cómo preguntas...?

Nombre > _____
Nacionalidad > _____
Profesión > _____

6 Gente famosa

▶ **A** Relaciona cada tarjeta con su fotografía correspondiente y descubre a los cuatro españoles famosos.

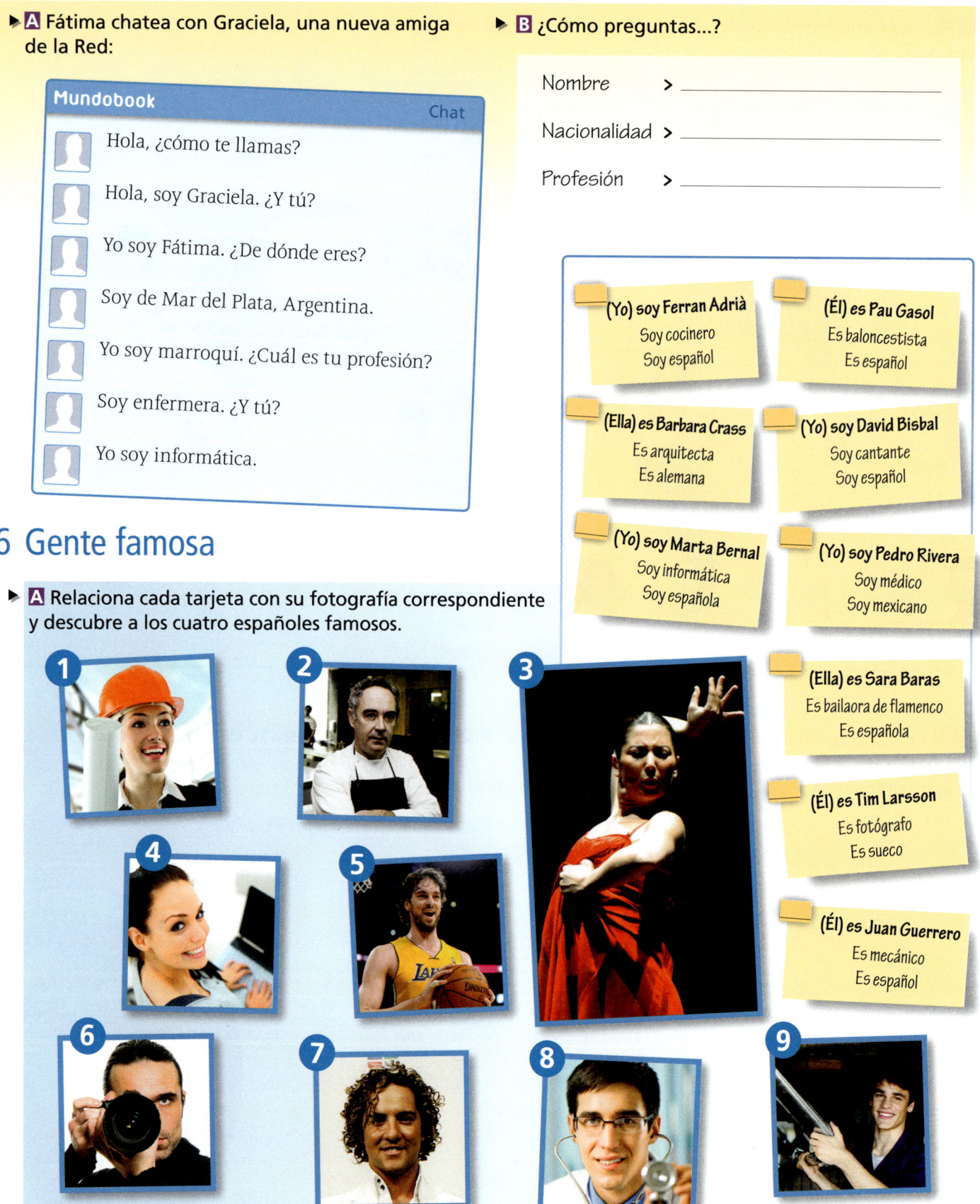

(Yo) soy Ferran Adrià
Soy cocinero
Soy español

(Él) es Pau Gasol
Es baloncestista
Es español

(Ella) es Barbara Crass
Es arquitecta
Es alemana

(Yo) soy David Bisbal
Soy cantante
Soy español

(Yo) soy Marta Bernal
Soy informática
Soy española

(Yo) soy Pedro Rivera
Soy médico
Soy mexicano

(Ella) es Sara Baras
Es bailaora de flamenco
Es española

(Él) es Tim Larsson
Es fotógrafo
Es sueco

(Él) es Juan Guerrero
Es mecánico
Es español

▶ **B** 🔊 1 07 Escucha la grabación y comprueba quiénes son los españoles.

7 «Ser o no ser»

A En las presentaciones de la actividad anterior aparecen algunas formas del verbo SER. Completa el cuadro.

[es / soy / son]

Yo	
Ella	
Él	
Ellas	son
Ellos	

B 🔊 1|08 Escucha y completa el resto de las formas del verbo SER.

	SER
Tú	
Usted	
Nosotros /-as	
Vosotros /-as	
Ustedes	

C María tiene errores en su tabla del verbo SER. Corrígelos.

Yo	eres
Tú	soy
Usted	son
Él	es
Ella	sois
Nosotros /-as	sois
Vosotros /-as	somos
Ustedes	es
Ellos / Ellas	son

D ¿Qué significa SER en cada caso? Relaciona cada frase con su uso.

Soy de Mar del Plata, Argentina: _____

Linda Adans es escritora: _____

Hola, soy Sandra: _____

Ellos son famosos: _____

1. Característica de un objeto o de una persona.
2. Identificar objetos o a personas.
3. Procedencia.
4. Profesión.

OBSERVA Y APRENDE

Gramática y léxico

VERBO SER

Yo	soy	Nosotros /-as	somos
Tú	eres	Vosotros /-as	sois
Usted	es	Ustedes	son
Él / Ella	es	Ellos / Ellas	son

Usos de Ser

- Identificar objetos o a personas.
  Málaga es una ciudad de Andalucía.
  Este chico es Juan.
- Procedencia o nacionalidad.
  Antonio Banderas es español.
- Característica de un objeto o de una persona.
  La bandera española es roja y amarilla.
  María es alta.
- Expresar la profesión.
  Carlos es cocinero.
- Descripción del carácter.
  Ella es simpática y él también, pero tímido.

EL ARTÍCULO DETERMINADO

- **Masculino**
  EL: *libro, cuaderno, lápiz, estudiante.*
  LOS: *libros, cuadernos, lápices, estudiantes.*
- **Femenino**
  LA: *carpeta, pizarra, llave.*
  LAS: *carpetas, pizarras, llaves.*

LOS COLORES

- amarillo
- verde
- azul
- rojo
- gris
- marrón
- negro
- morado
- rosa
- blanco
- naranja

LLAMARSE

Yo	me	llamo	Nosotros /-as	nos	llamamos
Tú	te	llamas	Vosotros /-as	os	llamáis
Usted	se	llama	Ustedes	se	llaman
Él / Ella	se	llama	Ellos / Ellas	se	llaman

Cortesía

Informal	formal
tú	usted
vosotros	ustedes
¿De dónde **eres** tú?	¿De dónde **es** usted?
¿De dónde **sois** vosotros?	¿De dónde **son** ustedes?

¡Observa!

Tú **eres** / usted **es**   él / ella **es**
Vosotros **sois** / ustedes **son**   ellos / ellas **son**

EL GÉNERO

■ Masculino		■ Femenino	
-o:	cocine**ro**	**-a**:	cocine**ra**
CONSONANTE:	alem**án**	**+a**:	aleman**a**

Masculino	**-e**:	estudiant**e**
y	**-a**:	periodist**a**
Femenino	**-í**:	marroqu**í**

EL NÚMERO

	Singular	Plural
VOCAL:	coch**e** +	**s**: coch**es**
CONSONANTE:	jove**n** +	**es**: jóven**es**
-í:	marroqu**í** +	**íes**: marroqu**íes**
-z:	lápi**z**, lu**z** +	**ces**: lápi**ces**, lu**ces**

Pronunciación

Las letras G y J

- JA, JE, JI, JO, JU, GE, GI se pronuncian como [x].
  Jamón, jefe, jirafa, joven, juguete, gente, gigante.
- GA, GUE, GUI, GO, GU se pronuncian como [g].
  Gato, guerra, guitarra, goma, guapo.

El signo **@** en español se dice «arroba».

▶ PRACTICA

8 ¿Masculino o femenino?

▶ **A** Ordena las siguientes sílabas y forma palabras.

1. bro · li   > _____ ___
2. pe · car · ta   > _____ ___
3. sor · pro · fe > _____ ___
4. za · rra · pi   > _____ ___

5. fer · me · ra · en > _____ ___
6. da · ga · bo · a   > _____ ___
7. sa · me   > _____ ___
8. pa · pe · ra · le > _____ ___

▶ **B** Ahora escribe al lado de cada sustantivo de la actividad A, una (M) si es masculino y una (F) si es femenino.

▶ **C** 👥 En la actividad A hay tres nombres de profesiones ¿Cuáles son? En gran grupo, recordad todos los sustantivos de profesiones que sabéis.

▶ **D** Clasifica estos adjetivos en su columna correspondiente. Algunos pueden ser masculinos y femeninos al mismo tiempo.

español, cubano, amable, tímido, inteligente, simpática, amarilla, italiano, marroquí, china, blanco, francés, optimista

Masculino	Femenino	Masculino / Fememino

▶ **E** Ahora escribe el género contrario de los adjetivos del ejercicio D.

Española...

▶ PRACTICA

9 El bocata, los bocatas

> **Gramática**
>
> **ARTÍCULOS DETERMINADOS**
> - EL, LA (singular)
> - LOS, LAS (plural)

▶ Escribe el nombre y el artículo correspondientes a estas imágenes.

1. > _____ _____ 
2. > _____ _____ 
3. > _____ _____ 
4. > _____ _____ 
5. > _____ _____
6. > _____ _____ 
7. > _____ _____ 
8. > _____ _____

10 Coche, coches

▶ Escribe el plural de las siguientes palabras.

1. Marroquí _____
2. Japonés _____
3. Escritor _____
4. Profesora _____
5. Francesa _____
6. Ventana _____
7. Televisión _____
8. Niño _____
9. Chica _____
10. Portugués _____
11. Azul _____
12. Andaluz _____

11 Los tomates rojos

▶ Escribe frases con el verbo SER y con los adjetivos en su forma correspondiente.

Estudiante   Guapo
Español   Caro
Grande
Interesante   Alemán

1. Hans y yo _____
2. La madre de Antonio _____
3. La clase _____
4. Los libros _____
5. El coche _____
6. Roberto _____
7. Tú y Kelly _____

12 ¿Es el amigo de Paco?

▶ **A** Completa las preguntas con el verbo SER y los artículos. Después relaciona cada pregunta con su respuesta.

1. ¿Quién _____ novio de Belén?
2. ¿De qué color _____ coche de María?
3. ¿Vosotros _____ compañeros de clase de Jaime?
4. ¿Cuál _____ color favorito de Alfredo?
5. ¿_____ libros de Ana?

a. El azul.
b. No, son los libros de Carlos.
c. Martin, el chico alemán.
d. Blanco.
e. Sí, somos nosotros.

▶ **B** 🔊 1|09 Escucha la audición y completa las oraciones con las profesiones de los amigos de Fátima.

1. Manolo y su mujer son _____
2. Marina es _____
3. Vosotros sois _____, ¿no?
4. Carmen y Sonia son _____
5. Raúl es _____

▶ **C** Y ahora tú, ¡contesta!

¿Cuáles son tus colores favoritos? _____

Mi compañero de clase es _____

Mi novio es _____

¿Quién es tu mejor amigo? _____

¿Cuál es tu bebida favorita? _____

¿De dónde es tu padre? _____

▶ **PRACTICA**

13 Tú decides

▶ Completa con la forma correcta del verbo SER y explica su uso en cada caso.

1.
¿De qué color _____ la bandera española?
Creo que _____ roja y amarilla.
USO > _____

2.
¿Usted _____ español?
No, _____ argentino.
USO > _____

3.
¿Quién _____ la profesora?
Isabel López.
USO > _____

4.
¿Ustedes _____ abogados?
No, _____ informáticos.
USO > _____

5.
¿Cómo _____ la clase?
Muy interesante.
USO > _____

6.
¿De dónde _____ vosotros?
_____ americanos.
USO > _____

7.
¿Tú _____ de Málaga?
No, yo _____ de Granada.
USO > _____

8.
¿Cómo _____ ellas?
_____ muy simpáticas.
USO > _____

9.
¿Qué _____ esto?
_____ un regalo para ti.
USO > _____

10.
¿Quién _____ usted?
_____ el padre de Jaime.
USO > _____

14 Arco iris

▶ Escribe los colores de la paleta del pintor.

_____ > 1.
_____ > 2.
_____ > 3.
_____ > 4.
_____ > 5.
_____ > 6.
_____ > 7.
_____ > 8.
___*amarillo*___ > 9.
_____ > 10.
_____ > 11.

15 La a**g**enda del **j**efe

▶ 🔊 1 10 ¿Con G o con J? Escucha y completa las siguientes palabras.

1. ___ ENTE
2. ___ ENEROSO
3. A ___ ENDA
4. ___ EL

5. ___ EFE
6. GARA ___ E
7. ___ INETE
8. PAISA ___ E
9. E ___ ÉRCITO

10. E ___ EMPLO
11. ___ IMNASIO
12. A ___ ENCIA
13. E ___ ERCICIO

veinticinco **25**

> **EN COMUNICACIÓN**

16 Mis amigos del mundo

▶ Habla con tus compañeros de tres personas que conoces de otros países.

- Su nombre _____
- Su nacionalidad _____
- Su profesión _____
- ¿Cómo es? _____
- ¿Quién es tu amigo favorito? ¿Por qué? _____

17 El mundo del español

▶ **A** Nuestros amigos de la clase visitan el foro Mundo Hispánico con información y curiosidades sobre el español.

 FORO

Mundo hispánico

El Español

¿Sabes dónde se habla español?

En casi todos los países de América del Sur, en América Central y en España se habla español como primera lengua. Pero también en África se habla español: en la República de Guinea Ecuatorial es lengua oficial junto con el francés.

▶ **B** Fíjate en el mapa y piensa en un país. Tú dices la primera letra del nombre y tu compañero dice el país que puede ser y después contestas *sí* o *no* hasta descubrir el nombre correcto.

▶ **C** Ahora lee esta información sobre los nombres y los apellidos en el mundo hispano.

Nombres y apellidos

¿Sabías que...?

Los españoles, a veces, tenemos dos nombres: *María José, Ana María, Luis Alfredo...*

En España, a veces, el bebé se llama como su padre o su madre.

Nombres populares en España:
HOMBRE: *Antonio, José, Paco, Carlos, Juan.*
MUJER: *Lola, María, Carmen, Ana, Pilar.*

ESPAÑA

...ÚBLICA DOMINICANA
...UERTO RICO

GUINEA ECUATORIAL

En Hispanoamérica, muchas personas también tienen dos nombres.

En la mayoría de los países donde se habla español las personas tienen dos apellidos:
Yo me llamo Juan Carlos Rojas Pérez. *Rojas* es el primer apellido de mi padre, *Pérez* el primer apellido de mi madre.

José y **María** son nombres para chico y chica, ¡PERO FÍJATE EN EL ORDEN!: *José María* (para hombre) y *María José* (para mujer).

▶ **D.** ¿Y en tu país? Comenta tus opiniones con tus compañeros.

– En mi país, el nombre de chica más popular es…

– Yo tengo dos nombres, como en España.

– Los apellidos en mi país…

– Yo no me llamo como mi padre…

Léxico

- Como = igual que.

veintisiete 27

¡extra! ▶ CONTEXTOS

1 Famosos españoles y latinoamericanos

Elige a un personaje y busca información en Internet. Presenta tu investigación a los compañeros de clase.

Presentación
Nombre, Profesión, Nacionalidad

Shakira • Javier Bardem y Penélope Cruz • Ágatha Ruiz de la Prada
Guillermo del Toro • Juanes • Isabel Allende • Alejandro Amenábar

¡extra! ▶ PRACTICA

2 ¿Con G o con J?

▶ **A** Uno de los chicos de la clase, Tom, tiene problemas con las letras J y G. Corrige los errores de su correo electrónico.

Mundobook e-mail

De: tom86@hotmail.com
Para: clase@nosotros.es
Asunto: ¡AYUDA!

¡Hola, chicos! ¡Ayuda! ¡Por favor!
No sé si las siguientes palabras están bien escritas:

JIGANTE   GATO   GUERRA   GITARRA   GEFE
JOVEN   GOMA   GUAPA   JERANIO   JUGETE

▶ **B** 🔊 1 11 Escucha y completa con las letras G o J.

1. Ma____o
2. Ar____entina
3. ____erez
4. ____iro
5. ____irafa
6. Pa____ar
7. Ju____etería
8. Cie____o
9. Ma____o

▶ **C** Completa la tabla. Una misma palabra puede estar en los dos géneros.

→ goma, es, marrón, joven, deportistas, somos, sois, irlandés, luces, camión, leche, dulces, caramelos, torres, eres, son, cocinera, amable, simpáticas, estudiantes, soy

Género		Número	
Masculino	Femenino	Singular	Plural
	goma	goma	
		es	

¡extra! ▶ EN COMUNICACIÓN

3 ¿Soy...?

▶ **A** 🔊 1|12 Escucha la grabación y completa el cuadro con las palabras que faltan. Así descubres a un famoso personaje del mundo hispano. ¿Quién es?

Nacionalidad
Ciudad de origen
Profesión
Nombre
Obra famosa
Hombre o mujer

▶ **B** 🔊 1|13 Los chicos de la clase tienen más información sobre España. Escucha la audición y relaciona la imagen con el lugar en el mapa.

4 ¿Qué sabes tú de España?

▶ 👥 Intercambiad más información sobre España.

Ejemplos:

– Yo sé que Ibiza es una isla muy turística con muchos jóvenes.

– Y yo que las playas de Cádiz son muy grandes y bonitas.

– Yo sé que …

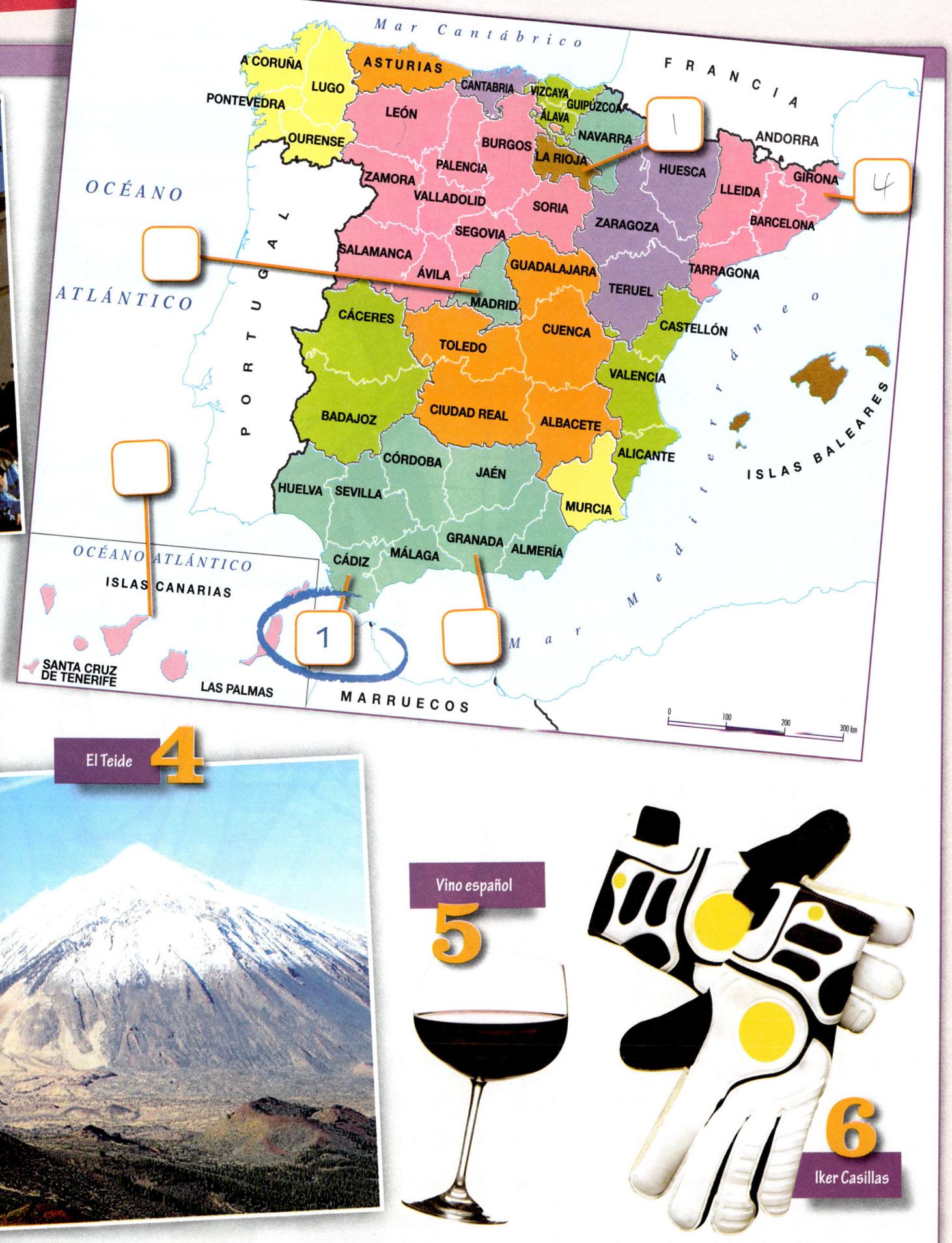

▶ Unidad 2
Hablamos de nosotros

▶ **Necesitamos aprender**
- El presente de los verbos regulares
- El verbo TENER
- El verbo SER (II)
- Los interrogativos
- Los adjetivos de descripción física y de carácter
- La hora en español
- Los números del 0 al 50

▶ **Para**
- Hacer y responder preguntas personales
- Pedir y dar el número de teléfono
- Preguntar y decir la hora

¿De dónde eres?

▶ **CONTEXTOS**

1 Los nuevos amigos

▶ Kelly habla con Carmen, una chica de Málaga. Relaciona ambas partes del diálogo.

De Málaga.

1. ¿Cuál es tu profesión?
2. ¿Cuántos años tienes?
3. ¿De dónde eres?
4. ¿Cuál es tu dirección?
5. ¿Tienes hermanos?
6. ¿Dónde estudias?
7. ¿Con quién vives?
8. ¿Cuál es tu deporte favorito?
9. ¿Cómo se llama tu novio?
10. ¿Cómo es Miguel?
11. ¿Qué significa AMABLE?
12. ¿Cuándo es tu cumpleaños?
13. ¿A qué hora es tu clase?
14. ¿Cuál es tu teléfono?

A) Con mi novio.
B) Es amable, simpático y guapo.
C) c/ Larios 4, primero A.
D) En la escuela oficial de idiomas.
E) Soy estudiante de inglés.
F) A las nueve.
G) De Málaga.
H) Miguel.
I) *Polite* en inglés.
J) Tengo diecinueve.
K) El día 19 de noviembre.
L) Me gusta correr y montar en bici.
M) Sí, tengo dos.
N) El 600 000 8115.

2 Miguel, el novio de Carmen

▶ 🔊 1 14 Escucha a Miguel hablar sobre sí mismo y contesta.

1. ¿De dónde es la familia de Miguel? _____

2. ¿Cuántos hermanos tiene? _____

3. ¿Quién es María y cómo es? _____
_____

4. ¿Cómo es el carácter de Miguel? _____

5. ¿A qué se dedica Miguel? _____

treinta y tres **33**

▶ CONTEXTOS

3 Sobre ti

▶ **A** Esta es Kelly. Vamos a leer su presentación.

Me llamo Kelly, soy de Estados Unidos, de California. Tengo 20 años.

Estudio comercio internacional y por eso el español es importante para mis estudios. Vivo en la residencia de la Universidad de San Francisco y, cuando tengo vacaciones, viajo a San José, a la casa de mis padres. San José es demasiado tranquilo para mí. Una ciudad grande es más interesante.

Yo soy una persona abierta y muy sociable. Juego al baloncesto en mi universidad. Como mucha verdura, pocas hamburguesas y ¡claro!: ¡mucha mantequilla de cacahuetes!

▶ **B** Ahora ya podemos preguntar a Kelly sobre los siguientes aspectos. Fíjate en las preguntas de la actividad 1.

1. La familia: ¿_____?
2. Actividades de fin de semana: ¿_____?
3. Número de teléfono: ¿_____?
4. Comida favorita: ¿_____?
5. Nombre de su mejor amigo: ¿_____?
6. Carácter de sus padres: ¿_____?
7. Lugar de vacaciones: ¿_____?
8. Número de horas en la universidad: ¿_____?
9. Intereses: ¿_____?

▶ **C** ¡Ahora tú! Pregunta a tus compañeros de clase sobre aspectos personales.

> Candy, ¿de dónde es tu familia?

< Mi familia es de _____

4 Mi vida

A Marie, la chica francesa de la clase, escribe en su blog algunas de las actividades que hace normalmente en España. Lee con atención.

Blog de Marie Deneave

> Estudiar español.
> Aprender a tocar la guitarra española.
> Bailar salsa.
> Escribir en mi blog.
> Trabajar de camarera en el bar Pimpi.
> Ver películas en español.
> Quedar con amig@s de todo el mundo.
> Visitar museos.
> Chatear con mis padres.
> Leer periódicos y revistas en español.

B Ahora señala los verbos y clasifícalos según su terminación.

-AR _____

-ER _____

-IR _____

5 Un chico interesante

A Marie conoce en la escuela a Paul, un chico muy guapo. Lee su conversación y fíjate en los verbos subrayados.

— ¿Estudias aquí?
— Sí, yo estudio aquí.
— ¿Y tus amigas?
— Sí, ellas también estudian en la escuela. ¿Y vosotros? ¿Estudiáis aquí también?
— Peter y yo no estudiamos en esta escuela. Hans y Claire sí estudian aquí.

▶ OBSERVA Y APRENDE

▶ **B** Escribe los verbos subrayados en la actividad anterior al lado del pronombre personal correspondiente. Después completa con las formas que faltan.

		-AR
Yo	>	____
Tú	>	____
Usted	>	____
Él / Ella	>	*estudia*
Nosotros /-as	>	____
Vosotros /-as	>	____
Ustedes	>	*estudian*
Ellos / Ellas	>	____

▶ **C** 🕐 1|15 Ahora escucha a Marie conjugar un verbo en -ER. Escribe y compara con la conjugación de los verbos en -AR. ¿Qué diferencia observas?

▶ **D** 🕐 1|16 Los verbos en -ER e -IR son casi iguales en toda su conjugación de presente. Se diferencian en dos formas. Escucha y descubre esas diferencias.

6 Un verbo, dos verbos...

▶ 👥 Jugamos con los verbos en español. Dividimos la clase en dos equipos. Cada grupo debe conjugar uno de los verbos del recuadro. Diez puntos por cada conjugación correcta. ¡A jugar!

Equipo **A**	
Nombre	
Puntuación	

*El equipo **A** conjuga:*
VIVIR:
*Yo vivo,
tú vives…*

Equipo **B**	
Nombre	
Puntuación	

Escribir   Visitar
Subir   Abrir
Leer   Trabajar
Comer   Descubrir
Recibir   Cantar
Aprender   Desayunar
Hablar   Comprar
Viajar   Ver

7 El chico ideal de...

▶ **A** Marie explica a la clase cómo es su chico ideal. Lee su descripción.

Mi chico ideal es pelirrojo y bajito.
Es delgado.
Tiene el pelo corto y rizado.
Tiene bigote...
¡Es muy atractivo..., para mí!

▶ **B** 👥 En parejas, completad la tabla con la información del texto anterior.

Es...	Tiene...

🔵 Gramática

TENER

- Expresa posesión.
  Tiene el pelo rubio.
  Su pelo es rubio.

▶ **C** 👥 Pregunta a tu compañero o compañera como es su chico o chica ideal. Después, coméntalo en plenaria.

Tiene gafas   Tiene el pelo largo
Es atractiva   Es moreno   Es guapa
Es alta   Es fuerte   Tiene los ojos azules
Tiene los ojos marrones
Es pelirrojo   Tiene pecas
Tiene el pelo rizado

El chico ideal de Hanna es guapo, alto, tiene los ojos verdes ...

> OBSERVA Y APRENDE

8 Hablamos con...

> **A** En el foro de nuestra clase en MUNDOBOOK hay otros estudiantes de idiomas que quieren comunicarse con ellos. Relaciona las fotos con los mensajes.

Mundobook Chat

RODOLFO
¡Hola! Me llamo Rodolfo y soy de Argentina… Tengo 21 años, soy publicista y trabajo en Madrid. Vivo en un piso con mi novia. Odio limpiar y cocinar. Mi pasión es el cine. Estudio inglés y alemán. No soy muy ordenado… Hablo con toda la gente y hablo mucho por el celular. ¿Y tú?

ALBERTO
Hola, chicos, me llamo Alberto García. Soy catalán, de Barcelona. Tengo treinta años… Sí, creo que ya soy un poco viejo. Todavía soy estudiante: estudio inglés en la universidad. Leo, monto en bici, escucho música todo el día, paseo, practico el tenis y el voleibol… Cocino muy, muy bien. Mi música favorita es el *heavy*. ¡Hasta luego!

ALEJANDRO
¡Hola desde Oaxaca, México! Me llamo Alejandro y tengo 19 años. Estudio diseño gráfico y hablo inglés… Si no estudio, veo la tele, leo cómics manga y libros de ciencia-ficción. Veo también muchas películas de terror… Toco la batería y tengo un hámster, se llama Wifi… Bueno, hasta pronto.

> **B** ¿Cómo crees que son estos chicos? Marca con una X.

	Rodolfo	Alberto	Alejandro
Es muy inteligente.	☐	☐	☐
Es muy hablador.	☐	☐	☐
Es activo.	☐	☐	☐
Es simpático.	☐	☐	☐
Es responsable.	☐	☐	☐
Es abierto.	☐	☐	☐
Es tímido.	☐	☐	☐
Es atractivo.	☐	☐	☐
Es serio.	☐	☐	☐
Es sociable.	☐	☐	☐
Es raro.	☐	☐	☐
Es alegre y divertido.	☐	☐	☐

C 🔊 1 17 Los chicos hablan más de ellos mismos. Escucha lo que dicen y escríbelo en su columna correspondiente.

Rodolfo
Soy _____

Alberto
Soy _____

Alejandro
Soy _____

9 Las letras QU y C

▶ **A** 🔊 1 18 Escucha la pronunciación del sonido [k] y completa todas estas palabras con la letra adecuada.

1. ___ asa.
2. ___ eso.
3. ___ osa.
4. ___ u___ o.
5. ___ ince.
6. ___ ímica.
7. ___ uerpo.
8. ___ o___ o.
9. ___ uarto.

▶ **B** Compara tus respuestas con las de tus compañeros. El profesor tiene la solución.

▶ OBSERVA Y APRENDE

◘ Gramática y léxico

VERBOS EN PRESENTE -AR, -ER, -IR

	ESTUDIAR	BEBER	VIVIR
Yo	estudio	bebo	vivo
Tú	estudias	bebes	vives
Usted	estudia	bebe	vive
Él / Ella	estudia	bebe	vive
Nosotros /-as	estudiamos	bebemos	vivimos
Vosotros /-as	estudiáis	bebéis	vivís
Ustedes	estudian	beben	viven
Ellos / Ellas	estudian	beben	viven

	TENER
Yo	tengo
Tú	tienes
Usted	tiene
Él / Ella	tiene
Nosotros /-as	tenemos
Vosotros /-as	tenéis
Ustedes	tienen
Ellos / Ellas	tienen

Para preguntar usamos...

Qué
- Preguntar en general.
  > ¿**Qué** haces por la tarde?
  < Trabajo en un hospital.

Cuál
- Elección.
  > ¿**Cuál** es tu profesión?
  < Soy médico.

Cómo
- Descripción.
  > ¿**Cómo** es Buenos Aires?
  < Es una ciudad muy grande.
- Preguntar por el modo de transporte.
  > ¿**Cómo** viajas en vacaciones normalmente?
  < En avión y en tren.

Dónde
- Lugar.
  ¿**Dónde** vive Juan?

Quién
- Identificación.
  > ¿**Quién** es Miguel?
  < El novio de Carmen.

Cuándo
- Tiempo.
  > ¿**Cuándo** estudias?
  < Por la mañana.

De dónde
- Origen.
  ¿**De dónde** eres?

De quién
- Posesión.
  > ¿**De quién** es el boli rojo?
  < De Tomy.

De qué
- Material.
  < ¿**De qué** es la carpeta?
  > De plástico.
- Color.
  ¿**De qué** color es la carpeta?

¿QUÉ HORA ES?

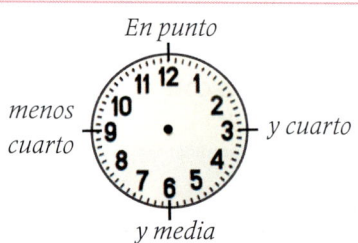

En punto
menos cuarto
y cuarto
y media

Es la una **en punto**.
Es la una **y** diez.
Es la una **y** cuarto.
Es la una **y** media.
Son las tres **menos** cinco.
Son las cuatro **menos** cuarto.

< ¿**A qué** hora es el vuelo?
> El vuelo es **a las once**.

DÍAS DE LA SEMANA

lunes	viernes
martes	sábado
miércoles	domingo
jueves	

< ¿Qué día es hoy?
> Hoy es martes.

☺ Pronunciación

La C y la QU
- C + A, O, U se pronuncian como [K].
  Café, compañero, cuaderno.
- QU + E, I se pronuncian como [K].
  Queso, quién.

▶ **PRACTICA**

10 ¡Qué montón de adjetivos!

▶ **A** Kelly y sus compañeros aprenden hoy en clase de español muchos adjetivos para describir a las personas. ¿Sabes cuáles son? Completa la lista.

1. Abier_____
2. Intel_____
3. Tris_____
4. Ale_____
5. Atrac_____
6. Antip_____
7. Alt_____
8. Baj_____
9. Fe_____
10. Guap_____
11. Simpá_____
12. Aburr_____

▶ **B** 🕐 1 | 19 👥 Escucha y comprueba tus respuestas. En grupo, clasificad los adjetivos en su lugar correspondiente.

Para aspecto físico	Para carácter

▶ **C** Mira las fotos de estas personas y describe su aspecto físico y la primera impresión de su carácter. ¿Cómo crees que son?

> _____

> _____

> _____

> *Es un* chico atractivo, moreno, ...
> *Parece* simpático y alegre...

> _____

🔲 Gramática

PARECE...

- Es un verbo. Se usa para expresar la primera impresión.

▶ PRACTICA

11 Noticias método.es

▶ Completa esta entrevista para el periódico digital de la escuela y descubre quién habla: ¿Alicia o Sabrina?

→ Quién / Cómo / Qué / Cuándo / Dónde

Noticias método.es

> Hola, soy Charles, del periódico de la escuela. ¿Puedo hacerte una pequeña entrevista para nuestro próximo número?

< Por supuesto.

> ¿_____ te llamas?

< _____, soy italiana.

> ¿_____ vives en Italia?

< En Florencia.

> ¿_____ estudias español?

< En la Universidad de Málaga.

> ¿_____ es tu profesor?

< Es profesora. Se llama Alicia Pérez.

> ¿_____ es?

< Es muy buena enseñando el español…, y muy simpática.

> ¿_____ son tus compañeros de clase?

< Son muy inteligentes y divertidos.

> ¿_____ haces los fines de semana en Málaga?

< El sábado salgo a tomar algo, pero el domingo me quedo en casa y estudio.

> ¿Cuándo estudias español?

< De lunes a viernes.

> ¿_____ terminas?

< A las dos.

Alicia

Sabrina

12 Más cosas de...

A Completa las oraciones con las palabras que te damos y descubre más cosas sobre nuestra amiga.

> ¿_____ color es tu coche?
< Es _____ .
> ¿_____ cenas en tu país?
< _____ .
> ¿_____ es tu familia?
< Es de _____ .
> ¿_____ es tu música favorita?
< _____ .
> ¿Tienes perro?
< Sí.
> ¿_____ se llama?
< Toby.
> ¿_____ raza es?
< Es un _____ .
> ¿_____ comes hoy?
< _____ .
> ¿_____ es tu madre?
< _____ .
> ¿_____ es tu día de la semana favorito?
< _____ .
> ¿_____ te gusta más de España?
< _____ , cualquier tiempo es bueno para estar en la calle.

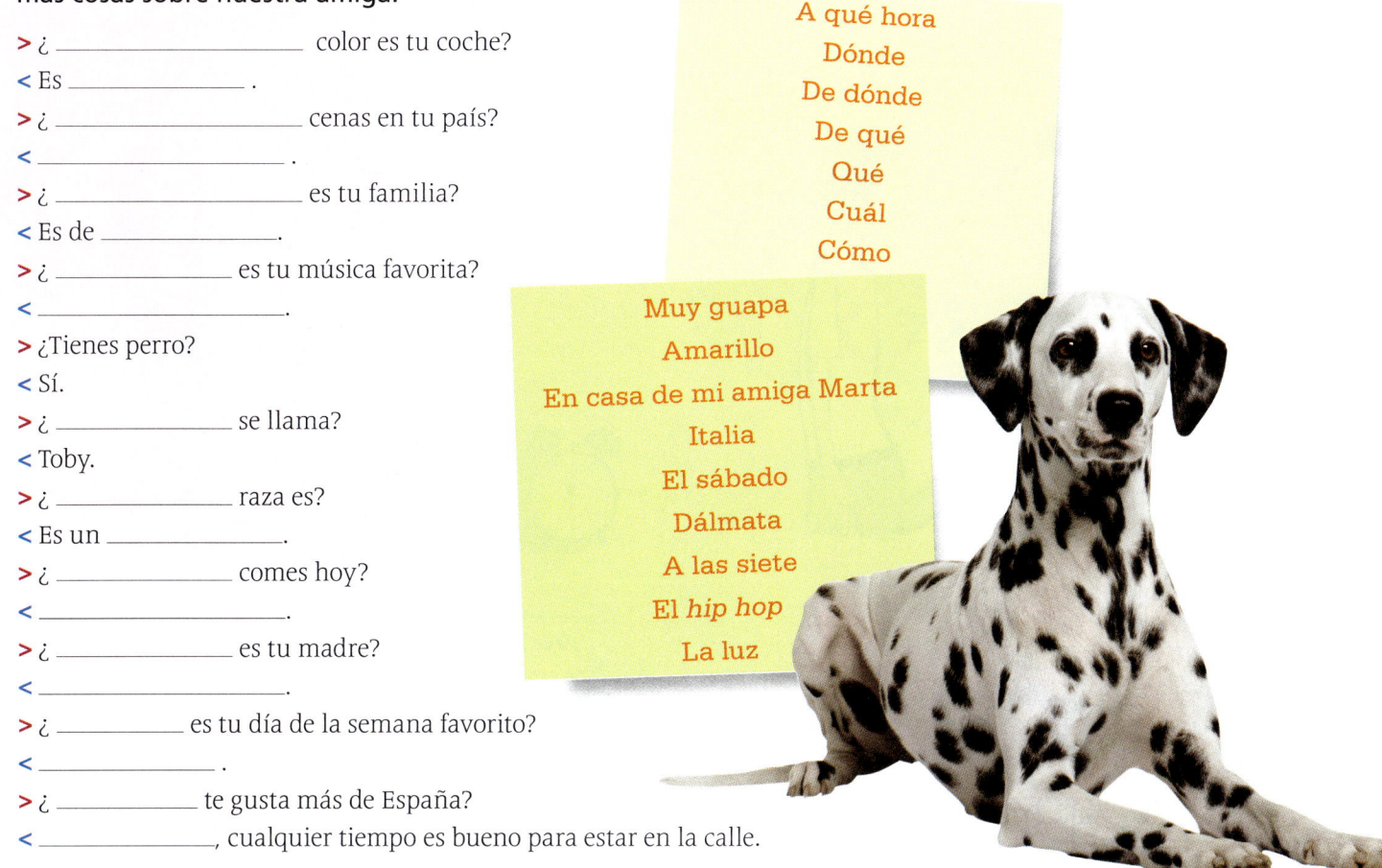

A qué hora
Dónde
De dónde
De qué
Qué
Cuál
Cómo

Muy guapa
Amarillo
En casa de mi amiga Marta
Italia
El sábado
Dálmata
A las siete
El *hip hop*
La luz

B Ahora con todos estos datos, escribe una descripción de Sabrina.

Sabrina parece una chica agradable y divertida...

13 Más información sobre tus nuevos amigos

▸ Pregunta a tus compañeros combinando un interrogativo y un verbo.

> *¿Qué desayunas por la mañana?*
< *Desayuno café y tostadas.*

¿Qué?					¿Cuál?
	Comer	Leer	Escuchar	Vivir	
¿Cómo?	Estudiar	Bailar	Correr	Desayunar	¿A qué hora?
¿De quién?	Abrir	Terminar	Creer	Trabajar	¿Dónde?
	Ver	Tomar	Hablar	Escribir	
¿Quién?	Cenar	Entrar	Ser	Comprar	¿Cuándo?
¿De qué?					¿De dónde?

▶ PRACTICA

14 Hora a hora

▶ **B** Ahora escribe las siguientes horas.

a. `15:30` > _____   d. `17:15` > _____

b. `19:25` > _____   e. `19:45` > _____

c. `21:55` > _____   f. `13:20` > _____

15 ¿Qué número es?

▶ 🔊 1 21 Subraya los números que escuchas.

0 > Cero	**7** > Siete	**14** > Catorce	**21** > Veintiuno	**28** > Veintiocho
1 > Uno	**8** > Ocho	**15** > Quince	**22** > Veintidós	**29** > Veintinueve
2 > Dos	**9** > Nueve	**16** > Dieciséis	**23** > Veintitrés	**30** > Treinta
3 > Tres	**10** > Diez	**17** > Diecisiete	**24** > Veinticuatro	**31** > Treinta y uno
4 > Cuatro	**11** > Once	**18** > Dieciocho	**25** > Veinticinco	**40** > Cuarenta
5 > Cinco	**12** > Doce	**19** > Diecinueve	**26** > Veintiséis	**41** > Cuarenta y uno
6 > Seis	**13** > Trece	**20** > Veinte	**27** > Veintisiete	**50** > Cincuenta

16 ¿Con C o con QU?

▶ Escribe el nombre correspondiente a estas imágenes. Recuerda que esas palabras tienen las letras C o QU.

1 > _____

2 > _____

3 > _____

4 > _____

5 > _____

6 > _____

> EN COMUNICACIÓN

17 Una persona especial

▶ **A** El profesor de español quiere saber más sobre vosotros. Cada estudiante tiene que elegir a una persona conocida: un amigo, un familiar. Será alguien especial porque es una buena persona o un buen amigo. Completa esta ficha y describe a esa persona al resto de la clase.

¿Quién es?	
¿De dónde es?	
¿Profesión?	
¿Edad?	
Aspecto físico	
Carácter	
¿Por qué es especial esta persona?	

▶ **B** En grupo, comentad los aspectos más interesantes de esas personas.

Es una persona interesante porque habla muchos idiomas…

18 ¿A qué hora...?

▶ **A** Magnus comenta con sus amigos del Foro latino los horarios en España y Latinoamérica. Lee sus opiniones.

▶ **B** Explica a tus compañeros las semejanzas y diferencias con tu país.

– En mi país las tiendas abren de _____ a _____.

– Los bancos abren a las _____.

– Los centros comerciales _____.

– Nosotros cenamos a las _____.

▶ **C** Elige un país de Hispanoamérica y busca en Internet alguna información breve para después comentarla en clase.

FORO

Foro latino

Magnus

¡Qué sorpresa! Los españoles cenan muy tarde... A las nueve o las diez de la noche... En Suecia cenamos a las seis.

Graciela

En Argentina cenamos antes. Entre las ocho y las nueve de la noche... A las diez también es posible.

Santiago

En Chile la cena es mucho antes. Cenamos a las ocho... Pero el almuerzo es a las dos de la tarde, como en España. ¿Y en Colombia?

Augusto

En Colombia y en Venezuela la cena es entre las siete y las ocho de la tarde, como ustedes. El desayuno es entre las siete y las ocho de la mañana.

Magnus

¿Y las tiendas?

Santiago

En Chile, los centros comerciales están abiertos de 9:00 h a 20:00 h.

Graciela

En Argentina es igual, pero los bancos abren muy pocas horas. Solo de diez de la mañana a tres de la tarde.

Magnus

En España generalmente los bancos abren de ocho de la mañana a dos o dos y media de la tarde... Necesito más tiempo… ¡Es horrible!

¡extra! ▶ CONTEXTOS

1 Mi gente

▶ **A** Los chicos de la clase hablan sobre algunas personas importantes en sus vidas.

Fátima > Mi madre es fuerte, generosa y muy sincera.

Kelly > Charles, mi compañero de piso, es desordenado, impuntual y muy divertido.

Tom > Mi amiga Jessica es generosa, paciente, pero muy aburrida.

Pierre > Mi jefe es antipático, impaciente y, a veces, muy nervioso.

▶ **B** ¿Y tú? ¿Cuáles de las anteriores cualidades o defectos tienes? Coméntalo con tus compañeros.

> Yo creo que soy abierto, pero bastante impuntual. ¿Y tú, Megan?

< Yo soy...

▶ **C** Imagina un día en la vida del jefe antipático de Pierre. ¿Qué hace?

Yo creo que trabaja demasiado...

Yo creo que no desayuna...

▶ **D** Y ahora imagina un día en la vida de la madre de Fátima, Jessica y Charles. Aquí tienes sus fotos.

Madre de Fátima — Jessica — Charles

¡extra! ▶ PRACTICA

2 Veinticuatro horas en la vida de Mario

▶ **A** Mario es un ejecutivo argentino muy ocupado.
¿A qué hora crees que hace estas actividades?
Compara tus respuestas con las de tus compañeros.

Actividad	Horas
Desayuna a las	>
Lleva a su hijo al colegio a las	>
Llega al trabajo a las	>
Toma un café a las	>
Come a las	>
Compra en el supermercado a las	>
Lleva a su hijo a clase de inglés a las	>
Llega a casa a las	>
Cena con su mujer y su hijo a las	>
Ve la televisión a las	>
Lee a las	>

▶ **B** 🕐 1 | 22 Ahora escucha a Mario, que explica cómo es un día normal en su vida, y comprueba tus respuestas.

¡extra! ▶ EN COMUNICACIÓN

3 El informe secreto

▶ **A** Elige a uno de tus compañeros. Seguro que queréis saber más «secretos» de su vida. Pregúntale todo lo que quieras. Puedes usar las palabras del cuadro.

¿Cuál?	¿A qué hora?	¿Dónde?	¿Cuándo?	¿De dónde?	¿Qué?	¿Cómo?	¿De quién?	¿Quién?	¿De qué?

bebida favorita   ropa   deportes
ver   hermanos   desayunar
teléfono móvil   Internet   escribir   leer
fruta   compañero/-a de piso   coche   novio/-a
ensalada   televisión   llamar   hijos
deporte favorito   hablar otros idiomas
cartas   amigos españoles   ordenador
películas de terror   romántico
películas románticas   café   mucho chocolate
piso en España   periódicos   limpiar
comida   actor favorito   correo electrónico
actriz favorita   té   música   flamenco
chatear   tus padres   perro

Ejemplo
¿A qué hora lees el periódico?
¿Cómo tomas el café?

▶ **B** Ahora escribe un pequeño informe con todos estos datos. Recuerda incluir algunas opiniones sobre el carácter de tu compañero.

Ejemplo
Creo que Maggie no es muy romántica porque no ve películas de amor, y es divertida porque baila muy bien y canta mucho en karaokes...

4 ¿Es tu diario?

▶ Elige a una de las personas de la ficha y escribe su diario para explicar qué hace a cada hora. Utiliza la imaginación.

1. Tu profesor
2. Un compañero de clase
3. Un amigo del lugar donde estudias español
4. Un personaje famoso

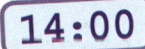 14:00   23:00   __:__   17:00   9:30   __:__

> Pienso que _____ a las nueve y media _____
> _____
> _____
> _____

12:15   18:15   __:__   21:30   __:__

▶ Unidad 3

Y tú, ¿con quién vives?

▶ Necesitamos aprender
- El verbo ESTAR
- Las preposiciones y locuciones de lugar
- HAY / ESTAR
- Los artículos indeterminados y los indefinidos más usuales
- El léxico de la casa (I)

▶ Para:
- Preguntar por una dirección
- Expresar existencia y ausencia
- Localizar a personas, objetos y lugares

▶ CONTEXTOS

1 En la casa de Carmen

▶ **A** Carmen invita a Kelly a su casa. Lee el texto y observa el plano.

- Hola, Kelly, ¿qué tal?, pasa, pasa.
- Hola, Carmen, gracias. ¿Y Miguel?, ¿está en casa?
- No, está en la universidad. Hoy tiene clases toda la mañana. Mira, este es nuestro piso. Tenemos una habitación libre para alquilar. El salón es muy grande, hay muchos muebles y ahí vemos la tele, jugamos a la *play*, hacemos fiestas, estudiamos... La cocina está a la derecha de la entrada y normalmente está limpia porque no cocinamos mucho. A la izquierda hay dos baños. Al fondo están los dos dormitorios. Hay una terraza para tomar el sol.
- Y tú, ¿con quién vives en Málaga, Kelly?
- Vivo con una familia muy amable y simpática. Estoy contenta; además, Pilar, la señora, cocina muy, muy bien. Practico español siempre que estoy con mi familia. La casa está cerca del centro y de la escuela de español, ¡perfecto!
- ¿Quieres una cerveza?, ¿un café?...
- ¡Vale!

TERRAZA

ENTRADA

▶ **B** Ahora contesta a las preguntas.

1. ¿Con quién vive Carmen? Migue.
2. ¿Dónde está Miguel? esta en la universid.
3. ¿Cuántos dormitorios hay en el piso? Dos.
4. ¿Cómo es el salón?
5. ¿Qué hay a la izquierda de la entrada?
6. ¿Dónde está la cocina?
7. ¿Hay una terraza en la casa de Carmen?
8. ¿Dónde está la casa de Kelly?

▶ CONTEXTOS

2 Mi barrio

Gramática

ARTÍCULOS INDETERMINADOS

- Un, una (singular)
- Unos, unas (plural)

▶ **A** 🔊 1 | 23 Kelly habla con Carmen de su barrio en Málaga. Escucha e indica verdadero (V) o falso (F).

V / F

1. No hay biblioteca. — F
2. Hay un cine cerca. — ~~V~~ F
3. Hay solo dos bares en su calle. — F
4. Hay un supermercado. — V
5. Hay muchos coches. — V
6. Lejos hay un parque. — ~~V~~ F
7. Es un barrio limpio. — V
8. Es un lugar peligroso por las noches. — F

▶ **B** Piensa en tu barrio y completa la ficha.

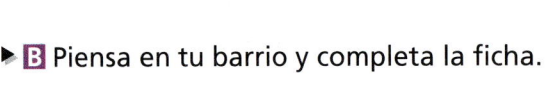

Hay	No hay
1. una biblioteca	1.
2. un cine	2.
3. No Hay un bar en mi calle	3.
4.	4.

(lejos hay un cine)

3 Un dormitorio libre

A Carmen escribe un anuncio en Internet sobre su piso. Léelo.

- Tenemos un dormitorio libre, es bastante <u>grande</u> y tiene mucha luz.
- El piso está <u>cerca del centro</u>. Es una zona <u>tranquila</u>.
- Está <u>al lado de</u> la parada de autobús que va a la Universidad.
- Es un piso <u>nuevo</u>. La decoración es <u>moderna</u>.
- Hay dos baños, uno para cada habitación.
- El salón es <u>cómodo</u>. comfortable
- La cocina tiene todos los electrodomésticos necesarios, es <u>pequeña</u>, pero es suficiente para tres personas.
- La terraza está <u>al sur</u>; es <u>perfecta</u> para tomar el sol. (south)
- El alquiler no es <u>caro</u>. Podemos negociar el precio del dormitorio.
- Tenemos un perro y un gato. ¡Son <u>estupendos</u>!

B Fíjate en las palabras subrayadas y escríbelas junto a su verbo correspondiente.

Es / Son > _____

Está > _____

4 Sobre Málaga

A Lee este texto sobre la ciudad de Málaga.

Málaga está al sur de España, en Andalucía, en la Costa del Sol. Es una ciudad soleada con un clima agradable todo el año.

Es una de las ciudades más grandes de España y la segunda de Andalucía. Las playas y el clima son los principales atractivos turísticos, pero ofrece también otras muchas posibilidades: montañas, deportes, arte…

Los habitantes de Málaga son abiertos y muy hospitalarios con sus visitantes.

Es una ciudad famosa por artistas como el pintor Pablo Ruiz Picasso o el actor Antonio Banderas. La calle principal de Málaga es la calle Larios; pasear y tomar un café o un aperitivo en sus terrazas y mirar sus tiendas es uno de los pasatiempos favoritos de muchos malagueños.

Hoy Málaga es una ciudad moderna. Tiene un importante puerto comercial, aeropuerto, estación de tren de Alta Velocidad y una universidad pública.

OBSERVA Y APRENDE

▶ **B** ¿Cuándo usamos SER y ESTAR? ¿Cuál es la diferencia? Fíjate en el texto sobre Málaga y marca la opción correcta.

Usamos	SER	ESTAR
Para localizar		
Para expresar característica		

▶ **C** Ahora completa con las formas del verbo ESTAR.

→ estoy
estás
estamos
estáis

→ **ATENCIÓN**
La forma verbal para **YO** es irregular.

ESTAR

Yo	estoy	Nosotros/-as	estamos
Tú	estás	Vosotros/-as	estáis
Usted / Él / Ella	está	Ustedes / Ellos / Ellas	están

5 Las mascotas de Carmen y de sus amigos

▶ **A** Clasifica estas imágenes en su lugar correspondiente.

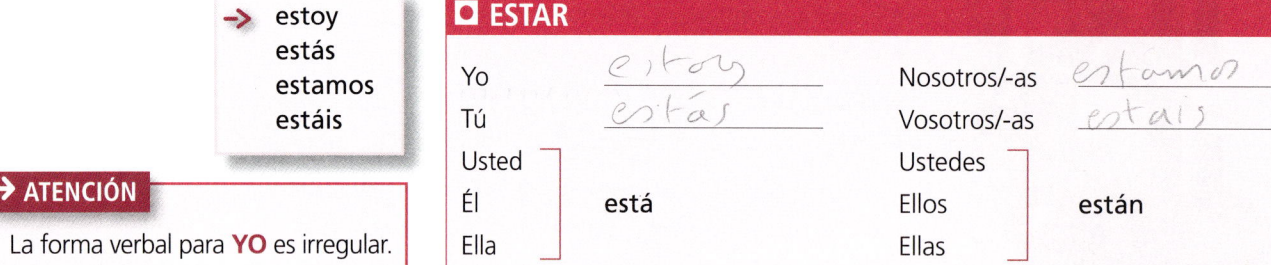

1. > Está tumbado.
2. > Está en la ventana.
3. > Está encima del sofá.
   > Está sobre el sofá.
4. > Está debajo del paraguas.
5. > Está dormido.
6. > Está alegre.

> Está triste.

> Está a la derecha del árbol.

> Está a la izquierda del árbol.

> Está sentado.

¿Dónde está?
2. En la ventana.

¿Cómo está?
1. Tumbado.

▶ **B** Ahora clasifica las palabras del cuadro en la ficha inferior.

cerca	en la ducha	abierto	lejos	aquí
bien	en el sur	cerrado	en Madrid
roto	frío	allí	arriba	abajo	mal

arriba ↓

📷 Usamos ESTAR

Para expresar lugar: *dónde*

está
frío

Para expresar estado: *cómo*

abierto
c

▶ OBSERVA Y APRENDE

6 El despistado de Miguel

▶ **A** Miguel, el novio de Carmen, tiene muy mala memoria. Hoy está en casa porque no tiene clases. Lee y completa con ESTAR las notas de Carmen.

- Las llaves ____ en la mesa del salón.
- (Tú) ____ invitado a una cena el martes.
- El fin de semana tú y yo ____ juntos.
- Si (tú) ____ hambriento, hay comida en el congelador.
- El gato ____ en la terraza.
- El ordenador ____ encendido.
- El perro y yo ____ en casa de mis padres.
- (Yo) ____ fuera hasta el viernes.

▶ **B** Fíjate en estas expresiones de localización.

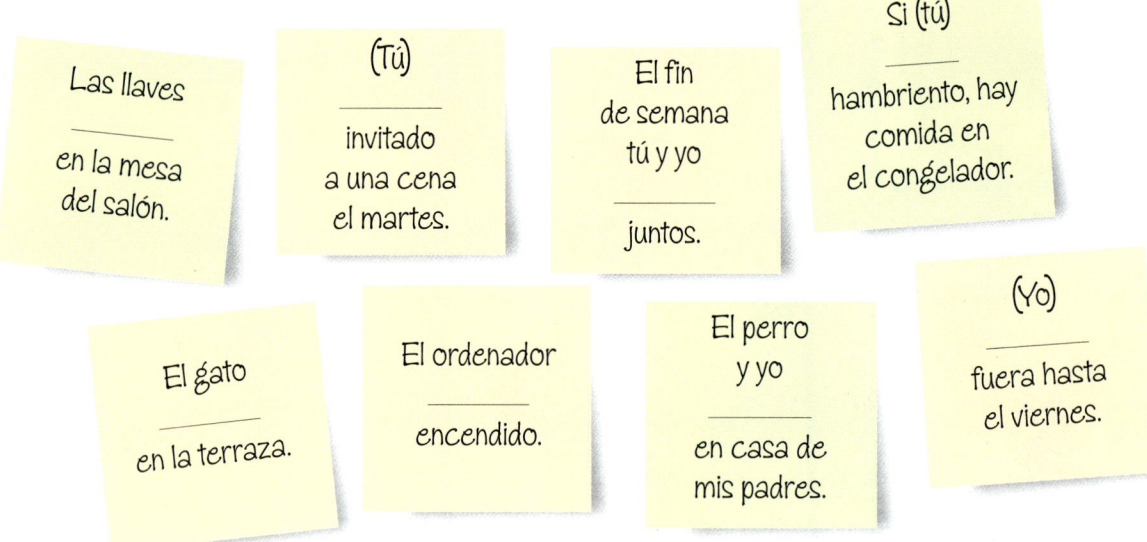

FUERA DE — ENCIMA DE — DEBAJO DE — DETRÁS DE

DELANTE DE — DENTRO DE / EN — AL LADO DE / JUNTO A — ENFRENTE DE

▶ **C ⊙1 24** Carmen deja otras notas a Miguel. Escucha y completa. Las flechas te ayudan.

Miguel, mira:
1. Las patatas están _a la izquierda_ _al lado del_ aceite.
2. El café está _a la derecha_.
3. Las toallas están _en dentro del_ armario del baño.
4. El diccionario de inglés está _el . . ._ la estantería.
5. La leche está _en_ el armario grande de la cocina.
6. _en_ los libros está el dinero.
7. _detras_ la puerta de entrada está la llave del garaje.
8. Los bolígrafos están _al lado de_ los lápices, en la mesa.

A LA DERECHA — **A LA IZQUIERDA** — **ENTRE**

ARRIBA — **ABAJO**

Gramática

CONTRACCIONES
- a + el = **al**
- de + el = **del**

AQUÍ — CERCA
AHÍ
Allí — LEJOS

7 ¿Ser, Estar o Hay?

▶ Lee de nuevo el texto del ejercicio 1 A; después, relaciona y descubre para qué necesitamos estos verbos.

Ejemplos	ESTAR / SER / HAY
1. Hay muchos muebles.	a) Característica de un objeto.
2. El salón es muy grande.	b) Localización: dónde.
3. Hay dos baños.	c) Estado: cómo.
4. La cocina está a la derecha.	d) Existencia de un objeto.
5. Estoy contenta.	
6. La cocina normalmente está limpia.	

Matches: 1→d, 2→a, 3→d, 4→b, 5→c, 6→c

▶ OBSERVA Y APRENDE

📄 Gramática y léxico

VERBO ESTAR

Yo	estoy	Nosotros /-as	estamos
Tú	estás	Vosotros /-as	estáis
Usted	está	Ustedes	están
Él / Ella	está	Ellos / Ellas	están

Podemos usar el verbo Estar para hablar de:

- La localización de lugares, objetos o personas.
  Granada está en Andalucía.
  Juan está en la clase.

- El estado de lugares, objetos o personas.
  Las tiendas están abiertas.
  Antonio está enfermo.

Algunas expresiones con Estar

Estar bien / mal.   *Estar enfermo / sano.*
Estar roto / arreglado.   *Estar muerto / vivo.*
Estar vacío / lleno.   *Estar dormido / despierto.*
Estar de pie / sentado.   *Estar abierto / cerrado.*

ℹ FÍJATE:

- Lo correcto es Estar + bien / mal
  Este ejercicio está mal, Hans.
  > ¿Cómo estás hoy, Juan?
  < Estoy bien, gracias.

- PERO NO Ser + bien / mal
  Es bien la paella. / Está buena la paella.
  Es mal este ejercicio. / Está mal este ejercicio.

Hay / No hay

- Es una forma impersonal: presente del verbo HABER.

  Usamos HAY para hablar de la existencia de algo o de alguien:

  > ¿Qué hay en la mesa?
  > Hay **un** libro / **una** carpeta / **unos** papeles / **unas** gafas.

  Hay **bolígrafos**, lápices…
  Hay **muchas** cosas, hay **muchos** papeles.

  > ¿**Cuántos** estudiantes hay en tu clase?
  > Hay **cinco**, porque es un curso intensivo y hay **pocos** estudiantes por clase.

  > ¿Hay **algo** en el horno?
  < No, no hay **nada**.

  > ¿Hay **alguien** en el cuarto de baño?
  < No, no hay **nadie**.

ℹ FÍJATE: Es incorrecto: Hay + el, la, los, las

ARTÍCULOS INDETERMINADOS

Masculino	Femenino
UN: un piso, un baño, un armario.	**UNA:** una mesa, una cama.
UNOS: unos pisos, unos baños.	**UNAS:** unas mesas, unas camas.

CONTRACCIONES

- A + EL = **AL**
- DE + EL = **DEL**

  *El banco está **al** lado de la farmacia.*
  *A la izquierda **del** banco hay una farmacia.*

😐 Pronunciación

- S se pronuncia como [s]:
  solo, sí, Sevilla, somos, silla, siete, detrás.

- Z / C se pronuncian como [θ]:
  Za, zo zu: *zapato, pozo, zumo.*
  Ce, ci: *habitación, encima, cerveza, cerca, cielo.*

▸ PRACTICA

8 Un mundo diferente

▸ **A** Kelly es una idealista. Ella imagina un mundo diferente, con gente feliz, una vida tranquila… Escribe sus deseos en el blog con ayuda de las imágenes.

En el MUNDO de Kelly…

En mi mundo diferente imagino un lugar donde la gente se sienta segura. Un lugar donde la gente está en relación unos con otros. para que nos cada uno/nosotros respondamos en vez de reaccionamos mal. Creo que entonces vamos a un mundo de paz y no de guerra.

▸ **B** Ahora escribe sobre tu mundo ideal.

> En mi mundo ideal no hay personas malas, todo el mundo es bueno y simpático.

> En mi mundo no hay fútbol, no hay televisión y la gente está mucho tiempo al aire libre, en el campo, en la playa, en la calle…

> PRACTICA

9 Kelly en familia

A Kelly está contenta con su familia española.
Tiene un dormitorio bastante grande y cómodo.
Mira las fotos de objetos que podemos encontrar en un dormitorio.

> Un armario

> Una cómoda

> Una silla

> Una alfombra

> Un cuadro

> Una estantería

> Una lámpara

> Un despertador

> Una mesita de noche

> Una mesa de estudio

> Una cama

▶ **B** Lee la descripción que hace Kelly de su dormitorio y completa con SER, ESTAR y HAY.

Mi dormitorio en España (1) ___es___ grande y cómodo. Cuando entras, enfrente (2) ___está___ la ventana, a la derecha (3) ___hay___ un cuadro, y a la izquierda (4) ___hay___ dos pósteres. A la izquierda de la puerta (5) ___está___ la cama, entre la mesita de noche y el armario de dos puertas. En la mesita (6) ___hay___ una lámpara y un despertador. Dentro del armario (7) ___hay___ un desorden total. (8) ___Hay___ una cómoda y una silla delante de la ventana. La alfombra no (9) ___es___ muy bonita. A la derecha de la puerta (10) ___está___ la mesa de estudio, delante (11) ___está___ la silla y debajo (12) ___hay___ una papelera. En la mesa (13) ___hay___ muchas cosas: el ordenador, que (14) ___es___ un portátil, discos, papeles… ¡otro desorden! Por último, en la pared de la izquierda (15) ___está___ la estantería, (16) ___está___ llena de cosas. Los muebles (17) ___son___ modernos y la habitación (18) ___es___ luminosa.

▶ **C** Lee de nuevo el texto y mira las ilustraciones, ¿cuál es el dormitorio de Kelly?

▶ PRACTICA

10 Familia y amigos de Carmen

▶ Fíjate en las fotos y describe a estas personas con los adjetivos que te damos y los verbos SER y ESTAR. ¡Cuidado con el género!

moreno   rubio   alto
aburrido   enfadado
cansado   resfriado   castaño
sonriente   delgado   sentado
mayor   dormido   guapo
gordito   bajo   joven
nervioso   triste   enfermo

→ **ATENCIÓN**
- **-o:** masculino.
- **-a:** femenino.
- **-e:** masculino y femenino.

El hermano _____

La hermana _____

La madre _____

La abuela _____

El hermano pequeño _____

Los amigos _____

11 ¡Bingo!

▶ ◉1 25 Escucha y marca los números que escuchas.

12 Atención: ¿S, C, Z?

▶ ◉1 26 Completa las palabras con la letra adecuada. Después escucha y comprueba tus respuestas.

1. _illa.
2. Cielo.
3. Zapato.
4. _ésped. (z)
5. _umo. (z)

6. Siete.
7. Once.
8. Ochocientos.
9. Celeste.
10. Solo.

11. Siesta.
12. Cinturón.
13. Mesita.
14. Baloncesto. (z)
15. Zaragoza.

16. Cerveza.
17. Izquierda.
18. Sentado.

13 ¿Hay alguien ahí?

▶ Completa los diálogos con algo / nada / alguien / nadie.

1. > ¿Hay algo en el armario de Miguel?
   < Sí, hay muchas cosas.

2. > ¿Hay alguien en la silla de la derecha?
   < Sí, está Carmen.

3. > ¿Qué hay debajo de la mesa?
   < No hay nada.

4. > ¿No hay nadie en el servicio?
   < No, no hay nadie.

→ **ATENCIÓN**

Algo y **nada** se refieren a cosas.
Alguien y **nadie** se refieren a personas.

EN COMUNICACIÓN

14 Kelly pregunta

▶ **A** Lee estos diálogos de Kelly con distintas personas y elige la opción correcta.

1. El amigo informa a Kelly de la existencia de algunos de los objetos.
   - a) El amigo sabe que Kelly no tiene esa información.
   - b) El amigo supone que Kelly no tiene esa información.

2. Kelly pregunta por la ventana y...
   - a) no sabe si hay una ventana en el dormitorio.
   - b) supone que hay una ventana.

3. La señora informa a Kelly de la existencia de un banco.
   - a) La señora sabe que Kelly no tiene esa información.
   - b) La señora supone que Kelly no sabe dónde hay un banco.

En mi ciudad hay muchos cines.

¡Qué suerte! ¿Hay teatros también?

4. Su amigo Peter la informa de que hay cines en su ciudad y…

☐ **a)** El amigo supone que Kelly no sabe que en su ciudad hay muchos cines.

☐ **b)** El amigo sabe que Kelly desconoce que en su ciudad hay muchos cines.

▶ **B** En parejas, haced preguntas como en los ejemplos anteriores.

– ¿Hay discotecas en tu barrio?

– Sí, hay una.

15 Modales y cortesía

▶ Lee esta ficha sobre algunas normas de cortesía en España. ¿Son iguales en tu país? ¿Puedes explicar alguna norma de cortesía de tu país?

- Los españoles suelen usar *usted* cuando hablan con personas que no conocen: en la calle, en una tienda…

    Perdone, ¿tiene usted hora?

- Con el jefe también usan *usted*.

    Señor director, ¿está usted ocupado?

- En el autobús, ofrecen el asiento a una persona mayor, a una mujer embarazada, a alguien enfermo…

    ¿Quiere usted sentarse?

1 Curiosidades

▶ **A** Leed las curiosidades que Carmen le cuenta a Kelly sobre Málaga.

Monumentos

La catedral de Málaga es la iglesia más importante de la ciudad y es curiosa porque solo tiene una torre, la segunda no está terminada.

Otros monumentos importantes de la ciudad son el Teatro Romano y La Alcazaba, una fortaleza árabe.

La biznaga

La biznaga es una composición de jazmines; es un símbolo de la ciudad y en las tardes de verano las calles están llenas de esta flor blanca de un olor estupendo.

Pedir café en Málaga

Los malagueños tienen una forma curiosa de pedir el café. Depende de la cantidad de café y de leche que desean.

En realidad, son muy diversas las maneras de servir el café, pero las más frecuentes son: el café solo (sin leche), el café cortado (con unas gotitas de leche), el café mitad (la misma cantidad de leche y de café) y el café sombra (más leche que café).

▶ **B** Comentad alguna curiosidad de vuestra ciudad o país. Podéis completar la siguiente ficha.

¿Qué es?:

¿Por qué es curioso?:

¿Qué opinas tú?:

▶ **C** Buscad información en Internet sobre curiosidades del mundo. Por ejemplo, las fiestas chinas, la pasta italiana… En clase, hablad sobre ellas. Después leed sobre la siguiente tradición española.

Las doce UVAS de la SUERTE

Desde 1909 es tradicional en España tomar doce uvas la noche del 31 de diciembre para despedir el año. Los españoles toman una uva por cada una de las 12 campanadas del reloj que está en la Puerta del Sol, en el centro de Madrid, con el fin de tener suerte para el próximo año. Se toman en compañía de la familia o de amigos. Después brindan con cava, que es el «champán» español.

▶ **D** Ahora imagina la razón de esta tradición: ¿por qué comen uvas los españoles? El profesor tiene la respuesta.

> Yo creo que toman doce uvas porque España es famosa por sus bodegas de vino.

> No, es porque la uva es una fruta y la fruta es buena para la salud.

> Yo creo que…

¡extra! ▶ PRACTICA

2 Así son y así están las cosas

▶ **A** Relaciona cada palabra con su opuesto.

1. Grande
2. Roto
3. Ancho
4. Bonito
5. Barato
6. Cómodo
7. Lleno
8. Libre
9. Limpio
10. Abierto
11. Desordenado

a) Feo
b) Nuevo
c) Estrecho
d) Incómodo
e) Caro
f) Cerrado
g) Vacío
h) Sucio
i) Ocupado
j) Ordenado
k) Pequeño

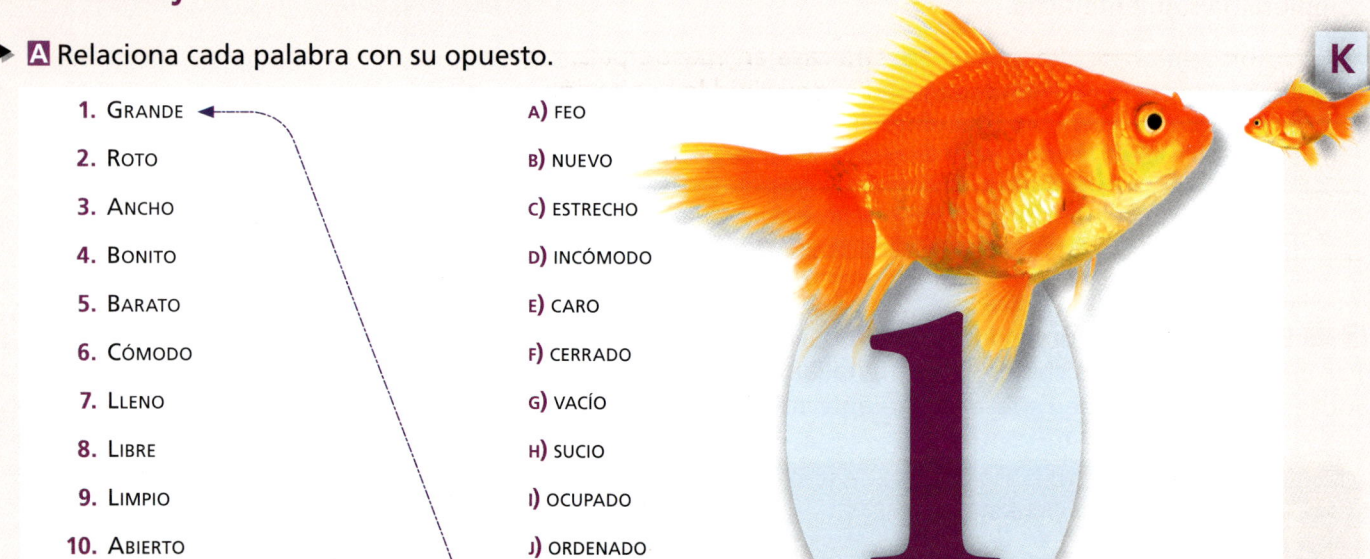

▶ **B** Mira las imágenes y describe los objetos con las palabras anteriores. Atención a los verbos SER y ESTAR.

1 > _____ 
2 > _____ 
3 > _____ 
4 > _____ 
5 > _____ 
6 > _____ 
7 > _____ 
8 > _____ 
9 > _____ 
10 > _____

70 setenta

3 Nuestro entorno

▶ **A** 👥 Ahora, en grupo, hablad de vuestra casa en vuestro país. Si estáis en España y vivís con una familia, describid la habitación y a vuestra «familia» española.

▶ **B** Con el modelo de redacción de la actividad 4 sobre Málaga (pág. 55), escribe sobre tu ciudad o tu país. No olvides utilizar los verbos SER, ESTAR y HAY.

▸ Unidad 4

Mi piso nuevo

▸ Necesitamos aprender

- El presente de los verbos irregulares (I)
- Los adjetivos y pronombres demostrativos
- Los adjetivos posesivos
- El léxico de la ciudad y de la casa (II)

▸ Para

- Expresar posesión y relación
- Hablar de los tipos de vivienda, la calle y el barrio
- Llamar por teléfono

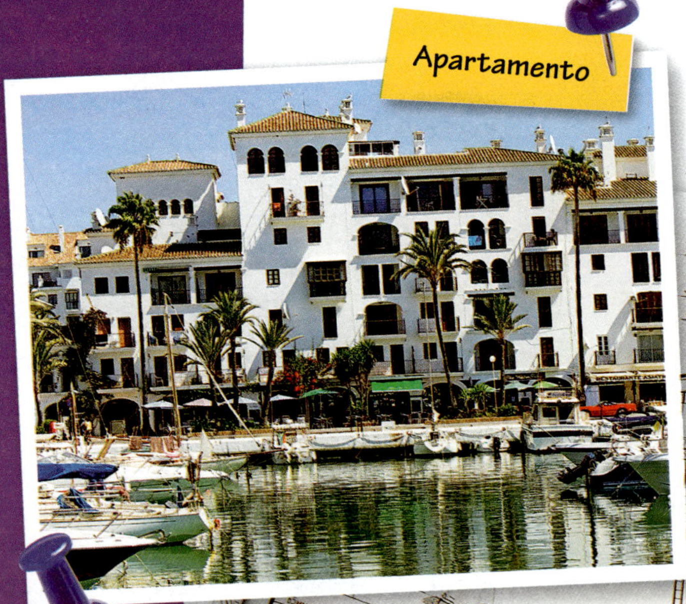
Apartamento

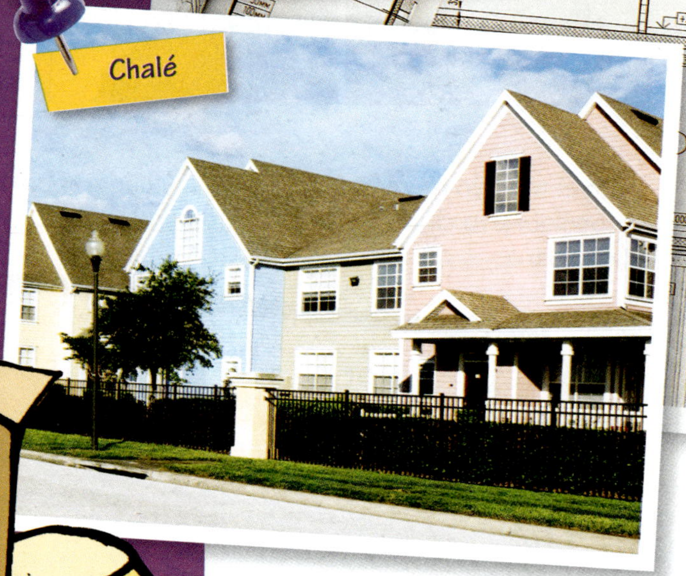
Chalé

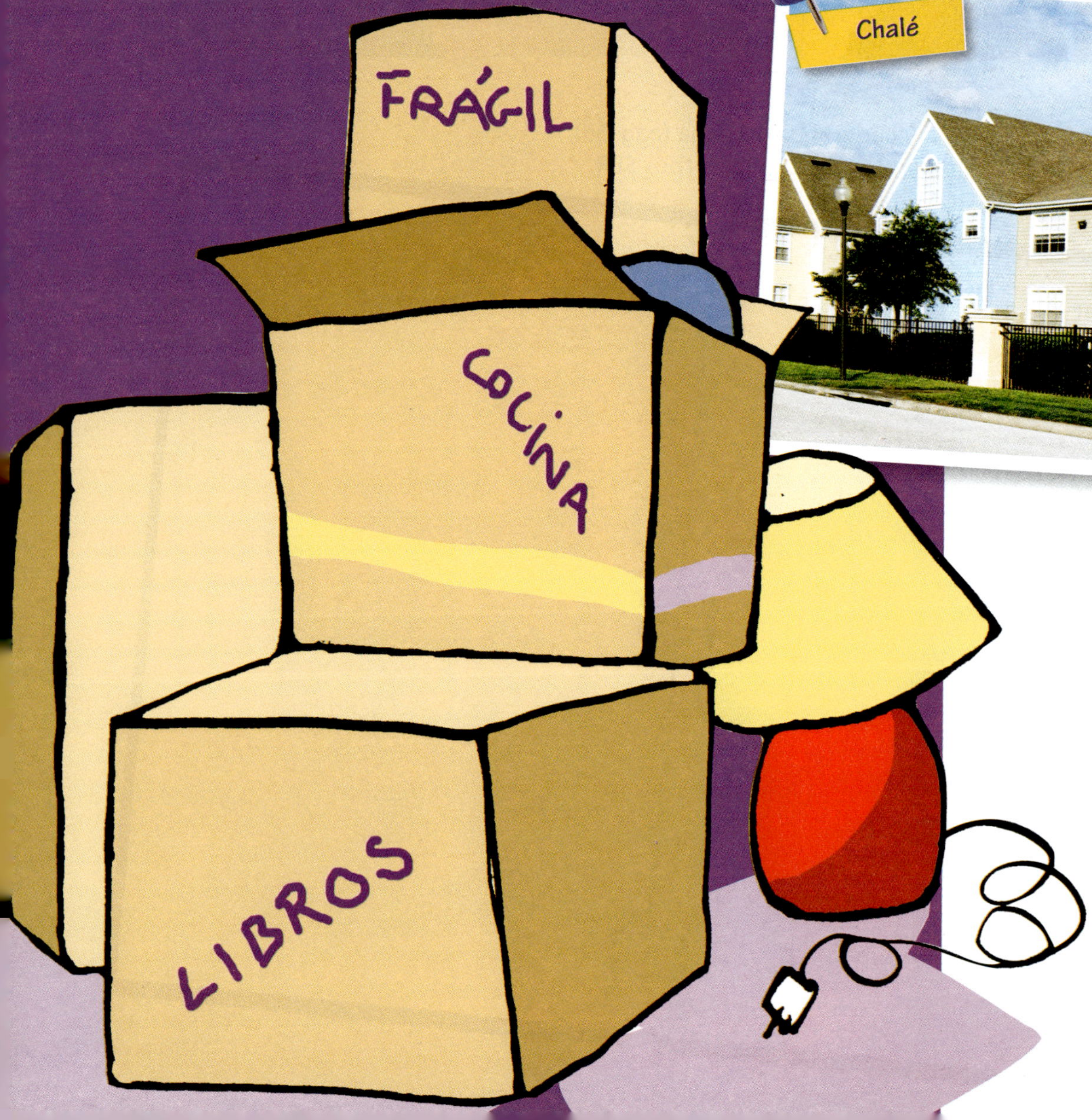
FRÁGIL
COCINA
LIBROS

▶ CONTEXTOS

1 Esta es mi casa

▶ **A** Estos cuatro amigos de Laura viven en la misma ciudad, pero en casas muy diferentes. Lee acerca de sus vidas.

Ático

Casa de Campo

1. Amanda Serrano
- 30 años.
- Profesora de baile.
- Vive sola.
- Tiene un perro, Max.
- Monta en bicicleta.
- Pasea por la playa, nada y hace gimnasia al aire libre.

2. Antonio Carmona
- 40 años.
- Empresario.
- Vive con su familia.
- Tiene tres hijos.
- Tienen dos gatos.
- Odia el centro de las ciudades.
- En su tiempo libre: lee, ve la televisión y duerme mucho.

3. Domingo González
- 28 años.
- Informático.
- No tiene hijos.
- Vive solo.
- Tiene "una amiga especial".
- En su tiempo libre sale, toma tapas con sus amigos y va al cine.
- Odia el campo.
- Tiene coche.

4. Rosa García
- 33 años.
- Propietaria de una empresa de turismo rural.
- Vegetariana.
- Vive con dos amigas.
- Odia la ciudad.
- Tienen tres perros y dos gatos.
- En su tiempo libre pasea por el campo, cuida su jardín y planta verduras.

▶ **B** Fíjate en las fotos. ¿En qué lugar crees que vive cada una de estas personas? Justifica tus respuestas y compara tu opinión con la de tus compañeros.

Yo creo que Rosa vive _____ porque tiene muchos animales y necesita una casa grande._____

CONTEXTOS

2 Mi casa es tu casa

▶ 🔊 1|27 François, el chico francés de la clase, habla de su piso. Escucha y completa los datos que faltan.

François y su piso

1. El piso tiene _____
2. El piso es _____
3. El piso está _____
4. El piso no tiene _____
5. François vive con _____

3 La casa de…

▶ **A** Pregunta a tus compañeros cómo es su casa. Luego explícalo al resto de la clase.

> La casa de Niklas es un apartamento, está en el centro, tiene una habitación…

(No) Tiene
- habitaciones (…)
- garaje
- piscina
- ascensor

Está
- cerca del centro
- lejos
- en la calle…
- en la avenida…
- cerca de aquí
- cerca de la escuela

Vive en
- un piso
- una casa
- un apartamento
- un ático
- un chalé
- un estudio

▶ **B** Ahora ya conoces un poco las casas de tus compañeros. En tu opinión, ¿cuál es la casa ideal para vivir? ¿Por qué? Comenta tu decisión en plenaria.

> Para mí, la casa ideal para vivir es la casa de Jessica porque está en el centro.

> La casa de Martin es mi favorita porque tiene piscina…

▶ OBSERVA Y APRENDE

4 Cosas de casa

▶ 👥 Ramón, el nuevo compañero de François, lleva algunas de sus cosas al piso. En grupo, relacionad cada objeto con su nombre.

- unas camisetas
- un paraguas
- un marco de fotos
- una maleta
- un portátil
- una manta

5 Ramón y sus fotos

▶ **A** Ramón enseña a François algunas fotos de su álbum. Lee las oraciones que las acompañan y fíjate en las palabras marcadas. ¿Sabes qué tipo de adjetivos son? ¿Para qué sirven?

1. Estos son Carla, **mi** hermana pequeña, y **su** novio Marcos.

2. Estos son **mis** padres, María y Eduardo.

3. Estas son **mis** amigas, Alicia y Teresa, con **sus** novios.

4. Este es Pipo, **mi** perro.

5. Estos son **nuestros** gatos, Zipi y Zape.

OBSERVA Y APRENDE

▶ **B** Completa la tabla con las palabras en negrita del ejercicio anterior.

Posesivos

SINGULAR		PLURAL	
Masculino	Femenino	Masculino	Femenino
___	___	___	___
tu	tu	tus	tus
___	___	___	___
	___	sus	
nuestro	nuestra	___	nuestras
vuestro	vuestra	vuestros	vuestras

Masculino singular + perro; Femenino singular + casa; Masculino plural + perros; Femenino plural + casas

6 Compañeros de piso

▶ **A** Ramón y François buscan un nuevo compañero de piso. Aquí tienes a tres de sus candidatos. ¿Quién es tu favorito? Comenta tu opinión con el resto de la clase.

Soy Fran. Tengo 21 años y trabajo como músico en una orquesta. Por la mañana no **hago** muchas cosas, pero por la noche **salgo** hasta muy tarde cuando no trabajo. Nunca **hago** fiestas en casa. No **conozco** a mucha gente en la ciudad y, por eso, necesito compartir piso.

Somos July y Marc, somos novios desde hace tres años. Somos profesores y **damos** clase en un instituto. **Hacemos** muchas cosas juntos: **salimos** a correr, vamos al cine, viajamos, escuchamos música, paseamos por el parque…

Me llamo Miguel y soy español. Estoy en esta ciudad por trabajo. Creo que soy muy buen compañero de piso… Si estoy en casa, limpio, **hago** las camas, **pongo** la lavadora, **traigo** la compra… No **doy** problemas.

> Yo creo que Miguel es mi favorito porque hace muchas cosas en casa…

> Para mí es Fran porque…

76 | setenta y seis

▶ **B** Todos los verbos señalados en el ejercicio anterior tienen solo la primera persona irregular. Completa su conjugación.

	Hacer	Dar	Salir	Traer	Poner	Conocer
Yo >	hago	doy	salgo	traigo	pongo	conozco
Tú >						
Usted >						
Él / Ella >						
Nosotros /-as >						
Vosotros /-as >						
Ustedes >						
Ellos / Ellas >						

7 ¿Quién es Stephanie?

▶ **A** 🔊 1 | 28 Stephanie es una estudiante de Estados Unidos que habla con los chicos porque también busca piso. Escucha su conversación y escribe las palabras que faltan.

> ○ Soy Stephanie y _____ve_____ de Estados Unidos. _____voy_____ a vivir dos meses aquí porque estudio español... Bueno, creo que soy simpática y también muy activa; hago muchas cosas: _____voy_____ a clase, _____voy a_____ música... _____oigo_____
> Tengo muchos amigos y...
>
> ○ Ajá... ¿Y _____días_____ que _____vienes_____ de Estados Unidos?
>
> ○ Sí, de Nueva York.

▶ **B** Escribe los verbos de la actividad anterior en su lugar correspondiente.

	Venir	Oír	Ir	Decir
Yo >				digo
Tú >		oyes	vas	
Él / Ella / Usted >	viene	oye	va	dice
Nosotros /-as >	venimos	oímos	vamos	decimos
Vosotros /-as >	venís	oís	vais	decís
Ellos / Ellas / Ustedes >	vienen	oyen	van	dices

▶ **C** ¿En qué se diferencian estos verbos de los de la actividad 6 B? Coméntalo en plenaria.

▸ OBSERVA Y APRENDE

8 Esta es mi calle

▸ **A**  Escucha la conversación entre Ramón y François, y completa con las palabras que faltan. Después fíjate en el dibujo para comprender mejor los demostrativos.

1.
Ramón, ¿está **aquí** el piso de Javier?

No, está **ahí**, en **esa** calle.

2.
François, ¿dónde está el coche? ¿Es _____ de **aquí**?

No, es _____ rojo de **ahí**.

3.
¿_____ es la Avenida de Andalucía?

No, es _____

4.
Ramón, ¿_____ chica es la novia de Alex?

No. Es _____ chica de **allí**, la del vestido rojo que está en _____ mesa.

Este es mi perro Can. ¿Te gusta?

¿Ese es tu perro?

Sí, se llama Lía.

¿Ves aquel perro? ¡Viene hacia nosotros!

▸ **B** Con la ayuda de los diálogos anteriores, completad este cuadro.

Demostrativos

MASCULINO		FEMENINO	
Singular	Plural	Singular	Plural
Est___	_____	Esta	_____
Es___	Esos	_____	Esas
Aquel	_____	Aquel___	_____

9 Un piso como nuevo

▶ **A** 👥 François y Ramón compran muebles, electrodomésticos y objetos nuevos para el salón y la cocina de su piso. En pequeños grupos, poned nombre a todas estas cosas y colocadlas en la habitación adecuada.

SALÓN

COCINA

▶ **OBSERVA Y APRENDE**

▶ **B** 🔊 1 30 Escucha a Ramón y marca los objetos que nombra en el cuarto de baño.

▶ **C** 👥 En grupos, pensad en otros muebles, electrodomésticos u objetos que hay normalmente en las siguientes habitaciones.

Salón:

Cocina:

Baño:

Gramática y léxico

PRESENTE DE VERBOS IRREGULARES EN PRIMERA PERSONA DE SINGULAR

	Dar	Hacer	Poner	Traer	Conocer	Saber	Salir
Yo	**doy**	**hago**	**pongo**	**traigo**	**conozco**	**sé**	**salgo**
Tú	das	haces	pones	traes	conoces	sabes	sales
Usted	da	hace	pone	trae	conoce	sabe	sale
Él / Ella	da	hace	pone	trae	conoce	sabe	sale
Nosotros /-as	damos	hacemos	ponemos	traemos	conocemos	sabemos	salimos
Vosotros /-as	dais	hacéis	ponéis	traéis	conocéis	sabéis	salís
Ustedes	dan	hacen	ponen	traen	conocen	saben	salen
Ellos /-as	dan	hacen	ponen	traen	conocen	saben	salen

PRESENTE IRREGULAR DEL VERBO IR

Yo	voy	Nosotros /-as	vamos
Tú	vas	Vosotros /-as	vais
Usted	va	Ustedes	van
Él / Ella	va	Ellos / Ellas	van

Ir + medio de transporte

- IR + **en** metro, autobús, coche, avión…
  *Voy **en coche** al trabajo.*
- IR + **a** pie.
  *Vamos **a pie** mejor que en autobús.*

PRESENTE DE VERBOS CON DOS IRREGULARIDADES

	Venir	Oír	Decir
Yo	ven**g**o	oi**g**o	di**g**o
Tú	**vie**nes	**oy**es	**di**ces
Usted	**vie**ne	**oy**e	**di**ce
Él / Ella	**vie**ne	**oy**e	**di**ce
Nosotros /-as	venimos	oímos	decimos
Vosotros /-as	venís	oís	decís
Ustedes	**vie**nen	**oy**en	**di**cen
Ellos / Ellas	**vie**nen	**oy**en	**di**cen

ADJETIVOS POSESIVOS

Masculino		Femenino	
singular	plural	singular	plural
mi	mis	mi	mis
tu	tus	tu	tus
su	sus	su	sus
nuestro	nuestros	nuestra	nuestras
vuestro	vuestros	vuestra	vuestras
su	sus	su	sus

DEMOSTRATIVOS

	Singular		
Masculino	este	ese	aquel
Femenino	esta	esa	aquella
	Plural		
Masculino	estos	esos	aquellos
Femenino	estas	esas	aquellas

Para describir

- **Una casa**

  Es luminosa.
  Es céntrica.
  Tiene cuatro habitaciones.
  Está cerca del centro.
  Está lejos del centro.
  Está a cinco minutos / a unos minutos / a pocos metros de la escuela.

- **Un barrio o una calle**

  En mi barrio (no) hay muchos bares y restaurantes…
  Mi barrio tiene muchas zonas verdes…
  Mi barrio está en el centro de la ciudad / cerca del centro / lejos…
  Mi calle es la Avenida del Sol…
  Mi calle está en el centro / en el norte / en el sur de la ciudad…
  Mi calle es antigua / estrecha…

▶ PRACTICA

10 Macarena es única

▶ Macarena, una exnovia de Ramón, le envía algunas «fotos» de su nueva vida sin él. Escribe todo lo que hace. Usa los verbos del cuadro en presente.

→ salir   ir
  hacer   traer
  dar   venir
  conocer poner

1. Macarena y su compañera de piso _____ una ensalada muy rica para comer.

2. Macarena _____ en autobús al centro para trabajar

3. Macarena y sus amigos _____ por la noche a tomar algo.

4. Los padres de Macarena _____ a la ciudad para visitarla.

5. Clara, Nuria y Macarena _____ la bebida a la fiesta de Marta.

6. Tú y Macarena _____ a mucha gente de otros países del mundo.

7. Macarena es pinchadiscos y _____ música en la discoteca Cero.

8. Juan y yo _____ un regalo a Macarena porque es su cumpleaños.

11 El barrio de Ramón y François

▶ **A** Este es el barrio de Ramón y François. ¿Dónde están los lugares de la lista? Escribe el número en el lugar del dibujo correspondiente.

1. Una parada de autobús.
2. Un cine.
3. Un quiosco.
4. Un colegio.
5. Un museo.
6. Un centro comercial.
7. Un centro de salud.
8. Una biblioteca.
9. Un teatro.
10. Una cabina de teléfono.
11. Una oficina de correos.
12. Una cafetería.
13. Un cajero automático.

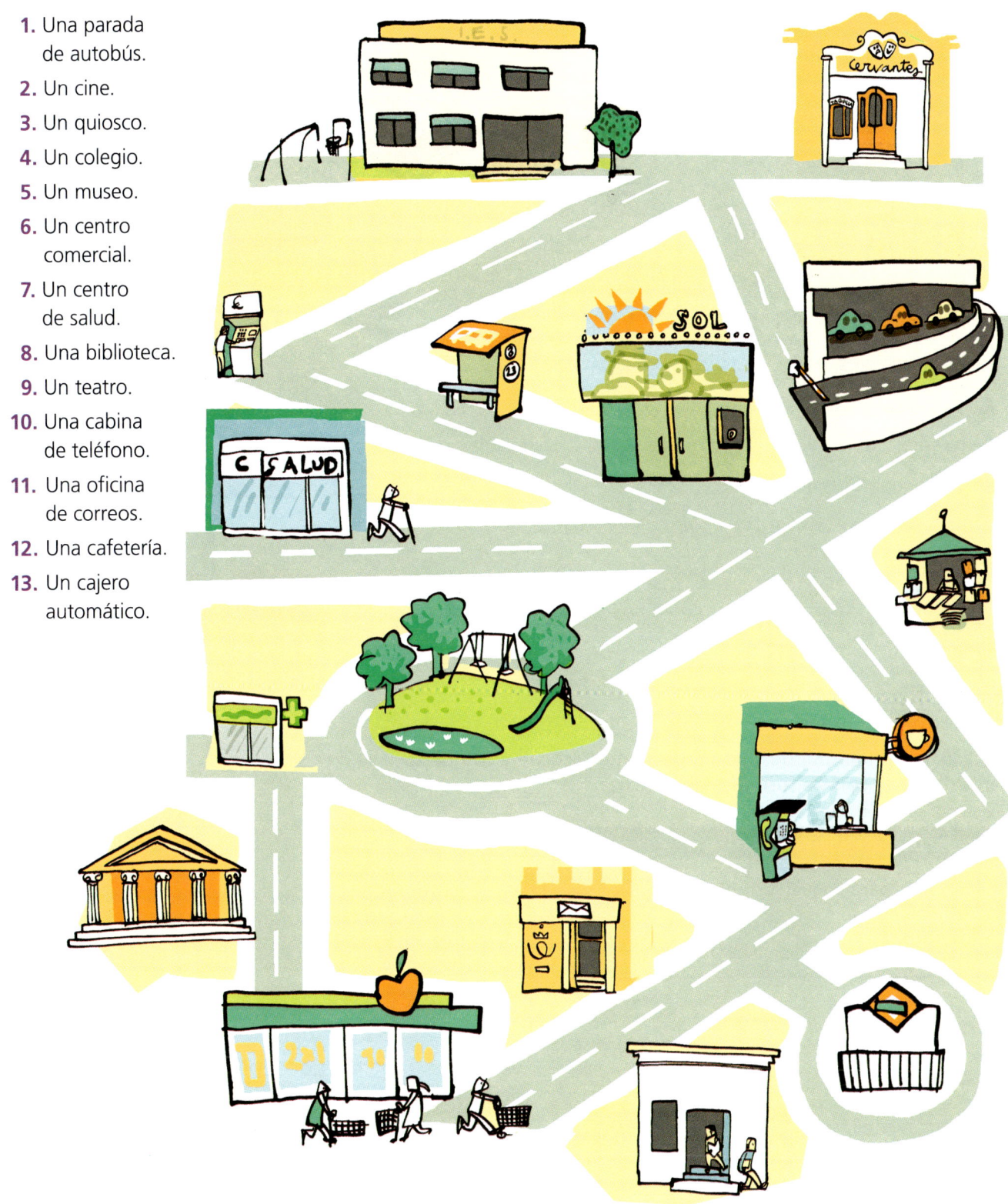

▶ **B** Completad la lista con otros lugares que aparecen en el dibujo. Comentadlo en clase.

EN COMUNICACIÓN

12 ¿De quién es?

▶ François necesita ordenar todas estas cosas. Fíjate en el cuadro de los posesivos de la sección de Gramática y léxico, y completa las oraciones siguiendo el modelo.

El DVD es de Carmen. > *Es su DVD.*

1. El libro no es de Paco, es _____ libro.
2. No son mis llaves. Son de _____. Son _____ llaves.
3. El cuaderno es de _____. Es _____ cuaderno.
4. La foto es de _____, mi _____. Es _____ foto.
5. La baraja de cartas es de Diego y mía. Es _____ baraja de cartas.
6. El diccionario es del _____. Es _____ diccionario.
7. Las carpetas no son de Clara, son _____ carpetas.
8. El iphone es de _____. Es _____ iphone.
9. El portátil es de _____. Es _____ portátil.

13 ¿Está Ramón?

▶ ◉1 |31| Ramón no puede vivir sin teléfono. Escucha y completa estos diálogos con las fórmulas de la ficha.

≡ Léxico

- Fórmulas para conversaciones telefónicas:
  – ¿Sí?   – ¿Quién es?
  – ¿Dígame?   – Ahora se pone.

1 ◉ ¿_____?

◉ Hola, Ramón.

◉ Hola, papá, ¿qué tal?, ¿cómo están por ahí?

◉ Muy bien, hijo… extrañándote mucho. ¿Y tú, qué tal?

◉ Genial. España es un país increíble.

2 ◉ ¿_____?

◉ Ramón, soy Pablo, tu dentista… Te llamo para recordarte nuestra cita para el viernes 19, a las diez de la mañana.

◉ Gracias, Pablo.

3 ◉ ¿Señora García?

◉ ¿_____? ¿_____?

◉ Soy Ramón, un amigo de Blanca.

◉ Ah, muy bien. Espera un momento, _____.

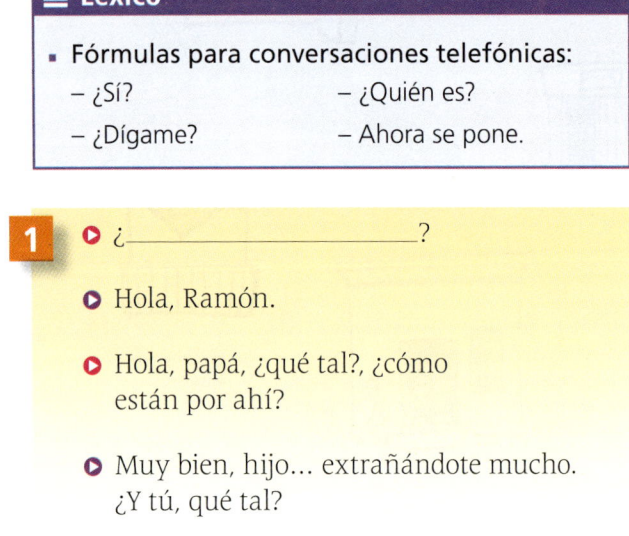

14 Un poco de ortografía: ¿B o V?

▶ Completa las palabras con B o V según corresponda. El profesor tiene la solución.

1. ___ino.
2. ___arcelona.
3. ___oca.
4. ___ocadillo.
5. ___eso.
6. ___erde.
7. nu___e.
8. ___illete.
9. u___as.
10. ___aso.

15 Casas del mundo

▶ **A** Los chicos de la clase descubren en esta página web algunas viviendas curiosas.

www.casasdelmundo.es

En **La Habana, en Cuba**, hay casas pintadas de colores: azul, rosa, amarillo…

En **España**, en la ciudad de **Cuenca**, son típicas las casas colgantes.

En **Estados Unidos**, mucha gente vive en casas individuales y grandes, y no en apartamentos.

En la ciudad española de **Granada** hay casas cueva: son casas normales, con cocina, salón, cuarto de baño…

En **Holanda** hay muchas personas que viven en barcos.

▶ **B** ¿Cómo es la casa típica de tu país o de tu región? ¿Hay algún tipo de casa original, diferente a las de otros lugares del mundo? Coméntalo con tus compañeros.

> En mi país no tenemos casas en las cuevas… La casa típica es grande, con jardín…

> Muchos finlandeses tenemos una casa de madera con sauna en el bosque, cerca de un lago.

▶ EN COMUNICACIÓN

16 Barrios famosos

▶ **A** Nuestros amigos tienen información sobre algunos barrios famosos en el mundo hispano. Lee los textos y pregunta al profesor las palabras nuevas.

FORO
Foro latino

Barrio de Malasaña (Madrid)

MALASAÑA ES UNO DE LOS BARRIOS más típicos e históricos de la capital de España. Está cerca de la calle Fuencarral y de la Plaza Dos de Mayo. Esta plaza es el centro del barrio y se llama así porque el 2 de mayo de 1808 comienza allí la revolución popular contra la invasión de los franceses. El nombre del barrio es en honor a Manuela Malasaña, heroína de esa revolución.

Es un lugar de moda para salir a cenar, ir de copas, tomar algo en sus terrazas o en sus cafés llenos de encanto. También es un barrio estupendo para ir de compras, especialmente en la calle Fuencarral, donde se pueden encontrar tiendas con la moda más alternativa junto a las mejores marcas, además de restaurantes con una exquisita oferta gastronómica.

Barrio de La Boca (Buenos Aires)

LA BOCA ES UNO DE LOS BARRIOS con más habitantes de Buenos Aires. Es el lugar con más colorido de toda la ciudad porque allí están las «casas de colores», pintadas de los colores más diversos. Se llama así porque está ubicado en la desembocadura del Riachuelo en el Río de la Plata.

La Boca es el barrio de uno de los más famosos equipos de fútbol argentinos: el Boca Juniors, y en él se encuentra su estadio deportivo, La Bombonera, además del Museo de Bellas Artes y del Teatro de la Ribera. También es un barrio lleno de locales, cantinas y restaurantes donde poder escuchar tangos, la música típica del país. Una de sus calles más populares es la calle Caminito.

▶ **B** 👥 ¿Qué diferencias encontráis entre los dos barrios? ¿Cuál os gusta más? Comentad vuestras ideas con el resto del grupo.

▶ **C** Seguro que en tu país también hay un barrio muy famoso. Prepara una pequeña presentación para tus compañeros. Busca fotos del barrio en Internet para enseñarlas en clase.

Para ayudarte:

¿Dónde está?
¿Por qué es famoso?
¿Qué calles importantes tiene?

¿Hay teatros, cines, museos…?
¿Es un barrio moderno, antiguo…?
¿Qué tipo de personas viven en él?

OTROS datos interesantes.

17 Un lugar favorito…

▶ **A** François y Ramón participan en un foro donde la gente elige su lugar favorito de la ciudad. Lee los comentarios de los internautas y decide cuál es el tuyo.

Marisa

Mi lugar favorito de la ciudad es la librería **Más Libros**… Leo mucho y allí tengo todos los libros que busco. Está muy cerca de mi casa, en la calle Central… Puedo ir a pie. Además de comprar, es posible tomar un café, leer los periódicos o navegar por Internet…

Raúl

Como soy estudiante de Arte, mi lugar favorito es el **Museo de Arte Contemporáneo**… Está en el centro de la ciudad, al lado de la catedral. Es un edificio muy moderno. Hay exposiciones de pintura, escultura, videoarte, etc.

François y Ramón

Nuestro lugar favorito es un bar de copas, se llama **Liceo**. Está en la calle Cervantes, en el casco histórico de la ciudad. En Liceo hay muchos estudiantes como nosotros… Allí conocemos a gente de todos los países del mundo. La música es muy buena: rock, pop, tecno…

▶ **B** ¿Hay sitios similares en el lugar donde estudias español? ¿Tienen las mismas actividades? ¿Por qué son diferentes? Coméntalo con tus compañeros.

— Aquí también hay un Museo de Arte Contemporáneo, pero no hay exposiciones de videoarte.
— Sí, es verdad.

▶ **C** En parejas, elegid vuestro lugar favorito de la ciudad donde estudiáis español y presentadlo al resto de la clase.

▶ **D** En gran grupo, con todos esos lugares, diseñad la ruta por la ciudad para un fin de semana perfecto.

SÁBADO
Por la mañana
Por la tarde
Por la noche
Para almorzar
DOMINGO
Por la mañana
Por la tarde
Por la noche
Para cenar

¡extra! ▶ CONTEXTOS

1 El piso de Kenzo

▶ **A** 🕐 1 32 Kenzo, un amigo de Ramón y François, llama por teléfono para buscar piso. Escucha los diálogos y completa con las palabras que faltan.

PISO 1	PISO 2
> ¿El piso está en _____?	< Es un piso con dos habitaciones, _____, salón y _____ .
< Sí, sí… Está cerca de la calle Larios, la calle principal de la ciudad. Es un piso muy _____. Tiene cuatro _____.	> ¿Es nuevo?
> ¿Es nuevo?	< Sí, sí… Además, está a cinco minutos de la escuela donde estudias español.
< No, es un piso _____, pero está como nuevo.	> ¡Ajá!… ¿Tiene _____ a Internet?
> ¿Viven otras personas?	< Sí, no hay problema. Tenemos wifi en toda la casa… Es un piso muy _____ y con todos los _____ nuevos.
< Sí, hay una pareja de españoles y un chico de Japón.	> ¿Viven personas de Japón?
> ¡Ah! Muy bien…	< No. Ahora vive un chico español, Agustín.

▶ **B** ¿En qué piso crees que va a vivir Kenzo? Explica por qué. Compara tus respuestas con las de tus compañeros.

Kenzo necesita:
- ✓ Piso cerca de la escuela.
- ✓ Internet para su trabajo.
- ✓ No hablar japonés.

Creo que va a vivir en el piso _____ porque…

¡extra! ▶ PRACTICA

2 Solo en casa

▶ **A** François está solo en casa durante el fin de semana. Decide organizar una fiesta con todos sus amigos. Completa los siguientes diálogos con la forma adecuada del presente.

1
- Oiga, señora Montero, ¿está su hija?
- Sí... Un momento...
- ¿Sí?
- Hola, ¿qué tal? Por favor, me *(dar, tú)* _____ el móvil de Tony... Es que no *(tener, yo)* _____ su número guardado.
- Claro... Toma nota.

2
- Oye, Tony, tú *(traer)* _____ la música para la fiesta porque en casa solo *(tener, yo)* _____ música clásica. ¿Vale?
- Vale, pero tú *(poner)* _____ la comida, ¿eh?
- Por supuesto, chico.

▶ **B** Fíjate en las conversaciones del ejercicio anterior y marca la posibilidad correcta con una X.

Fórmulas	Tú	Usted
Oiga		
Oye		

3 Hoy no salgo

▶ Estás chateando con Ramón y otros amigos de la clase. Responde a sus preguntas con la forma correcta del presente. Antes de escribir, debes fijarte en las indicaciones que te ofrecemos para algunas respuestas.

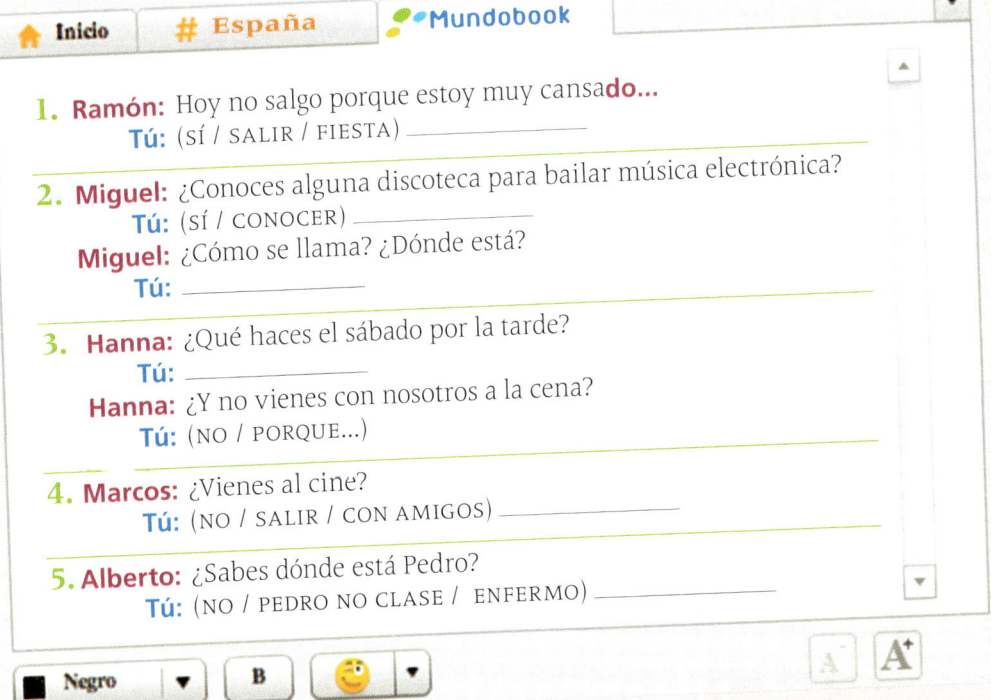

1. **Ramón:** Hoy no salgo porque estoy muy cansa**do**...
   Tú: (SÍ / SALIR / FIESTA) _____
2. **Miguel:** ¿Conoces alguna discoteca para bailar música electrónica?
   Tú: (SÍ / CONOCER) _____
   Miguel: ¿Cómo se llama? ¿Dónde está?
   Tú: _____
3. **Hanna:** ¿Qué haces el sábado por la tarde?
   Tú: _____
   Hanna: ¿Y no vienes con nosotros a la cena?
   Tú: (NO / PORQUE...) _____
4. **Marcos:** ¿Vienes al cine?
   Tú: (NO / SALIR / CON AMIGOS) _____
5. **Alberto:** ¿Sabes dónde está Pedro?
   Tú: (NO / PEDRO NO CLASE / ENFERMO) _____

¡extra! ▶ EN COMUNICACIÓN

4 Tienes un mensaje

▶ Completa estos mensajes para François con el posesivo adecuado. Compara tus respuestas con las de tus compañeros.

1. François, el sábado salimos con *(de nosotros)* _____ amigos al cine. Creo que vamos en metro, ¿vienes con nosotros?

2. Hola, soy Ana, *(de ti)* _____ compañera de clase... Por favor, ¿cuál es el correo electrónico de *(de nosotros)* _____ profesor?

3. Voy a tu fiesta del viernes, pero, ¿cuál es *(de vosotros)* _____ dirección?

4. Voy con *(de mí)* _____ amigos a ver el partido de fútbol en el bar de Jaime... ¿Y tú? ¿Qué haces? ¿Vienes?

5. Esta noche salimos con Claudia y *(de ella)* _____ hermana a Disco Sol. Vamos en _____ *(de ellas)* coche. ¿Qué hacéis vosotros?

6. Por favor, François, tú traes *(de ellos)* _____ cedés a la fiesta. Están en *(de ti)* _____ casa. Gracias y hasta esta noche.

5 Al teléfono

▶ Hablamos por teléfono en parejas.

1
Alumno A
Llamas a alguien para invitarlo a cenar.

Alumno B
Preguntas el lugar y la hora de la cena.

2
Alumno A
Llamas a casa de un amigo o amiga. Preguntas cuándo es la próxima fiesta.

Alumno B
Eres el amigo o la amiga. Explicas todo sobre vuestra próxima fiesta.

3
Alumno A
Llamas a casa de un compañero o compañera para decir que mañana no hay clase.

Alumno B
Eres la madre o el padre del compañero de clase del Alumno A. Hablas con él.

4
Alumno A
Llamas para comprar una entrada para un concierto de música.

Alumno B
Eres el teleoperador que vende las entradas.

6 Nuestro barrio favorito

▶ **A** En parejas vais a decidir cómo es vuestro barrio favorito. Para empezar, debéis completar estas tablas.

ES UN BARRIO...
- ✓ divertido
- ✓ cultural
- ✓ de estudiantes
- ✓ de artistas
- ✓ ecológico
- ✓ intercultural
- ✓ _____
- ✓ _____
- ✓ _____
- ✓ _____

CARACTERÍSTICAS
- ✓ tranquilo
- ✓ ruidoso
- ✓ residencial
- ✓ moderno
- ✓ antiguo
- ✓ _____
- ✓ _____
- ✓ _____
- ✓ _____

UN BARRIO SIN...
- ✓ tráfico
- ✓ contaminación
- ✓ _____
- ✓ _____
- ✓ _____
- ✓ _____

UN BARRIO CON...
- ✓ mercadillo
- ✓ restaurantes vegetarianos...
- ✓ _____
- ✓ _____
- ✓ _____
- ✓ _____

ACTIVIDADES
- ✓ Ir de compras
- ✓ Comer en restaurantes vegetarianos...
- ✓ _____
- ✓ _____
- ✓ _____

VUESTRAS IDEAS
- ✓ _____
- ✓ _____
- ✓ _____
- ✓ _____
- ✓ _____

SITUACIÓN

Nuestro barrio favorito está en _____ _____ porque _____ _____

▶ **B** Ahora cada pareja presenta al resto de la clase su propuesta. Después, entre todos, elegid cuál es la mejor y por qué.

> Pensamos que la mejor propuesta es...

> No estamos de acuerdo. La mejor es...

▶ Unidad 5

Llenar la nevera

▶ **Necesitamos aprender**
- El presente de los verbos irregulares (II)
- QUERER, PODER, PREFERIR, DESEAR + Infinitivo
- Los pronombres de objeto directo
- El léxico de la alimentación
- El léxico de los tipos de tiendas

▶ **Para**
- Expresar preferencias o intereses
- Preguntar por productos y sus precios

Lechuga
Tomates
Zanahorias

▶ CONTEXTOS

1 No hay nada en la nevera

▶ **A** La profesora Laura hace la compra en el mercado. Está en el puesto de frutas y verduras.

- Hola, Laura, buenos días, ¿qué deseas?
- Hola, quiero una lechuga grande y un kilo de tomates.
- ¿Los quieres maduros?
- ¡No, qué va! Muy maduros no.
- ¿Quieres algo más?
- Sí, medio kilo de zanahorias y medio de cebollas. Ah, ¿tienes kiwis?, es que no los veo.
- No, lo siento.
- Entonces un kilo de manzanas y otro de melocotones. ¿A cuánto están las fresas?
- A tres euros el kilo; están un poco caras, pero son muy buenas.
- ¿Están dulces?
- ¡Claro que sí! ¿Quieres probarlas? Puedes coger una.
- Sí. ¡Mmmm!, ¡qué buenas! Pues medio kilo de fresas y kilo y medio de plátanos.
- ¿Te gustan maduros o un poco más verdes? ¿Cuáles prefieres?
- Un poco más verdes, por favor. ¿Cuánto es todo?
- A ver..., son doce euros con cuarenta (12,40 €).
- Aquí tienes, muchas gracias y adiós.
- Gracias a ti, hasta mañana.

▶ **B** Fíjate en el diálogo anterior y completa la tabla con frases y palabras del texto.

Saludos	Preguntas del dependiente	Preguntar por el precio	Despedidas
Hola, ¿qué tal?	¿Qué quería?	¿Cuánto cuestan?	Hasta mañana
			¡Hasta luego!

Verduras	Frutas
Pimiento	Naranja

CONTEXTOS

2 Saber comer

A Laura presenta en clase este texto con recomendaciones para una dieta sana. Léelo con atención.

DIETA SANA

EL DESAYUNO es la comida más importante del día: leche, cereales, pan, fruta, aceite de oliva, queso... Un buen desayuno te da fuerza para toda la mañana.

- Los estudios dicen que las personas que siguen una dieta mediterránea viven más tiempo y tienen más calidad de vida.

- Esta dieta consiste básicamente en tomar muchos productos vegetales (frutas, verduras, legumbres y frutos secos), pan y otros cereales, y usar el aceite de oliva para preparar los platos.

- *Es importante beber* dos litros de agua al día si quieres vivir con energía.

- Si comes a menudo fuera de casa y eliges bien los platos, también puedes llevar una alimentación saludable.

- Si deseas vivir con alegría, la comida y la bebida son muy importantes. Es necesario comer una gran variedad de alimentos, pero en pequeñas cantidades.

- Es aconsejable hacer tres comidas al día: desayuno, almuerzo y cena.

- Es necesario tomar más alimentos de origen vegetal y menos de origen animal, comer mucha fruta y pocos dulces.

- Es recomendable comer despacio y masticar bien.

- Por último, es bueno hacer un poco de ejercicio físico todos los días.

B Ahora, habla sobre las recomendaciones anteriores. ¿Cuáles haces y cuáles no?

> Yo no bebo dos litros de agua cada día, bebo menos, pero también bebo algo de cerveza.

> Pues yo desayuno leche con cereales y algo de fruta; creo que está bien.

> La verdad es que yo quiero comer verduras, pero prefiero la carne. ¡No puedo evitarlo!

▶ **OBSERVA Y APRENDE**

3 ¡Cuánta comida!

▶ **A** 🔊 1 33 Abrimos la nevera de Laura y nos encontramos con mucha verdura y fruta... Trata de identificar cada alimento. Después, escucha y completa.

1. T _____
2. L _____
3. P _____
4. Z _____
5. P _____
6. M _____
7. C _____
8. N _____
9. S _____
10. M _____
11. F _____
12. P _____

▶ **B** 👥 Leed estas pistas sobre frutas y verduras de la actividad anterior y adivinad cuáles son.

1. Se suele usar para hacer zumo y es redonda. ▶ Es la _____
2. Los hay rojos, verdes y amarillos. ▶ Son los _____
3. Comemos esta fruta también con nata. ▶ Es la _____
4. Es amarillo y su nombre tiene siete letras. ▶ Es el _____

▶ **C** 👥 Elige otras frutas y verduras que tú conoces, y juega con tus compañeros como en el ejercicio anterior.

▶ OBSERVA Y APRENDE

4 La ensalada, con aceite y vinagre

▶ **A** En clase, Laura y los estudiantes hablan sobre algunas de sus preferencias en la comida. Lee los diálogos.

1 **MAGNUS Y LAURA**

- ¿Lavas bien la verdura antes de preparar una ensalada?
- ¡Claro! **La** lavo muy bien con agua caliente.
- ¡Qué exagerado!, yo **la** lavo bien, pero con agua fría.

2 **TOM Y FRANÇOIS**

- Yo tomo el café solo.
- Pues yo **lo** prefiero con leche; el café solo está muy fuerte para mí.
- ¿Y **lo** tomas con azúcar?
- No, **lo** bebo solo. Con los dulces y el chocolate que como ya es suficiente.

3 **LAURA Y MARIE**

- Dicen que las zanahorias son muy buenas para la piel y para la vista. Yo **las** tomo en ensalada, cocidas, al horno... ¡De todas las maneras posibles!
- Yo también como muchas zanahorias.

4 **LAURA Y KELLY**

- Preparo la ensalada con pocos ingredientes, pero siempre con dos o tres tomates. También **los** como solos, con sal. Ya sé que la sal no es buena, pero...
- Yo prefiero las ensaladas con muchos ingredientes.

▶ **B** Fíjate en las palabras en negrita, ¿puedes decir a qué terminos del texto corresponden?

Diálogo 1 > **la** se refiere a _____

Diálogo 2 > **lo** se refiere a _____

Diálogo 3 > **las** se refiere a _____

Diálogo 4 > **los** se refiere a _____

▶ **C** Ahora completa la tabla con los pronombres de Objeto Directo.

	MASCULINO		FEMENINO	
	singular	plural	singular	plural
la				
lo				
las				
los				

▶ D 👥 Leed los siguientes diálogos y tratad de descubrir la diferencia entre los dos. En el segundo diálogo tenemos la preposición A, ¿por qué?

Diálogo 1

> ¿Coges el autobús para ir a la escuela?

< **Lo** cojo cuando estoy cansado. Normalmente voy a pie para hacer ejercicio.

> Oye, ¿Tú haces los deberes de español todos los días?

< Sí, **los** hago siempre.

Lo = el autobús.
Los = los deberes.

Diálogo 2

> Ramón, ¿llamas **a** tu familia por teléfono mucho?

< **La** llamo siempre que puedo, así mi madre está más tranquila.

> ¿Y ves **a** tus amigos durante la semana?

< No, **los** veo los fines de semana generalmente, es que no tengo mucho tiempo.

La = **a** tu familia.
Los = **a** tus amigos.

5 ¿Qué pedimos de tapa?

▶ A Laura y sus amigos Ramón y Claudia están en un bar de tapas. ¿Conocéis las tapas que piden?

Laura: Oye, este bar... ¿qué tal es?, ¿lo conocéis?

Ramón: Sí, yo lo conozco, no es caro y **sirven** unas tapas muy buenas.

Claudia: Y, ¿qué **pedimos** de tapas?

Ramón: **Recuerdo** la ensaladilla rusa de la última vez, ¡muy buena! ¿Vosotros qué **queréis**? ¿Qué os apetece?

Laura: Podemos pedir tapas diferentes y así probamos, ¿no?

Claudia: Yo **prefiero** la ensaladilla rusa, no **quiero** nada más. Vosotros **podéis** pedir tapas variadas para los dos.

Laura: Bueno, vale. Tú **empiezas**, Ramón, ¿qué **eliges**?

Ramón: Pues un pincho de tortilla de patata y boquerones en vinagre, ¿y tú? ¿Qué **pides**?

Laura: Yo croquetas y carne en salsa.

Claudia: Bueno, a ver, ya viene el camarero. ¡Ah!, ¿y de beber?

Laura: Cerveza, muy fría. ¡Oye! ¡Una cerveza **cuesta** un euro!

Ramón: ¿**Piensas** que es caro?

Laura: ¡Qué va! ¡No, hombre, no! Es muy barato.

(...)

Claudia: ¿Tomamos algo más? Yo **quiero** un café.

Laura: Yo no, porque después por la noche no **duermo.** ¡Qué bueno está todo en este bar! Aquí yo **vuelvo** seguro.

≡ Léxico

Tapa: pequeña cantidad de comida. Los españoles la toman como aperitivo.

▶ OBSERVA Y APRENDE

B Todos los verbos en negrita del texto anterior son irregulares porque las vocales cambian. Fíjate en ellos y completa la conjugación modelo.

	E > IE P**E**NSAR	E > I P**E**DIR	O > UE V**O**LVER
Yo >		p**i**do	v**ue**lvo
Tú >	p**ie**nsas		
Usted >			
Él / Ella >			
Nosotros /-as >		p**e**dimos	
Vosotros /-as >			
Ustedes >	p**ie**nsan		
Ellos / Ellas >			v**ue**lven

→ **ATENCIÓN**
Las formas verbales de Nosotros /-as y Vosotros /-as son REGULARES.

C Escribe las formas de los verbos irregulares del texto A.

- E > IE: _Prefiero (preferir),_ _____
- E > I: _____
- O > UE: _____

D Estos cambios: E > IE, E > I, O > UE, ¿ocurren en todas las conjugaciones (-AR, -ER, -IR)? Observa los verbos de cada grupo y busca la solución.

E Los amigos de Laura cuentan algo más de sus vidas.

> **Ramón:** Yo duermo 12 horas cada día ...
> **Claudia:** Empiezo a trabajar a las 7:00 ...
> **Laura:** Vuelvo a mi casa de la escuela a las 14:00 ...

F ¿Y vosotros? Pregunta a los compañeros utilizando estos verbos.

- ¿A qué hora duermes la siesta?
- Yo no duermo la siesta.

DORMIR - hora
RECORDAR - una historia
VOLVER - a tu casa
EMPEZAR - clases
ELEGIR - bebida
PEDIR - un deseo

Gramática y léxico

PRESENTE DE INDICATIVO IRREGULARES

Verbos irregulares con cambios en la vocal

	E > IE QUERER	E > I VESTIR	O > UE DORMIR
Yo	qu**ie**ro	v**i**sto	d**ue**rmo
Tú	qu**ie**res	v**i**stes	d**ue**rmes
Usted	qu**ie**re	v**i**ste	d**ue**rme
Él / Ella	qu**ie**re	v**i**ste	d**ue**rme
Nosotros /-as	queremos	vestimos	dormimos
Vosotros /-as	queréis	vestís	dormís
Ustedes	qu**ie**ren	v**i**sten	d**ue**rmen
Ellos / Ellas	qu**ie**ren	v**i**sten	d**ue**rmen

Otros verbos: *preferir, sentir, empezar, pensar.*
Otros verbos: *servir, elegir, pedir.*
Otros verbos: *poder, costar, recordar, volver.*

Verbos irregulares con cambios de ortografía

	PROTEGER
Yo	prote**j**o
Tú	proteges
Usted	protege
Él / Ella	protege
Nosotros /-as	protegemos
Vosotros /-as	protegéis
Ustedes	protegen
Ellos / Ellas	protegen

Otros verbos: *coger, dirigir, elegir.*
< ¿A qué te dedicas?
> Dirijo un colegio pequeño.

VERBO + Infinitivo

QUERER
> ¿Qué **quieres hacer** hoy?
< **Quiero ir** al cine.

PODER
> ¿**Puedo usar** tu teléfono?
< ¡Claro que sí!

PREFERIR
> ¿Vamos a salir?
< Hoy **prefiero estar** en casa.

DESEAR
> ¿**Desea tomar** algo más?
< No, gracias, ¿cuánto es?

PRONOMBRES DE OBJETO DIRECTO

Yo	→ me
Tú	→ te
Él / Ella / usted	→ lo / la
Nosotros /-as	→ nos
Vosotros /-as	→ os
Ellos /-as / ustedes	→ los / las

> ¿Conoces a Ramón?
< No, no **lo** conozco.

> Juan, ¿preparas tú la ensalada?
< Vale, yo **la** preparo.

SABER / CONOCER

- *Saber* + Infinitivo
  No sé hablar bien español.
- *Saber* + Interrogativo
  ¿Sabes dónde está Marta?
  ¿Sabéis cuál es el autobús para la Universidad?
- *Saber* + lo que
  No sé lo que estudia Kelly.

- *Conocer* + lugares
  No conozco Madrid.
  Mis amigos **conocen muchos países de Europa**.
- *Conocer* + personas
  > **¿Conocéis a Kelly?**
  < Sí, **la conocemos** bien.

Preguntar el precio

- **¿Cuánto cuesta? / ¿Cuánto vale?**
  Por favor, ¿cuánto cuesta este diccionario?
- **¿A cuánto está(n)...?**
  > ¿A cuánto están los tomates?
  < Hoy muy baratos, están a dos euros el kilo.
- **¿Cuánto es?**
  > ¿Cuánto es todo?
  < A ver... las naranjas, las cebollas, una lechuga... 5, 50 euros.

LAS COMIDAS DEL DÍA

 El desayuno

 La comida / el almuerzo

 La merienda

 La cena

PRACTICA

6 Una nueva estudiante

A Nanako es una nueva alumna de nuestro curso. ¿Quieres conocerla? Completa este texto de presentación con el verbo en la forma correcta del presente.

Me llamo Nanako y soy de Japón. *(Querer, yo)* _____ estudiar español porque vivir en España es mi sueño. Además, *(pensar, yo)* _____ que los españoles son muy simpáticos y muy abiertos con todo el mundo. Mi problema es que todavía no *(entender, yo)* _____ muy bien a la gente si habla muy rápido. Soy un poco vaga. *(Dormir, yo)* _____ hasta muy tarde, cuando *(poder, yo)* _____, y *(preferir, yo)* _____ estar de vacaciones y no trabajar mucho. Mis amigos *(decir)* _____ que soy muy simpática y que *(sonreír, yo)* _____ todo el tiempo. Odio comprar ropa. *(Preferir, yo)* _____ los videojuegos. *(Volver, yo)* _____ a Japón después de este curso, a finales de mayo.

B Observa la habitación de Nanako, ¿qué otras actividades crees que hace en su tiempo libre?

1. _____
2. _____
3. _____

C Ahora utiliza tres adjetivos para describir a Nanako y explica tus razones.

1. *Nanako es **deportista** porque* _____

2. *Pienso que ella es **simpática** porque* _____

D Habla con tu compañero y explica en qué es diferente a nuestra nueva amiga Nanako.

1. *Mi compañero Magnus no quiere vivir en España. Prefiere vivir en Suecia.*

2. *Frank se levanta muy temprano.*

7 ¿Una cena japonesa?

▶ **A** 🔊 1|34 Nanako invita a cenar a tres de sus nuevos amigos. Escucha y completa la información sobre ellos.

1.

Luis _____ de Colombia. _____ a su país en septiembre. _____ vivir allí. Ahora no tiene novia pero, en el futuro, _____ formar una familia. Para cenar _____ pasta o _____. Odia el _____.

2.

Candela _____ de Cuba. _____ al balonmano cuando no estudia. No _____ mucho porque sus clases de economía _____ temprano, a las ocho. En España _____ a las tres, en Cuba a la una. Por la noche no _____ mucho, solo un _____ y alguna _____.

3.

Brandon _____ de Estados Unidos. Su novia y él _____ a Washington en agosto. _____ vivir en España. El piso donde viven _____ más barato que en su país. Jane, su novia, _____ con ser una famosa escritora. _____ la comida española, sobre todo, la paella.

▶ **B** Nanako y Sergio preparan para la cena una paella. ¿Sabes qué ingredientes lleva? Márcalos en la lista de la compra. Puedes consultar en Internet.

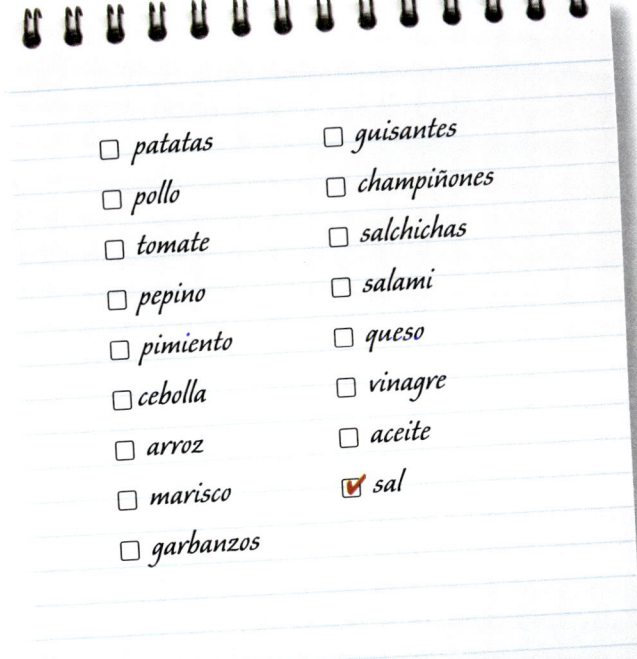

- ☐ patatas
- ☐ pollo
- ☐ tomate
- ☐ pepino
- ☐ pimiento
- ☐ cebolla
- ☐ arroz
- ☐ marisco
- ☐ garbanzos
- ☐ guisantes
- ☐ champiñones
- ☐ salchichas
- ☐ salami
- ☐ queso
- ☐ vinagre
- ☐ aceite
- ☑ sal

PRACTICA

8 ¡Qué rara es Nanako!

▶ **A** Nanako tiene algunas costumbres curiosas en su vida cotidiana. Léelas y fíjate en los pronombres en negrita. ¿A qué se refieren?

> Como ensalada todos los días. Es mi plato favorito, pero no **la** preparo con tomate. **Lo** odio. **La** hago con lechuga, maíz y nada más.

> No puedo vivir sin mi móvil. **Lo** llevo a todas partes. Si no **lo** tengo, ¡me muero!

> No veo películas de terror. Si **las** veo, no duermo en toda la noche.

> Tomo el café con leche y sin azúcar. **Lo** bebo en vaso de cristal. Nunca **lo** tomo en taza.

> No duermo la siesta. Prefiero hacer otras cosas a esa hora.

▶ **B** ¿Y tú? ¿Tienes costumbres similares o diferentes a Nanako? Escribe tus preferencias utilizando los pronombres.

- ¿Cómo tomas el café?
- **Lo** tomo con mucha azúcar.
- ¿Y la ensalada?
- **La** preparo con pepino, cebolla, tomate…

▶ **C** Ahora pregunta a tu compañero y explica en clase algo curioso de sus gustos con la comida y la bebida. No olvides usar los pronombres. Fíjate en el ejemplo.

Alumno A — ¿Cómo preparas *el pescado*?

Alumno B — *Lo preparo a la plancha y con limón.*

Alumno A		Alumno B		
la ensalada	*el pescado*	con / sin cacao	del grifo	frito/-a
la pasta	el té	con / sin cebolla	(muy) caliente	*a la plancha*
la cerveza	los refrescos	con / sin hielo	templado/-a	tinto
el agua	el café	con / sin leche	con / sin gas	blanco
el vino	los chicles	solo	con / sin limón	al horno
la leche	los caramelos	(muy) frío/-a	con / sin azúcar	

9 Comer, comer…

▶ **A** 🔊 1 35 Sergio, el novio de Nanako, come muchísimo. Lee y después escucha la audición.

Nanako dice que como mucho y a todas horas… Es verdad. Pero creo que tomo cosas sanas. Por la mañana, en el desayuno, como mucha fruta (manzanas, naranjas, peras, uvas…). En el almuerzo, carne de ternera, de pollo, de cerdo… o pescado; como merluza, atún, salmón, sardinas… También preparo muchos platos con legumbres (judías, lentejas, garbanzos…). Mi plato favorito es la paella con mariscos (gambas, mejillones…) y, por supuesto, el jamón serrano. Para cocinar uso aceite de oliva.

Bueno… el problema es que como también mucho pan… y mucho chocolate… ¡Qué rico está todo! ¡Mmmm!

▶ **B** 👥 Y vosotros, ¿coméis mucho? En parejas, hablad sobre vuestra dieta.

- *Por la noche como queso, jamón, un yogur o fruta.*
- *Prefiero comer verduras. No como carne. Soy vegetariano.*
- *Yo prefiero la carne. No puedo comer huevos. Soy alérgico a los huevos.*
- *Nunca desayuno café, solo leche con cereales.*

▶ PRACTICA

10 Un café con...

▶ **A** 🔊 1 36 Nanako y Sergio van a tomar un café con Juan Diego. Escucha y lee su conversación.

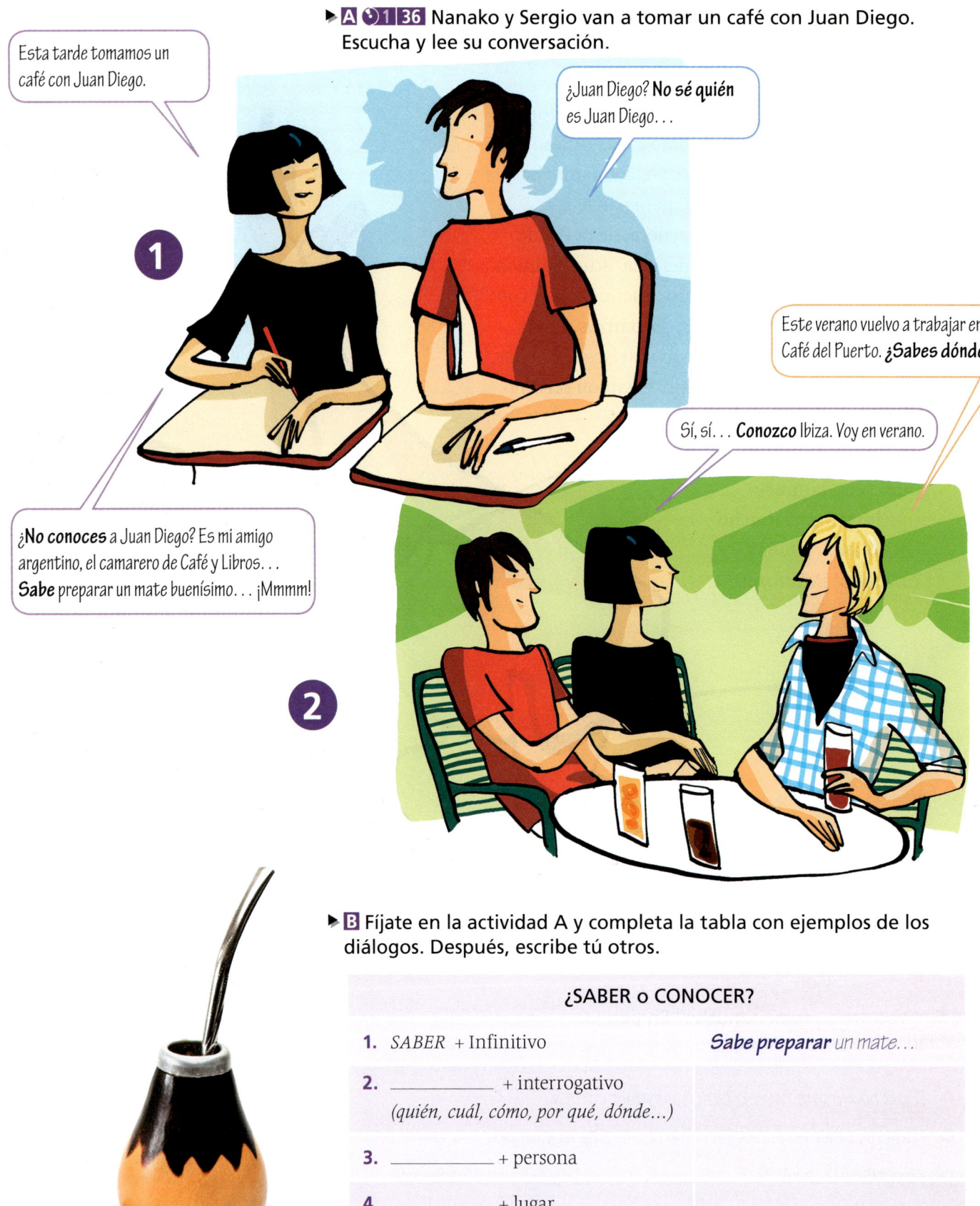

1
— Esta tarde tomamos un café con Juan Diego.
— ¿Juan Diego? **No sé quién** es Juan Diego...
— ¿**No conoces** a Juan Diego? Es mi amigo argentino, el camarero de Café y Libros... **Sabe** preparar un mate buenísimo... ¡Mmmm!

2
— Este verano vuelvo a trabajar en Ibiza, en el Café del Puerto. ¿**Sabes dónde** está?
— Sí, sí... **Conozco** Ibiza. Voy en verano.

▶ **B** Fíjate en la actividad A y completa la tabla con ejemplos de los diálogos. Después, escribe tú otros.

¿SABER o CONOCER?	
1. *SABER* + Infinitivo	*Sabe preparar* un mate...
2. _____ + interrogativo (quién, cuál, cómo, por qué, dónde...)	
3. _____ + persona	
4. _____ + lugar	

▶ **EN COMUNICACIÓN**

11 Una cena romántica

▶ **A** 👥 Sergio quiere preparar una cena romántica para Nanako. Necesita todos los productos de la lista. En parejas, decidid en qué tienda puede comprarlos.

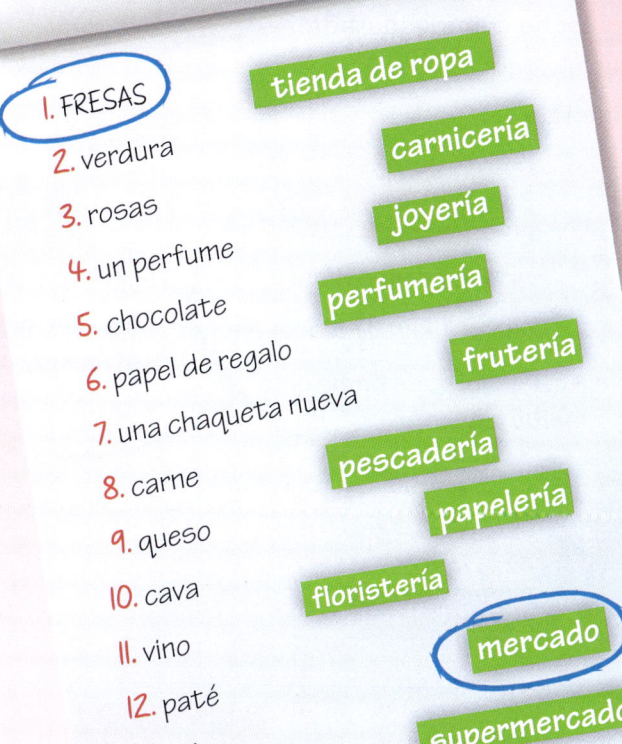

Lista para una Cena Romántica

1. FRESAS
2. verdura
3. rosas
4. un perfume
5. chocolate
6. papel de regalo
7. una chaqueta nueva
8. carne
9. queso
10. cava
11. vino
12. paté
13. velas
14. unos pendientes

tienda de ropa, carnicería, joyería, perfumería, frutería, pescadería, papelería, floristería, mercado, supermercado

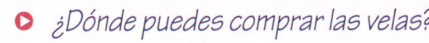

- ¿Dónde puedes comprar las velas?
- **Las** puedes comprar / Puedes comprar**las** en…

▶ **B** 👥 ¿Sabéis más nombres de tiendas en español? El profesor escribe vuestra lista en la pizarra. Explicad qué podemos comprar en ellas.

> En un / una _____ podemos comprar…

▶ **EN COMUNICACIÓN**

12 Tú vendes y yo compro

▶ 👥 Vamos juntos a Mercabarato, el supermercado más barato de la ciudad. Tú eres el vendedor y tu compañero, el cliente. Tenéis unos minutos para preparar el diálogo. Después representadlo para el resto de la clase.

> → **Para expresar cantidad**
> – Medio kilo de …
> – Cien gramos de …
> – Un cuarto de …
> – Un litro de …
> – Un poco de …

alumno A (Cliente)

1.º Saludos

Quieres comprar:
- plátanos
- huevos
- galletas
- leche desnatada
- chocolate

2.º Preguntas el precio.

3.º Despedida.

alumno B (Vendedor)

1.º Saludos
- Hay plátanos muy verdes.
- No hay galletas.
- Hay leche entera, no desnatada.
- Hay leche semidesnatada.

2.º Dices el precio.

3.º Despedida.

alumno A
– ¡Hola, buenos días!
– Quiero 1 kilo de plátanos
– Ah, bueno, pues deme solo medio kilo…

alumno B
– ¡Buenos días!
– Mire, los que tengo están muy verdes.

alumno B (Cliente)

1.º Saludos

Quieres comprar:
– mermelada
– refrescos sin azúcar
– vino
– atún en conserva
– pan

2.º Preguntas el precio.

3.º Despedida

alumno A (Vendedor)

1.º Saludos
– No hay mermelada.
– No hay refrescos sin azúcar.
– Hay refrescos con azúcar.
– Recomiendas un buen vino.

2.º Dices el precio.

3.º Despedida.

13 ¡A comer!

▶ **A** Nanako encuentra en esta página web algunos datos interesantes sobre la comida y la bebida en el mundo hispano. Lee con atención.

www.todocomer.es

Muchos españoles desayunan pan con aceite y tomate.

En España, antes del almuerzo, la gente toma un aperitivo: vino, cerveza o un refresco con alguna tapa.

Los españoles acompañan muchas comidas con pan.

El mate es una bebida muy popular en Argentina, Uruguay y algunas regiones de Paraguay, Chile y Brasil.

En Cuba hay muchos platos de origen africano. Los cubanos comen mucho arroz, plátanos, legumbres y carne de cerdo.

El cóctel Margarita es de los más famosos del mundo; es de origen mexicano. Lleva tequila, zumo de limón y se sirve con sal.

▶ **B** Comenta con tus compañeros alguna información sobre productos típicos, platos famosos o bebidas favoritas de tu país.

- *En mi país hay muchos tipos diferentes de pan: blanco, integral, de soja …*
- *El chocolate es el producto típico de mi país. Tenemos el mejor chocolate del mundo …*

14 En la terraza de un bar

▶ Nanako recibe en su correo electrónico esta «foto» de su amiga Candela. Usamos la imaginación… Mira la imagen y contesta a las preguntas.

¿Dónde crees que están?
¿Qué hacen?
¿Qué comen?
¿Quiénes son?
¿Qué relación hay entre ellas?
¿Cómo crees que son?
¿Es un día especial?
¿Celebran algo?
¿Qué beben?
¿De dónde crees que son?
¿Puede ser una foto de tu país?

¡extra! ▶ CONTEXTOS

1 Nuestros secretos

▶ **A** Nanako sabe muchos «pequeños» secretos de algunos de sus amigos. Lee estos enunciados y descúbrelos.

Los secretos de los amigos de Nanako

- Reinaldo y José quieren hablar inglés perfectamente.
- Eva prefiere salir con chicos muy altos.
- Natalie y yo preferimos la música clásica. No escuchamos música pop.
- Claudia quiere tocar la guitarra eléctrica.
- Anabel y su novio desean tener perro pero no pueden porque su casa es muy pequeña.

▶ **B** Explica tus «pequeños secretos» al resto de la clase.

- No puedo conducir. No tengo carné.
- Deseo viajar por todo el mundo, es mi sueño.
- No quiero vivir en un pueblo, prefiero una ciudad grande.
- Prefiero salir los viernes por la noche...

- Kenzo dice que el año próximo podemos visitarlo en Japón porque celebra su boda.

- Angelo no puede dormir con la luz apagada.

- Lauren no puede comer chocolate. Es alérgica.

- Christine y yo preferimos el vino blanco. No bebemos vino tinto.

- Rachel y Jeremy desean vivir juntos.

2 Sergio, el soñador

▶ **A** 🔊 1 37 Sergio tiene muchos sueños y deseos para el futuro. Escúchalo y marca los enunciados correctos.

1. Desea vivir muchos años. ☐
2. Prefiere vivir en una gran ciudad. ☐
3. Quiere una casa pequeña y tranquila. ☐
4. Quiere tener muchos hijos. ☐
5. Desea visitar el país de su novia. ☐
6. Prefiere su coche de segunda mano a uno nuevo. ☐

▶ **B** 👥 Habla con uno de tus compañeros y escribe la lista de sus deseos. Utiliza los verbos QUERER, DESEAR y PREFERIR.

Peter desea... _____
_____
_____
_____

¡extra! ▶ PRACTICA

3 ¿Lo sabes?

▶ **A** 🔊 1|38 Escucha a Nanako y a sus amigos, y completa con los pronombres de objeto directo LO, LA, LOS, LAS. ¿De qué hablan? Compara tus respuestas con las de tus compañeros.

AYUDA
Son elementos de uso diario

1
_____ usamos para comprar comida, ropa o un coche. Hay gente que no _____ tiene. Yo _____ tengo en el banco… ¿Qué es?

> ES: _____

2
En España _____ tiene casi todo el mundo. Yo _____ uso para saber dónde están mis amigos. _____ llevo siempre conmigo. Ahora _____ tengo en la chaqueta. _____ podemos comprar de muchos colores diferentes… ¿Qué es?

> ES: _____

3
Yo _____ veo por la noche, mientras ceno en el salón. Mi madre _____ pone en la cocina. Cuando estudio no _____ enciendo. Creo que mucha gente _____ ve demasiadas horas… ¿Qué es?

> ES: _____

▶ **B** Ahora, podéis hacer lo mismo con el vocabulario que ya sabéis: objetos de la clase, partes de la casa, muebles de la casa… Seguro que es divertido.

4 ¿Qué sabes hacer?

▶ Juan Diego, el amigo argentino de Nanako, sabe preparar un mate buenísimo… ¿Y tú? ¿Cuáles de estas cosas sabes hacer bien? Márcalas y explícaselo al resto de la clase. ¿Quién sabe hacer más cosas?

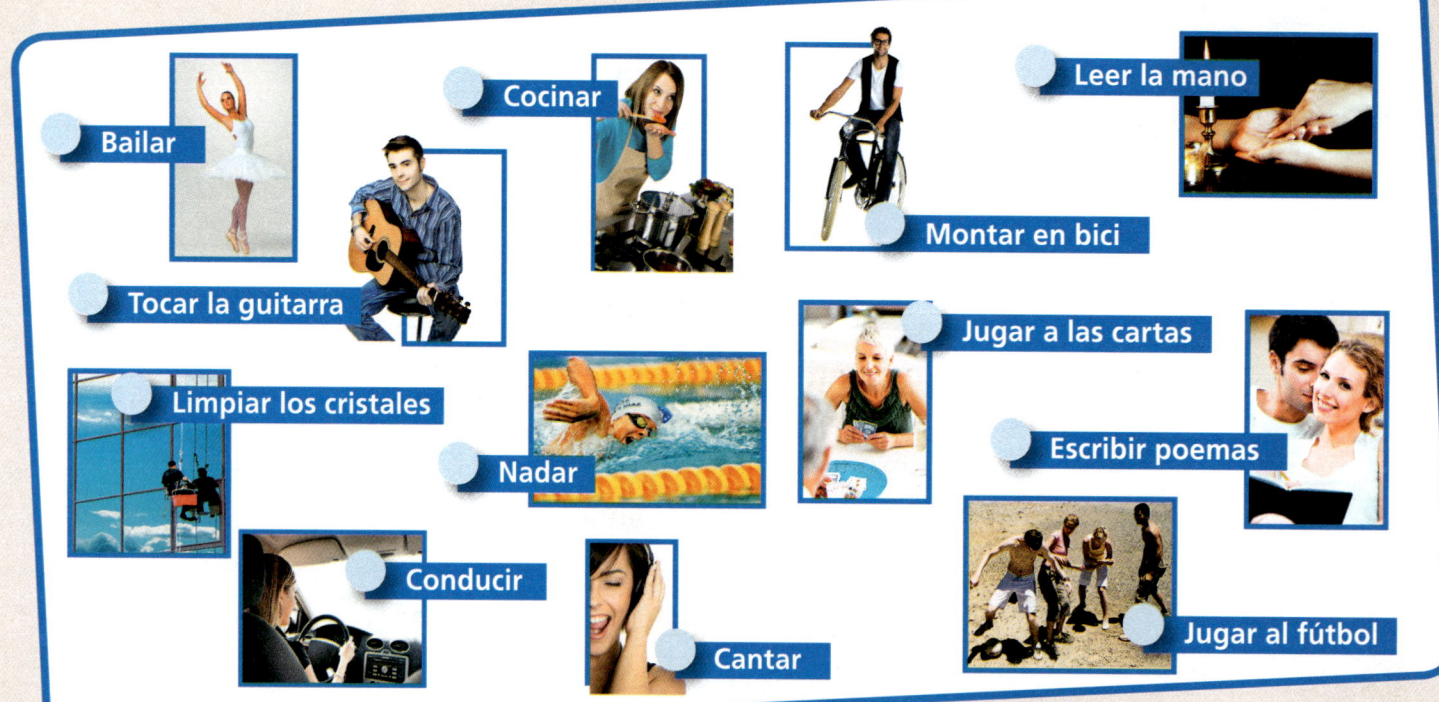

Bailar · Cocinar · Leer la mano · Tocar la guitarra · Montar en bici · Limpiar los cristales · Nadar · Jugar a las cartas · Escribir poemas · Conducir · Cantar · Jugar al fútbol

¡extra! ▶ EN COMUNICACIÓN

5 Otras tiendas

▶ **A** Nanako descubre que en España existen algunas tiendas especiales y diferentes a las de su país. Lee estos dos ejemplos. Pregunta al profesor las palabras que no entiendes.

Todo a un euro

En la mayoría de los pueblos y ciudades del país hay tiendas de las llamadas *Todo a un euro*, *bazares* o *chollos*. En ellas podemos encontrar casi de todo: cuadernos, bolígrafos, productos de limpieza, tazas, velas, cuadros, objetos de decoración y, a veces, hasta ropa y zapatos. Se llaman así porque puedes comprar algunas de esas cosas por un euro o por algo más o, incluso, por menos...

Son establecimientos pequeños situados, generalmente, en los barrios de las grandes ciudades. Los ultramarinos son tiendas de alimentación donde podemos encontrar: pan, fruta, verdura, leche, vino, refrescos, pasta, dulces, conservas... No suelen abrir los domingos ni los días festivos.

Ultramarinos

▶ **B** ¿Existen tiendas similares en tu país? ¿Hay algún establecimiento original, diferente o curioso? Explícaselo al resto de tus compañeros.

○ *En mi país hay tiendas donde venden solamente velas.*

○ *Pues en mi país hay tiendas que venden...*

▶ Unidad 6

Mi vida día a día

▶ **Necesitamos aprender**
- Los verbos pronominales y los pronombres reflexivos
- La estructura SOLER + Infinitivo
- Las expresiones de frecuencia
- Las estructuras YO TAMBIÉN / YO TAMPOCO / YO SÍ / YO NO

▶ **Para**
- Describir acciones habituales
- Expresar coincidencia y divergencia de opinión

▶ CONTEXTOS

1 Hoy no me levanto

▶ **A** En clase, Laura y sus estudiantes leen el siguiente test. ¿Te atreves a contestar?

¿Eres una persona activa?

1. ¿Te levantas temprano los fines de semana?
- ○ No, nunca.
- ○ Sí, a menudo.
- ○ Depende de la estación del año.

2. ¿Es una frase tuya *Hoy no me levanto*?
- ○ Solo cuando estoy enfermo.
- ○ A veces.
- ○ Sí, especialmente durante la semana. Los sábados y los domingos, nunca.

3. ¿Haces deporte?
- ○ Sí, los fines de semana.
- ○ No, prefiero el sofá.
- ○ Normalmente una vez a la semana.

4. ¿Qué haces cuando te despiertas?
- ○ Me levanto rápidamente.
- ○ Duermo cinco minutos más.
- ○ Me enfado.

5. ¿Puedes hacer dos cosas al mismo tiempo?
- ○ Sí, leo y escucho la radio, por ejemplo.
- ○ En el baño me ducho y canto.
- ○ Imposible, soy un poco torpe.

6. ¿Te acuestas tarde a menudo?
- ○ Solo los viernes y sábados por la noche.
- ○ No, prefiero dormir nueve horas.
- ○ Sí, a menudo, es que salgo mucho con mis amigos.

7. ¿Sueles hacer un plan para el día?
- ○ No, nunca.
- ○ Sí, porque así me organizo mejor el tiempo.
- ○ Depende, pero nunca en verano o durante las vacaciones.

8. ¿Puedes pasar un día entero en casa?
- ○ Cuando llueve, sí.
- ○ Sí, leo, veo la tele o navego por Internet.
- ○ No, soy muy nervioso; necesito salir a la calle todos los días.

▶ **B** En parejas comparad vuestros resultados. ¿Cómo es tu compañero? Justifica tu respuesta.

Activo
Porque _____

Pasivo
Porque _____

Vago
Porque _____

▶ **CONTEXTOS**

▶ **C** Ahora, haced el test en grupo y decidid quién es el más activo, el más pasivo y el más vago de la clase.

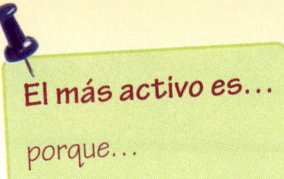
El más activo es…
porque…

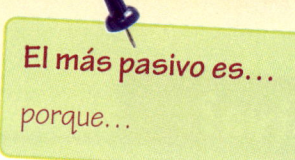
El más pasivo es…
porque…

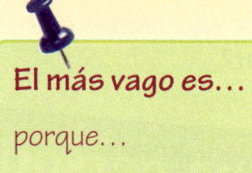
El más vago es…
porque…

2 Día libre

▶ 🔊 2|01 Evelyn es una de las chicas más activas y deportistas de la clase. Escucha algunas de sus actividades y contesta a las preguntas.

1. ¿A qué hora se levanta Evelyn?
2. ¿Qué hace cuando se levanta?
3. ¿Qué actividad empieza a las nueve?
4. ¿Con quién suele ir de compras?
5. ¿Qué hace a la una de la tarde?
6. ¿Cuántas veces tiene clases de baile?
7. ¿Ve mucho la tele? ¿Qué programas suele ver?
8. ¿A qué hora se acuesta generalmente?

> **OBSERVA Y APRENDE**

3 Ganar dinero

▶ **A** Durante el verano Evelyn trabaja en una tienda de moda. ¿A qué horas crees que hace estas actividades? Relaciona las actividades con las horas y compara con tus compañeros.

1. Se levanta a las…
2. Se ducha a las…
3. Desayuna a las…
4. Sale de casa a las…
5. Coge el autobús a las…
6. Empieza a trabajar a las…
7. Come a las…
8. Sale del trabajo a las…
9. Llega a casa a las…
10. Se acuesta a las…

a) NUEVE MENOS VEINTE DE LA MAÑANA.
b) OCHO Y MEDIA DE LA MAÑANA.
c) NUEVE DE LA MAÑANA.
d) NUEVE Y MEDIA DE LA NOCHE.
e) OCHO MENOS CUARTO DE LA MAÑANA.
f) SIETE Y MEDIA DE LA MAÑANA.
g) OCHO DE LA TARDE.
h) OCHO Y CUARTO DE LA MAÑANA.
i) TRES DE LA TARDE.
j) ONCE DE LA NOCHE.

▶ **B** Ahora fíjate en las actividades anteriores de Evelyn y en el test *¿Eres una persona activa?* Completa la conjugación del verbo LEVANTAR**SE**.

AYUDA

Faltan los pronombres:
se / os / me / nos

▶ **C** Los verbos como LEVANTARSE se llaman pronominales. Encuentra otros verbos similares en el ejercicio 3 A y haz una lista con todos ellos.

LEVANTARSE

Yo	>	____ ____
Tú	>	**te** levantas
Usted	>	____ ____
Él / Ella	>	____ ____
Nosotros /-as	>	____ ____
Vosotros /-as	>	____ ____
Ustedes	>	____ ____
Ellos / Ellas	>	____ levantan

VERBOS PRONOMINALES

levantar**se**

▶ **OBSERVA Y APRENDE**

4 En verano

▶ **A** Lee las actividades que suelen hacer algunos compañeros de Evelyn en verano.

Yo suelo trabajar un mes para conseguir dinero. Normalmente en un bar, por la noche, es el empleo temporal más común. No pagan mal y con el dinero puedo viajar. Si quiero viajar, necesito trabajar en algo. No me importa trabajar de noche, porque puedo levantarme tarde. Suelo dormir mucho.

Yo también suelo trabajar en verano, pero también hago muchas cosas más. Mis amigos y yo solemos ir a alguna fiesta, a conciertos… Los domingos siempre voy a la playa y me relajo. Suelo levantarme y acostarme tarde.

Yo no voy a la playa los domingos, hay demasiada gente. Prefiero la piscina y suelo hacer un curso de natación. Nadar es un deporte muy completo.

Yo tampoco voy mucho a la playa. Prefiero hacer excursiones al campo o visitar pueblos cercanos. También trabajo como voluntario; es bueno ayudar un poco a los demás.

Pues yo suelo ir a la playa con frecuencia, y también suelo jugar al *paddle* o al tenis. En verano, además, suelo hacer algún curso de cocina, de música, de informática, de idiomas…

Yo suelo ir al cine más a menudo pero también veo películas antiguas en DVD. En verano, suelo leer más libros y, muy importante, ¡conocer gente!

▶ **B** Busca en los textos la forma del verbo SOLER y completa. Después descubre qué es especial en este verbo.

SOLER		
Yo	>	_____
Tú	>	_____
Usted	>	_____
Él / Ella	>	_____
Nosotros /-as	>	solemos
Vosotros /-as	>	_____
Ustedes	>	_____
Ellos / Ellas	>	_____

→ **ATENCIÓN**

El verbo SOLER es especial por su construcción y uso:
- SOLER + verbo en _____.
- SOLER se usa para hablar de acciones _____.

▶ **C** 👥 Trabajamos en grupo: preguntamos por alguna actividad y contestamos con las expresiones de los ejemplos. ¿Coincidís en muchas actividades con vuestros compañeros?

1
> Yo suelo leer muchas novelas en verano, ¿y tú, Evelyn?
< Ah, **yo también.**

2
> Yo no suelo hacer cursos en verano.
< ¡Ah, y **yo tampoco!**

3
> Yo nunca voy al parque de atracciones.
< ¡Ah, **pues yo sí!**

4
> Yo siempre tomo muchos helados en verano.
< Yo no.

5 Tiempo solidario

▶ **A** 🔊 2|02 Fran, compañero de Evelyn, nos habla de una actividad que hace todos los veranos. Escucha y después comprueba si las siguientes afirmaciones son verdaderas o falsas.

V / F

1. Normalmente trabaja de cooperante. ____
2. Colabora casi siempre en verano, en el mes de julio. ____
3. A menudo trabaja con chicos. ____
4. Muchos veranos colabora en países latinoamericanos. ____
5. A veces participa en programas con personas mayores. ____
6. Generalmente ayuda a los chicos con los estudios. ____

▶ **B** ¿Y tú? ¿Realizas acciones solidarias en tu tiempo libre? ¿Con qué frecuencia?

> *En mi tiempo libre…*

1. A veces _____
2. Normalmente _____
3. A menudo _____
4. Casi siempre _____
5. Siempre _____
6. Nunca _____

ciento diecisiete **117**

▶ OBSERVA Y APRENDE

◘ Gramática y léxico

PRESENTE VERBO PRONOMINAL

LEVANTARSE

Yo	me	levanto
Tú	te	levantas
Usted	se	levanta
Él / Ella	se	levanta
Nosotros /-as	nos	levantamos
Vosotros /-as	os	levantáis
Ustedes	se	levantan
Ellos / Ellas	se	levantan

VERBOS PRONOMINALES

Despertarse	Marcharse / irse
Vestirse	Sentarse
Ducharse	Reírse
Secarse	Divertirse
Bañarse	Aburrirse
Lavarse	Acostarse
Maquillarse	Dormirse
Peinarse	Afeitarse
Arreglarse	Depilarse

> **ATENCIÓN**
> Algunos de estos verbos son reflexivos:
> *vestirse, peinarse, lavarse, afeitarse…*

SOLER + INFINITIVO para hablar de una costumbre

Yo	s**ue**lo	
Tú	s**ue**les	
Usted	s**ue**le	
Él / Ella	s**ue**le	*via**j**ar en verano.*
Nosotros /-as	solemos	*l**ee**r muchos libros.*
Vosotros /-as	soléis	*viv**ir** con mis abuelos.*
Ustedes	s**ue**len	
Ellos / Ellas	s**ue**len	

Dormir / Dormirse

- Acción completa
  > ¿Cuántas horas **duermes** normalmente?
  < **Duermo** ocho horas al día.
  > ¿**Duermes** bien?
  < Sí, pero en el sofá **duermo** muy mal.

- Inicio de la acción
  > Si no me acuesto ahora mismo, **me duermo** de pie, estoy muy cansado.
  < Pues yo me acuesto y **me duermo** rápidamente.

ADVERBIOS DE FRECUENCIA

Siempre
Casi siempre
Normalmente
A menudo
A veces
Casi nunca
Raramente
Nunca

● Pronunciación y ortografía

LL / Y
- Estas letras se pronuncian igual en el español de España y en la mayoría de los países de habla hispana.
  Calle, leyes, ayer, callar, llorar, hoyo, yo, ayudar.

▶ PRACTICA

6 La entrevista

▶ **A** Evelyn y Kelly hablan con varios españoles sobre sus actividades cotidianas. Completa los textos con la forma correcta del presente.

Nuria, 28 años

- Nuria, ¿a qué hora *(levantarse, tú)* _____?
- Uf... Muy tarde... A las doce.
- ¿A las doce?
- Sí, trabajo por la tarde.
- ¿Cuándo *(acostarse, tú)* _____ normalmente?
- A las ocho de la mañana. Soy guardia de seguridad en un supermercado y trabajo de noche.
- Ah, ahora lo *(entender, yo)* _____ .

Amelia, 60 años

- Señora, buenos días, ¿qué *(hacer, usted)* _____ por la mañana?
- *(Levantarse, yo)* _____ a las ocho. Soy jubilada, pero *(despertarse, yo)* _____ muy pronto. Después, *(ducharse, yo)* _____ y a continuación hago las cosas habituales del aseo: *(peinarse, yo)* _____ , *(lavarse, yo)* _____ los dientes y *(vestirse, yo)* _____ para salir a la calle. *(Preferir, yo)* _____ pasear a primera hora. Nunca *(quedarse)* _____ en casa por la mañana.
- Muy bien, gracias. Muy amable.

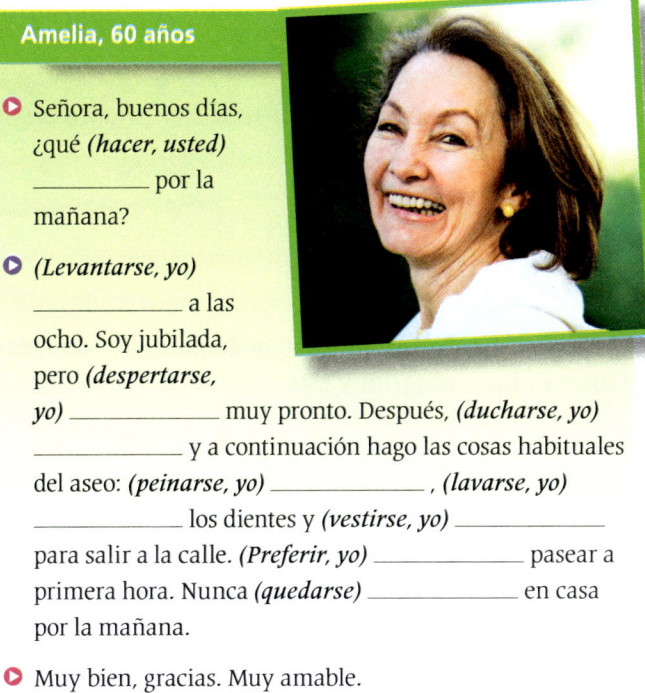

Sergio, 42 años

- Señor, buenos días, ¿a qué hora *(levantarse, usted)* _____ normalmente?
- A las siete. *(Empezar, yo)* _____ a trabajar a las ocho.
- ¿Y qué *(hacer, usted)* _____ a continuación?
- Primero, *(ducharse, yo)* _____ , *(arreglarse, yo)* _____ , *(desayunar, yo)* _____ rápido y *(irse, yo)* _____ porque no *(querer, yo)* _____ llegar tarde.
- ¿Cómo *(divertirse, usted)* _____? ¿En qué ocupa sus momentos de ocio?
- *(Escuchar, yo)* _____ ópera, *(jugar, yo)* _____ al ajedrez... No *(ver, yo)* _____ la tele porque *(aburrirse, ella)* _____ muchísimo.

Santiago, 18 años

- ¿Con qué tipo de ropa prefieres vestirte?
- Normalmente *(vestirse, yo)* _____ con ropa deportiva. No me *(soler)* _____ arreglar mucho. Solo *(querer, yo)* _____ estar cómodo.
- ¿Cómo *(divertirse, tú)* _____?
- *(Divertirse, yo)* _____ como mucha gente de mi edad. *(Ir, yo)* _____ al cine, *(salir, yo)* _____ con mis amigos, *(jugar, yo)* _____ al fútbol...
- ¿A qué hora *(acostarse, tú)* _____ durante la semana?
- A la una o la una y media porque *(ver, yo)* _____ la tele hasta muy tarde.

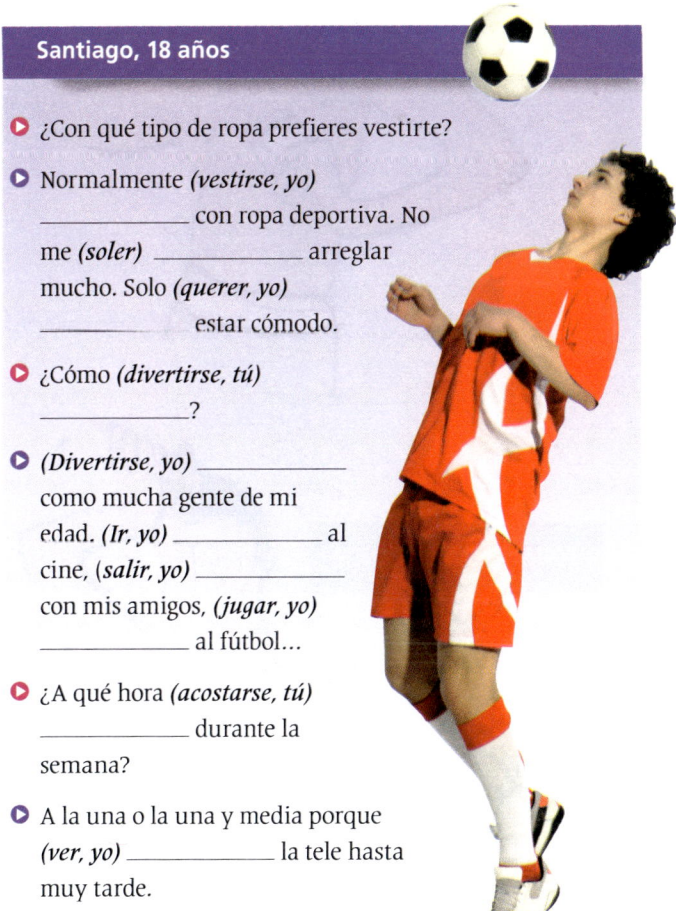

ciento diecinueve **119**

▶ **PRACTICA**

▶ **B** 👥 En parejas, responded a las siguientes preguntas sobre las entrevistas.

1. ¿Quién se levanta antes?
2. ¿A qué hora se suele acostar Santiago?
3. En vuestra opinión, ¿quién se divierte más?
4. ¿Quién se acuesta más tarde?
5. ¿Cómo se divierte Sergio?
6. ¿Quién no se queda en casa nunca por la mañana?

7 Soy un presumido

▶ **A** Hugo, uno de los amigos de Evelyn, se cuida muchísimo. Observa las imágenes y descríbelas con un verbo pronominal. ¿Crees que es presumido?

Creo que Hugo es muy presumido porque…

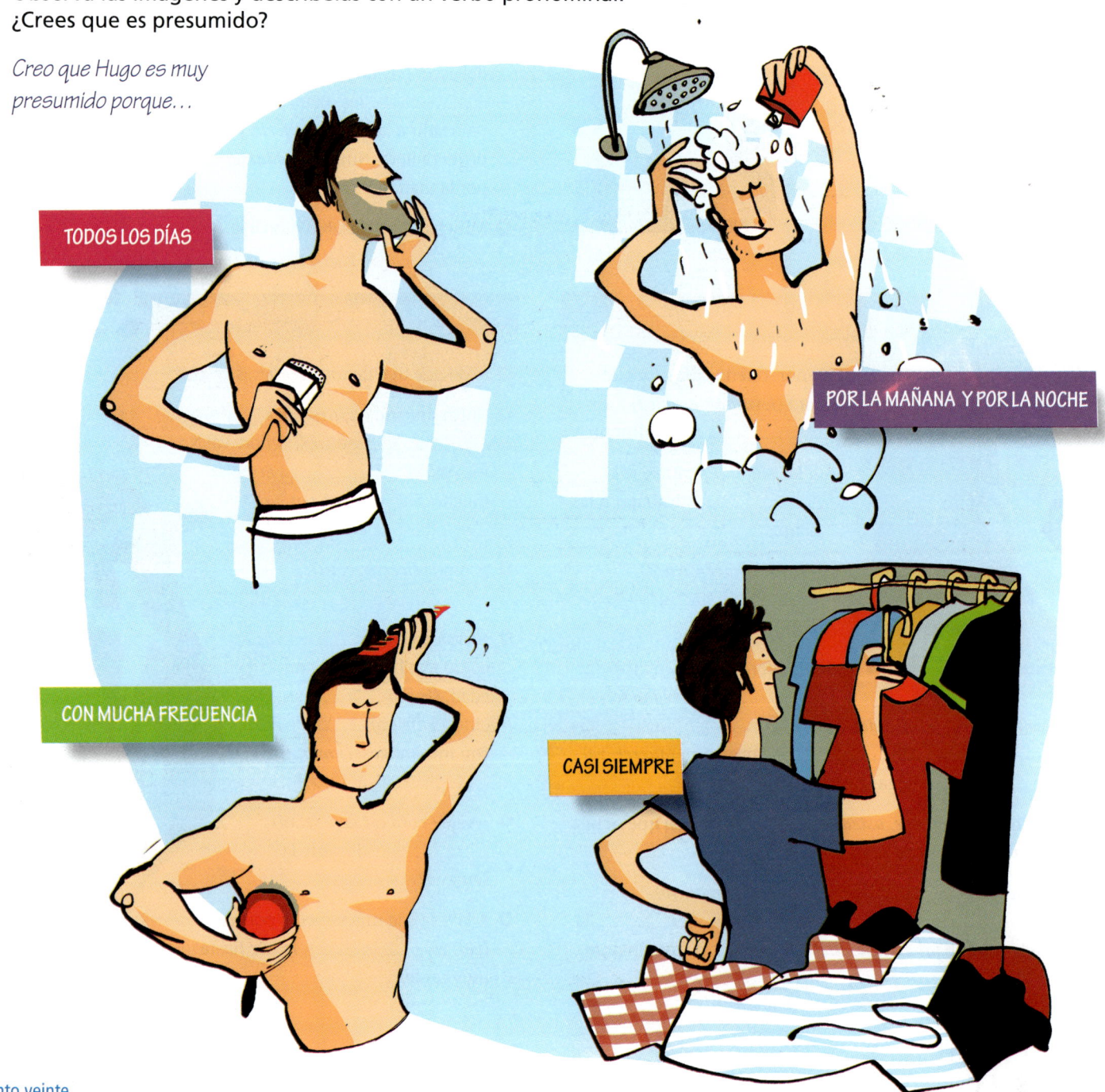

TODOS LOS DÍAS

POR LA MAÑANA Y POR LA NOCHE

CON MUCHA FRECUENCIA

CASI SIEMPRE

▶ **B** 👥 Habla con tu compañero o compañera y averigua si es presumido o presumida marcando su respuesta en la casilla correspondiente. Justifica tu opinión.

	Siempre	Casi siempre	A veces	Nunca	Depende
1. ¿Tú *(arreglarse)* mucho para salir?					
2. ¿Tú *(vestirse)* con ropa elegante?					
3. ¿Tú *(depilarse)*?					
4. ¿Tú *(pintarse)* los labios?					
5. ¿Tú *(arreglarse)* las uñas?					
6. ¿Tú *(preocuparse)* mucho por tu aspecto físico?					
7. ¿Tú *(cortarse)* mucho el pelo? ¿Vas mucho a la peluquería?					
8. ¿Tú *(cuidarse)* la cara con cremas de belleza?					
9. ¿Tú *(maquillarse)*?					

> Yo creo que Linda no es presumida porque solo se arregla a veces para salir.

> Kelly no es presumida. No suele maquillarse; solo en ocasiones especiales.

> Pues Frank es presumido: se arregla mucho y a menudo usa crema hidratante para la cara.

▶ PRACTICA

8 Nunca me baño

▶ **A** Evelyn y su compañero Fran chatean el lunes por la noche, después de un divertido fin de semana. Completa su conversación con los verbos en la forma correcta del presente.

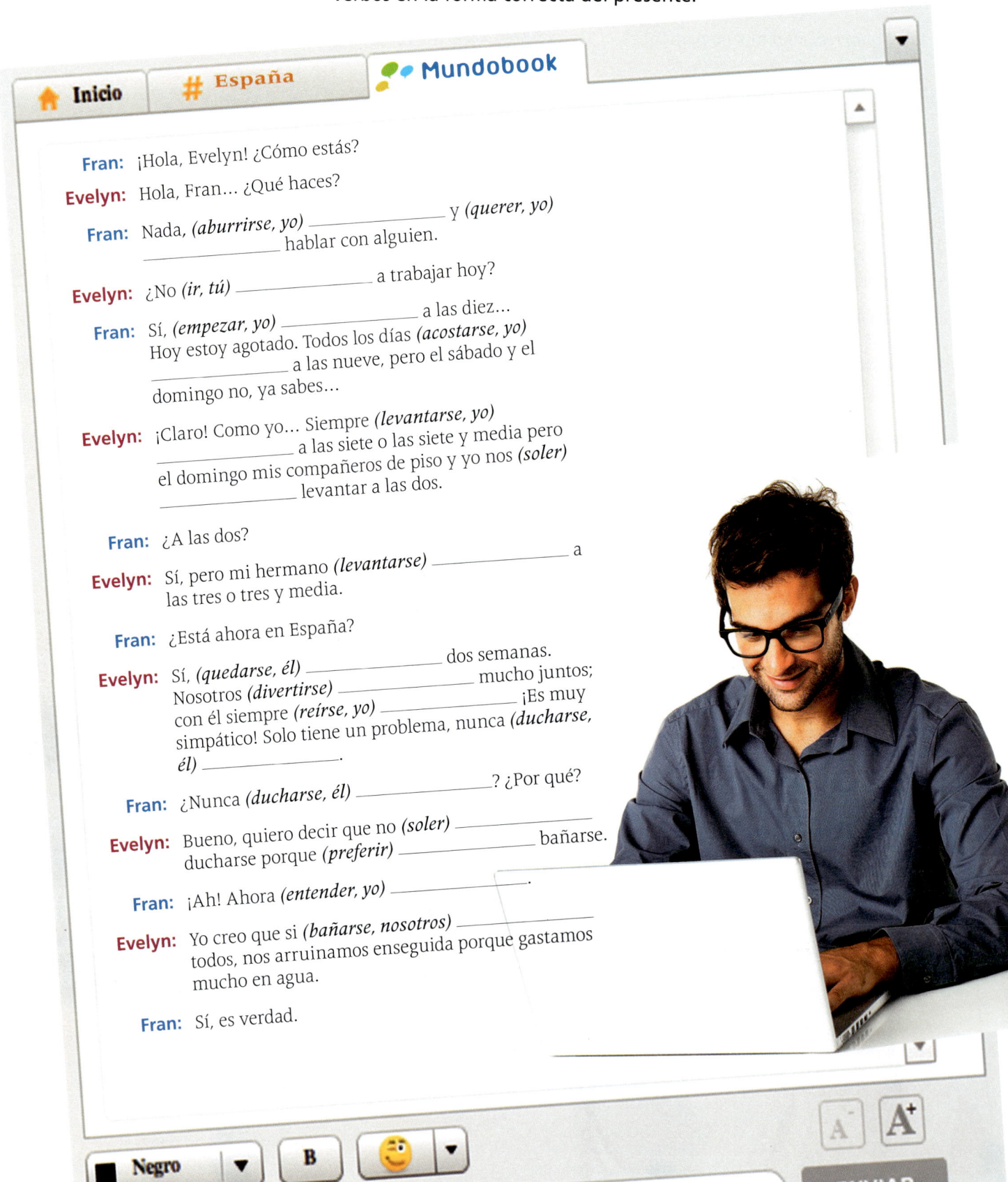

Fran: ¡Hola, Evelyn! ¿Cómo estás?

Evelyn: Hola, Fran… ¿Qué haces?

Fran: Nada, *(aburrirse, yo)* _____ y *(querer, yo)* _____ hablar con alguien.

Evelyn: ¿No *(ir, tú)* _____ a trabajar hoy?

Fran: Sí, *(empezar, yo)* _____ a las diez… Hoy estoy agotado. Todos los días *(acostarse, yo)* _____ a las nueve, pero el sábado y el domingo no, ya sabes…

Evelyn: ¡Claro! Como yo… Siempre *(levantarse, yo)* _____ a las siete o las siete y media pero el domingo mis compañeros de piso y yo nos *(soler)* _____ levantar a las dos.

Fran: ¿A las dos?

Evelyn: Sí, pero mi hermano *(levantarse)* _____ a las tres o tres y media.

Fran: ¿Está ahora en España?

Evelyn: Sí, *(quedarse, él)* _____ dos semanas. Nosotros *(divertirse)* _____ mucho juntos; con él siempre *(reírse, yo)* _____ ¡Es muy simpático! Solo tiene un problema, nunca *(ducharse, él)* _____.

Fran: ¿Nunca *(ducharse, él)* _____? ¿Por qué?

Evelyn: Bueno, quiero decir que no *(soler)* _____ ducharse porque *(preferir)* _____ bañarse.

Fran: ¡Ah! Ahora *(entender, yo)* _____.

Evelyn: Yo creo que si *(bañarse, nosotros)* _____ todos, nos arruinamos enseguida porque gastamos mucho en agua.

Fran: Sí, es verdad.

B Ahora tú chateas con Evelyn.

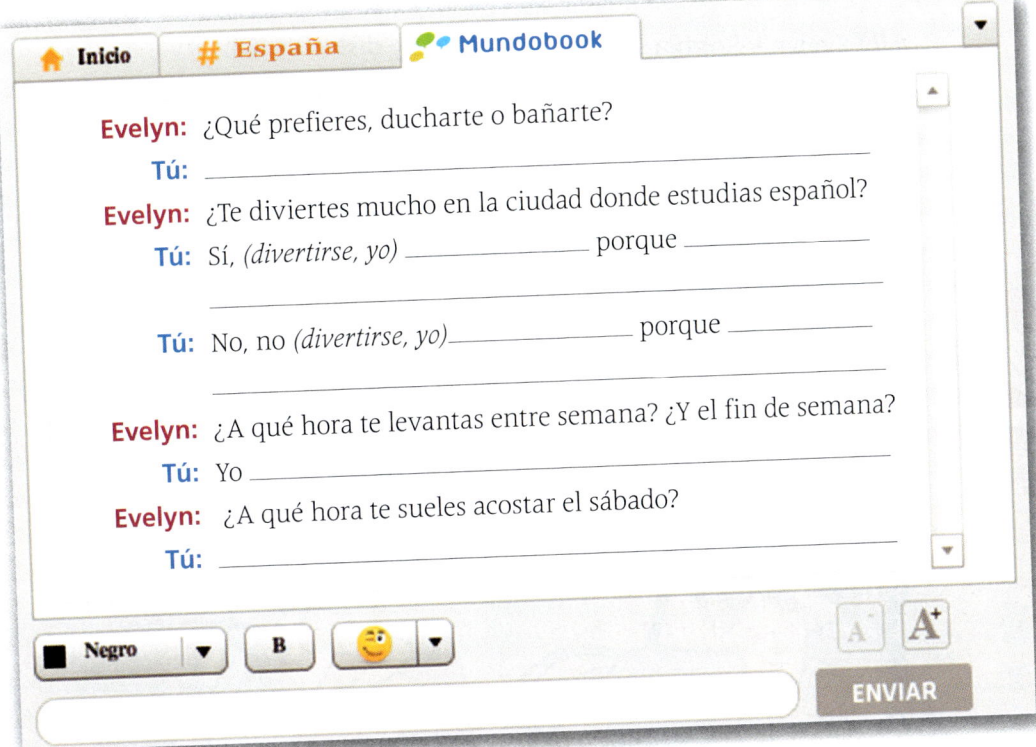

Evelyn: ¿Qué prefieres, ducharte o bañarte?
Tú: _____
Evelyn: ¿Te diviertes mucho en la ciudad donde estudias español?
Tú: Sí, *(divertirse, yo)* _____ porque _____
_____
Tú: No, no *(divertirse, yo)* _____ porque _____
_____
Evelyn: ¿A qué hora te levantas entre semana? ¿Y el fin de semana?
Tú: Yo _____
Evelyn: ¿A qué hora te sueles acostar el sábado?
Tú: _____

9 Un poco de ortografía: ¿LL o Y?

2 | 03 Completa las palabras con la letra adecuada. Después escucha la audición.

1. ¿Dónde están las ___aves?

2. Navegamos en ___ate.

3. Coge el paraguas, no para de ___over.

4. ___o me levanto todas las mañanas a las siete y media.

5. En mi ca___e hay muchas tiendas de ropa.

6. Tengo un ___o___ó rosa.

7. Mi padre le regala a mi madre un co___ar por su aniversario.

8. El cue___o de la jirafa es largo.

9. Las tizas son de ___eso.

PRACTICA

10 Dos chicas muy diferentes

A Evelyn y Sophia son dos amigas muy distintas. Observa las imágenes y explica qué suele hacer cada una.

> Evelyn suele estudiar en la biblioteca.

> Sophia suele ver mucho la tele.

▶ **B** ¿Y tú? Completa las oraciones con tus hábitos. Usa SOLER + Infinitivo.

1. Después de clase, mis amigos y yo _____

2. Durante el fin de semana yo nunca _____

3. Cuando me aburro, casi siempre _____

4. En clase mis compañeros y yo _____

5. Durante la semana, por la noche, _____

6. En mi país casi nunca _____

7. En España, a veces, _____

8. Cuando viajo, normalmente, _____

Cuando me aburro, suelo ver la televisión

Yo, en España, a veces suelo tomar tapas.

▶ **C** 👥 Habla con tus compañeros y encuentra al que tiene hábitos similares a los tuyos.

▸ **EN COMUNICACIÓN**

11 ¿Dónde compran los españoles?

▸ Lee el siguiente texto: ¿Hay rastro en tu ciudad? ¿Dónde prefieres comprar tú?

DE COMPRAS

Si estás en Madrid y es domingo por la mañana, tienes una cita imprescindible con el mercado al aire libre más importante de España: el Rastro. Puede ser tan interesante como una visita al Museo del Prado.

En el Rastro se puede comprar y vender de todo y, lo más importante, a buen precio. Podemos encontrar cosas nuevas y cosas de segunda mano. Después de visitar el Rastro, a menudo muchos visitantes toman unas cañas y unas tapas.

La calle principal es Ribera de Curtidores, que comienza en la plaza de Cascorro, un lugar muy popular y punto de encuentro.

Hay rastros en casi todas las ciudades de España los sábados o los domingos.

Los grandes centros comerciales o los grandes almacenes son las opciones para ir de compras que muchas personas prefieren, porque encuentran todo tipo de tiendas en un mismo lugar y ahorran tiempo.

Pero hay gente que prefiere comprar en las tiendas pequeñas de toda la vida donde recibe un trato más personal.

12 ¿Un disco o un cuaderno?

▶ **A** ¡Vamos de compras con Evelyn! En parejas completad los diálogos con las oraciones que os proponemos.

1.
- ¡Buenos días! ¿Qué desea?
- Un cuaderno.
- ¿_____?
- Ese rojo y verde.
- Aquí tiene.
- ¿_____?
- Son dos euros.
- Gracias.

¿Tienen…?
¿Qué desea?
¡Hola, buenas tardes!
¿Cuál prefiere?
¿Cuánto vale? / ¿Cuánto es?

2.
- ¡Hola! ¿Qué desea?
- ¿_____ el último disco de U2?
- Claro, un momento… Aquí está. ¿Alguna cosa más?
- No, gracias. ¿Cuánto es?
- Veinte euros, por favor.

3.
- Buenas tardes, ¿_____?
- Quiero una mochila, por favor.
- Tengo estos dos modelos: ¿cuál prefiere? ¿La negra o la azul?
- La azul… La más grande. ¿_____?
- Está en oferta. 18 euros.
- Muy bien… Me la llevo.
- Perfecto. Gracias.
- Adiós.

▶ **B** 🔊 2 04 Escucha el diálogo entre Evelyn y la dependienta de unos grandes almacenes y marca el objeto que compra.

COMPRA UN → LIBRO ○
COMPRA UN → DVD ○

porque en la conversación hablan de _____

EN COMUNICACIÓN

13 Toda la vida es cine

▶ **A** Fran, el compañero de Evelyn, participa en el blog *Amigos del cine español.* Lee las preferencias de estos tres internautas y explica a qué tipo de películas se refieren.

Amigos del Cine Español

Géneros de cine	
Romántico	Suspense
Ciencia ficción	Musical
Terror	Animación
Drama	Acción
Comedia	Histórico…

BLANCA Yo veo mucho cine; prefiero el cine al teatro. Quiero ver películas para reírme. No quiero estar triste, por eso suelo ver historias divertidas, sin dramas… Ya tenemos bastantes problemas en la vida real.

CHRISTIAN Me aburren las películas clásicas. Prefiero historias fantásticas, de extraterrestres, del espacio, del futuro… Quiero imaginar cómo son otros mundos diferentes al nuestro.

ALMUDENA Suelo ir al cine los miércoles porque es más barato. Las historias de amor son mis favoritas… Prefiero un final feliz. Ya sabes, el chico encuentra a la chica, se enamoran y, al final, se casan, se divorcian, se vuelven a enamorar y se casan de nuevo…

Yo creo que Blanca suele ver películas…

▶ **B** Explica a tus compañeros el argumento y los datos más importantes de una película famosa de tu país o de tu película preferida y recomiéndala.

Título	La película se llama…
Director	El director es…
Actores	El protagonista es…
Argumento	La película cuenta…
Género	Es una película…
La recomiendo porque	

14 Radio pop

▶ **A** Evelyn casi siempre escucha *Radio Pop*, su emisora musical preferida. Completa la sección de noticias con las palabras que faltan.

disco — concierto — grupo — cantante — canciones

1. El próximo mes de mayo Shakira, la famosa _____ colombiana de música pop, actúa en un _____ único en Madrid.

2. El _____ Maná empieza su gira de conciertos el día 2 de junio.

3. Nuevo _____ de Enrique Iglesias. En este nuevo trabajo encontramos _____ en español y en inglés, y los temas románticos esperados por sus fans.

▶ **B** 🎧 2|05 Ahora escucha y comprueba tus respuestas.

▶ **C** 👥 En pequeños grupos, buscad en Internet información sobre alguno de los grupos o cantantes del ejercicio anterior y presentadla al resto de la clase.

¡extra! ▶ CONTEXTOS

1 Un día en la vida de un vago

▶ Un amigo de Frank es el más vago de la clase. Lee esta presentación y explica por qué esta persona es «poco trabajadora» o vaga.

¡Hola!
Soy yo. Me levanto tarde siempre que puedo. Voy a la cocina y me siento, descanso unos treinta minutos y entonces preparo el desayuno. Desayuno con tranquilidad y luego me arreglo. No me afeito nunca porque pienso que es mucho trabajo para mí.

Me voy a las nueve y muchos días llego tarde a la oficina porque a menudo pierdo el autobús. No comprendo por qué se enfada mi jefe; muchas veces me dice que soy un vago. Yo no quiero tener estrés, no es bueno para la salud. Casi siempre me levanto cansado y necesito hacer las cosas con tranquilidad; me suelo aburrir en el trabajo y me divierto sentado pensando en mis cosas.

Mientras trabajo, hago pausas para jugar con el ordenador; creo que es bueno para la mente. Cuando llego a casa, me siento en el sofá, pongo la tele y me río un poco con mi programa favorito. Ceno un bocadillo porque no quiero cocinar y me acuesto a las diez. Con frecuencia me duermo en el sofá y cuando me despierto me voy a la cama. ¡Tengo que cuidarme!

2 Un ejercicio para Evelyn

▶ **A** Evelyn recibe un correo de su profesora con un ejercicio de repaso de algunos verbos en español. Ayúdala y relaciona el verbo con la foto correspondiente.

- ○ Aburrirse
- ○ Lavarse
- ○ Secarse
- ○ Depilarse
- ○ Despedirse
- ○ Divertirse
- ○ Peinarse
- ○ Afeitarse
- ○ Reírse
- ○ Sentarse
- ○ Bañarse
- ○ Acostarse
- ○ Vestirse
- ○ Maquillarse

 1
 2
 3
 4
 5
 6
 7
 8
 9
 10
 11
 12
 13
 14

▶ **B** Ahora usa los verbos que no son de aseo personal para hablar sobre la clase de español.

> En clase siempre me divierto porque las clases son amenas y mis compañeros son muy simpáticos.

< Nunca me siento en la primera fila de la clase.

¡extra! ▶ EN COMUNICACIÓN

3 www.radiopop.es

▶ **A** 👥 Evelyn encuentra en la página de *Radio Pop* información sobre tres famosos cantantes españoles de la actualidad. ¿Conocéis a otros cantantes españoles?

Chambao es una banda de Málaga que toca música conocida como flamenco chill. Una mezcla de los sonidos del flamenco con música electrónica.

Alenjandro Sanz con sus canciones románticas, y **David Bisbal** con su energía en los escenarios, son conocidos y queridos dentro y fuera de España. Los tres artistas son muy populares y tienen conciertos todo el año.

▶ **B** ¿Cómo te imaginas la vida de Alejandro Sanz?

1. ¿Cómo crees que es un día en su vida?
2. ¿Qué crees que suele hacer para cuidar su voz?
3. ¿Cuándo suele tener más conciertos?
4. ¿Qué hace para divertirse?
5. ¿Qué suele hacer para estar atractivo?

▶ **C** ¿Cuáles son vuestras preferencias musicales? ¿Están en la lista?

- Flamenco
- Hip hop
- Jazz
- Rock
- Rap
- Disco
- Pop
- Reggae
- Salsa
- Ópera
- Punk
- Clásica
- Electrónica
- Blues
- Alternativa

> Prefiero el hip hop, y mi grupo favorito es…

< Ahora en España escucho flamenco. No lo comprendo, pero suena bien.

▶ **D** Ahora habla con tu compañero sobre su grupo o cantante favorito. Puedes hacerle las preguntas que te proponemos en la tabla. Después explica al resto de la clase toda la información que has averiguado.

Tú	**Tu compañero /-a**
1. ¿Quién *(ser)* tu cantante o grupo musical favorito?	
2. ¿De dónde *(ser)*?	
3. ¿Qué tipo de música *(hacer)*?	
4. ¿*(Pensar, tú)* que es famoso /-a en todo el mundo?	
5. ¿Cuándo *(soler, tú)* escuchar su música?	
6. ¿*(Saber, tú)* algo curioso sobre ese cantante o grupo?	
7. ¿*(Tener)* muchos fans?	
Tus preguntas	

El grupo / cantante favorito de _____ es _____

Unidad 7
Nos vemos en la fiesta

▶ **Necesitamos aprender**
- Los verbos GUSTAR, ENCANTAR, APETECER e INTERESAR
- Usos básicos de las preposiciones POR y PARA
- El léxico del tiempo libre

▶ **Para**
- Expresar gustos e intereses y contrastarlos
- Hablar de actividades de ocio y tiempo libre

▶ CONTEXTOS

1 A los españoles les gusta…

▶ **A** Leyla encuentra en una revista digital algunos datos sobre gustos e intereses de los españoles. ¿Qué te parece más curioso? Compara tu opinión con la de tus compañeros.

www.tendencias.es

Jaime
Creo que a casi todos los españoles nos gusta echarnos la siesta.

Clara
A los jóvenes españoles les encanta salir de fiesta.

Juan
A mediodía nos gusta tomar un aperitivo: cerveza o vino con unas aceitunas, patatas…

María
En España a mucha gente le gusta el flamenco… Es igual también en otros países del mundo.

Carolina
A mí me encanta el fútbol… Y creo que en España a las mujeres les gusta cada vez más…

Jonathan
Al 60% de los jóvenes españoles no les interesa la política. Es que es un tema muy aburrido.

> Es curioso… Soy de Inglaterra y en mi país a las chicas también les encanta el fútbol…

< A mí también me gusta tomar un aperitivo… Me encantan las aceitunas.

▶ **B** Ahora completa la ficha con la información que te pedimos sobre tu país. Preséntala al resto de tus compañeros.

Deportes	1. A la gente de mi país le encanta /-n _____
Jóvenes	2. A los jóvenes de mi país les interesa /-n _____ Creo que no les interesa /-n _____
Música	3. En mi país nos encanta la música _____
Para comer	4. Nos gusta /-n _____
Para beber	5. En mi país nos encanta beber _____
Para divertirse	6. Nos gusta /-n _____

▶ CONTEXTOS

2 El sábado, ¡fiesta!

▶ **A** 🔊 2|06 Leyla habla con sus amigos para organizar una fiesta. Escucha la grabación y marca la opción correcta.

	A	B
1. Carlos	○ Por mi cumpleaños	○ Para mi cumpleaños
2. Laura	○ (aceitunas)	○ (sándwiches)
3. Klaus	○ Salsa	○ Rock
4. Michael	○ (vino)	○ (zumo de naranja)
5. Oliver	○ Por la noche	○ Por la mañana

▶ **B** 👥 En grupos, siguiendo el modelo de la actividad anterior, organizad una fiesta: decidid el motivo, la música, la comida y bebida que hay que llevar.

136 ciento treinta y seis

▶ OBSERVA Y APRENDE

3 Tú y yo somos distintos

▶ **A** Ania y Oliver son los dos estudiantes más diferentes de la clase. Buscad cuáles son esas diferencias y completad la información.

Ania

¡Hola! Me llamo Ania, soy sueca y tengo veinte años. Me gusta estudiar idiomas y me gusta mucho leer y escribir. También me gusta la música, sobre todo el *jazz*. Me encanta salir el viernes por la noche, pero el sábado me quedo en casa porque mis amigos suelen ir a las discotecas y a mí no me gustan esos lugares. Suelo hacer deporte durante la semana, pero el domingo siempre voy a jugar un partido de tenis con mi amiga Ingrid. No me gustan los coches; me encanta la bici. Me gusta por la comodidad y porque hago ejercicio. Me encantan los animales y las flores.

Oliver

Yo me llamo Oliver y soy danés, tengo veintiún años; estudio español porque me gustan los idiomas ¡claro! Sé inglés, alemán y un poco de italiano. Pero me gusta estudiar el idioma en el país de origen, así puedo viajar, porque me encanta conocer gente nueva. Me gusta la música, pero no el *jazz*. No me interesa la música clásica, prefiero el *rock* duro.

No me gusta hacer deporte y me encantan los coches. El fin de semana cojo mi coche y suelo viajar con unos amigos para ir a algún concierto. No me gusta leer, y no me gusta nada escribir, pero me encanta hablar por el móvil con mis amigos.

AYUDA

ENCANTAR = gustar mucho.

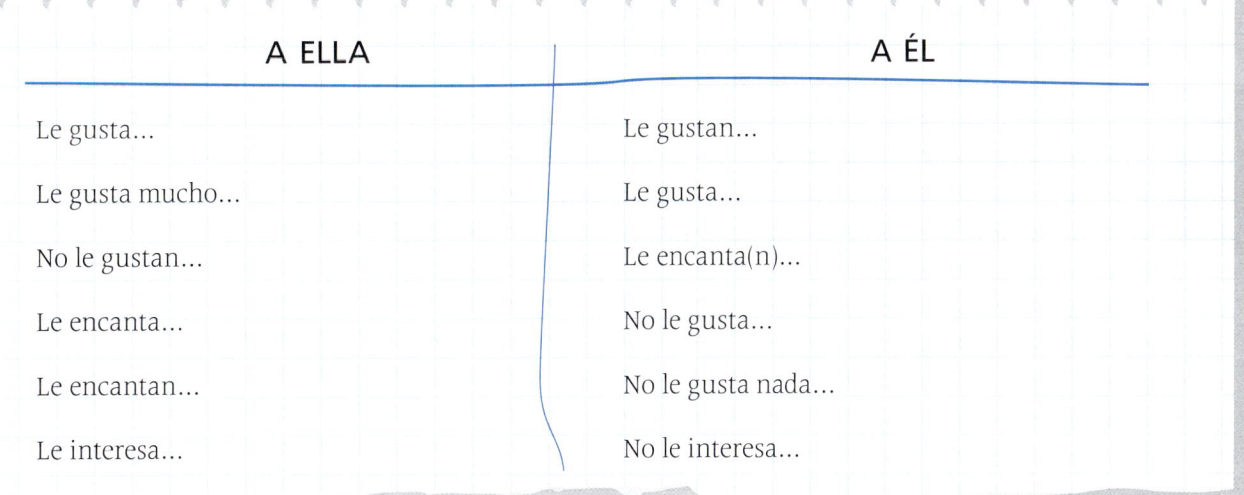

A ELLA	A ÉL
Le gusta...	Le gustan...
Le gusta mucho...	Le gusta...
No le gustan...	Le encanta(n)...
Le encanta...	No le gusta...
Le encantan...	No le gusta nada...
Le interesa...	No le interesa...

OBSERVA Y APRENDE

Me gusta

▶ **B** En parejas clasificad estos enunciados en el grupo correspondiente.

1. Me gusta hablar por teléfono.
2. Me encantan los fines de semana.
3. Me interesa conseguir ese trabajo.
4. Me gustan las flores.
5. Me encanta tomar el sol.
6. No me interesan los políticos.
7. No me interesan las películas de terror.
8. Me gusta mucho la vida en España.
9. Me interesa la informática.
10. Me encanta el café.
11. No me gustan las motos.
12. Me encantan los niños.

1.er Grupo	2.º Grupo	3.er Grupo
Me gusta el cine.	Me gusta salir los sábados.	Me gustan los animales.

▶ **C** Ahora construimos la regla para los verbos GUSTAR, ENCANTAR e INTERESAR.

Gramática

- ME GUSTA + _____.
- ME GUSTA + _____.
- ME GUSTAN + _____.

▶ **D** Por último, completamos la siguiente tabla después de fijarnos otra vez en los textos anteriores.

me encanta

	PRONOMBRE	VERBO	SUJETO
(A mí) >			el café.
(A ti) >			ir a fiestas.
(A usted) >	le		los videojuegos.
(A él / a ella) >		gusta	
(A nosotros /-as) >	nos	gustan	
(A vosotros /-as) >			
(A ustedes) >			
(A ellos / a ellas) >			

4 Una fiesta para conocernos

A Gastón organiza una fiesta para sus compañeros de clase. Recibe algunos mensajes. Léelos y clasifica la parte marcada en negrita en la columna correspondiente.

Ania
Hola, Gastón, soy Ania. Perdona, pero no puedo ir a tu fiesta **por estar enferma**. Es que desde esta mañana no me encuentro bien, tengo un dolor de cabeza tremendo.

Evelyn
Soy Evelyn. ¿Quedamos **para comprar** las cosas? ¿Voy un rato antes **para ayudarte**? Espero tu respuesta.

Linda
Gastón, es **para decirte** que probablemente llego un poco más tarde a tu fiesta, **por el tráfico**, a esa hora es imposible circular por Madrid. ¡Nos vemos en la fiesta!

Oliver
Gastón, es **para avisarte**; seguro que voy a tu fiesta, ya sabes: ¡me encantan las fiestas! También voy **por las chicas**, especialmente **por Evelyn**.

Bea
Gastón, ¿**por qué** no me llamas? ¿Estás enfadado conmigo? Te llamo **por la fiesta**; quiero ir, si tú quieres, claro. Ya sabes quién soy, llámame.

Por
… por estar enferma.
_____
_____
_____
_____
_____

Para
… para avisarte.
_____
_____
_____
_____
_____

OBSERVA Y APRENDE

B Mira el siguiente esquema, completa las oraciones y decide para qué usamos *por* y *para*.

POR — ANTES (Causa, razón) ← AHORA → **PARA** — DESPUÉS (Finalidad, objetivo)

1. No voy a la fiesta __por__ la lluvia, es que llueve mucho. (a)
   a. Hay lluvia **antes** de la fiesta.
   b. Hay lluvia **después** de la fiesta.

2. Está enfermo _____ beber mucho alcohol.
   a. Bebe alcohol **antes** de estar enfermo.
   b. Bebe alcohol **después** de estar enfermo.

3. Hace deporte _____ estar bien física y mentalmente.
   a. Está bien **antes** de hacer deporte.
   b. Está bien **después** de hacer deporte.

4. No puedo estudiar _____ el ruido de la calle.
   a. Hay ruido **antes** del momento de estudiar.
   b. Hay ruido **después** del momento de estudiar.

5. La fruta es buena _____ la salud.
   a. Primero comes fruta, **después** tienes salud.
   b. Primero tienes salud, **después** comes fruta.

C Vuelve a leer los mensajes del contestador de Gastón y marca con una **X** la opción correcta.

	POR	PARA
1. Para la **causa** usamos >		
2. Para la **finalidad** usamos >		

Gramática y léxico

EL VERBO GUSTAR

A mí	me
A ti	te
A usted	le
A él / a ella	le
A nosotros /-as	nos
A vosotros /-as	os
A ustedes	les
A ellos / a ellas	les

gusta → *el café* (nombre en singular)
gusta → *tomar café* (verbo = infinitivo)

gusta**n** → *las motos* (nombres en plural)

NOTA: El sustantivo va siempre con determinante.

OTROS VERBOS COMO GUSTAR

- **ENCANTAR**
  > ¿Te gustan los gatos?
  < Sí, me **encantan**.

- **INTERESAR**
  > ¿Lees ciencia ficción?
  < No, no me **interesa**.

- **APETECER**
  > ¿Vamos al cine?
  < No, no me **apetece**.

Fíjate en el significado de Llevar (ropa)

> ¡Qué guapa está Ania!
< Sí, **lleva** <u>un vestido</u> precioso.

Contrastar gustos

- A mí también / A mí tampoco
  > Me gustan las clases.
  < ***A mí también***.

  > No me interesan los videojuegos.
  < ***A mí tampoco***.

- (Pues) a mí sí / (Pues) a mí no
  > Me encanta el chocolate.
  < ***A mí no***.

  > No me gusta el teatro.
  < ***A mí sí***.

PREPOSICIONES POR / PARA

- **POR**
  – Causa, razón:
  > ¿**Por** qué llegas tarde a menudo?
  < **Por** el tráfico.

- **PARA**
  – Finalidad, objetivo:
  > ¿**Para** qué quieres la bici?
  < **Para** ir a la playa.

ACTIVIDADES PARA EL TIEMPO LIBRE

Ver la televisión	Jugar al fútbol
Escuchar música	Ir al cine, al teatro
Salir con amigos	Salir a cenar
Ir de copas	Leer
Ir a discotecas	Pasear
Bailar	Hacer deporte

▶ **PRACTICA**

5 En la fiesta de Gastón

▶ **A** Gastón habla con mucha gente en su fiesta. Completa las conversaciones con la forma correcta del verbo en presente y el pronombre correspondiente.

Gastón y Linda

- Linda, ¿(apetecer, a ti) _____ tomar algo?
- Vale, un tinto de verano.
- A mí no (gustar) _____ el vino. Prefiero la cerveza.

Linda y Gastón

- A mis amigos y a mí (encantar) _____ vivir en España. A Evelyn (gustar) _____, sobre todo, la comida, y a mí (encantar) _____ la gente. Los españoles son muy abiertos y divertidos.
- Tienes razón.

Oliver y Bea

- ¡Bea! ¡Estás muy guapa!
- Gracias, Oliver, eres muy amable. Ya sabes que (encantar, a mí) _____ la ropa. Soy muy, muy presumida.
- A mí no (gustar) _____ nada comprar ropa. Siempre llevo lo mismo: vaqueros y camiseta.

Bea y Ania

- A mi padre (interesar) _____ mucho las lenguas; es profesor de alemán pero habla otros idiomas.
- A mí también (gustar) _____ hablar otras lenguas. Ahora quiero aprender chino.

▶ **B** Imagina que tú también estás en la fiesta… ¿Por qué no hablas con Gastón?

- ¿Qué te apetece beber?
- _____

- A mí no me gusta comprar ropa, ¿y a ti?
- _____

- A mí los españoles me encantan porque son muy simpáticos. ¿Y a ti?
- _____

- ¿Por qué te interesa aprender español?
- _____

6 ¿A Gastón le gusta Bea?

▶ **A** Bea y Gastón hablan durante mucho tiempo en la fiesta. Completa su conversación con uno de los verbos propuestos y el pronombre adecuado.

> Gustar   Apetecer   Encantar   Interesar

Bea: A mí _____ muchísimo la música clásica.

Gastón: Ajá... Muy bien... ¿Y el cine?

Bea: Sí, _____ las películas románticas.

Gastón: ¡Ah!... ¿Las películas románticas?

Bea: Sí. Yo soy muy romántica, y muy clásica, _____ los chicos con el pelo corto y muy bien vestidos. _____ la ropa clásica. No _____ ni los pírsines, ni los tatuajes.

Gastón: ¿Y el fútbol?

Bea: ¡El fútbol no _____ nada! ¡Lo odio! A mí _____ el ballet.

Gastón: ¿El ballet?

Bea: Sí, claro... Gastón, ¿y a ti? ¿_____ el cine y la literatura?

Gastón: Sí, pero también me interesan la tele, las series...

Bea: Ya, bueno... Gastón, ¿(a ti) _____ cenar conmigo el sábado?

Gastón: Yo, ah, hum... No sé... Te llamo, ¿vale?

▶ **B** Gastón no tiene muchas cosas en común con Bea. Fijaos en la actividad anterior y en esta ficha y, en grupo, comentad las diferencias entre sus gustos e intereses.

Ropa favorita:

Moderna, casual y deportiva.

Películas preferidas:

Las de terror y ciencia ficción.

En mi tiempo libre:

Televisión, música tecno, salir con amigos, ir de copas, ir a discotecas, bailar, jugar al fútbol.

> A Gastón le gusta la ropa informal, pero a Bea le gusta más la ropa clásica...

PRACTICA

7 Tienes un mensaje nuevo

▶ 2|07 Ania tiene en el móvil seis nuevos mensajes de voz sin escuchar. Complétalos con *por* o *para* según corresponda. Después, escucha la grabación y comprueba tus respuestas.

1

Ania, soy Marta. Te llamo _____ la fiesta del sábado en casa de Gastón... Hasta luego.

2

Hola, guapa, ¿cómo estás? Tengo entradas _____ ir al teatro. ¿Vienes con nosotros?

3

Hola, Ania. Soy Julio. No puedo ir a la fiesta de Gastón. Estoy en el hospital _____ un accidente con la moto... Tranquila, no es nada grave, solo tengo la pierna rota.

4

Ania, no llego _____ cenar. Por favor, tú preparas algo _____ comer, ¿vale? Llego tarde.

5

Hola, soy Carmen, el lunes es mi cumpleaños... Te invito _____ tomar algo al salir de clase. Mañana hablamos y quedamos. Hasta luego.

6

Ania, soy Thomas... No voy al cumpleaños de Carmen _____ el examen que tenemos el martes. Este fin de semana no salgo, necesito mucho tiempo _____ estudiar.

Tiene un mensaje nuevo

8 ¿Por qué aprendéis español?

▶ **A** Oliver y Ania hablan con otros estudiantes de la escuela para saber por qué aprenden español. Observa las imágenes y usa las preposiciones *por* y *para*.

1. ▶ Erika   2. ▶ Noriko   3. ▶ Vincent   4. ▶ Mary y Joana

▶ **B** Ahora, en grupo, comentad vuestras razones para estudiar español. ¿Cuál es la razón más original o curiosa?

9 A todo el mundo le gusta…

▶ **A** Gastón y Kelly hablan sobre algunos gustos e intereses «típicos» de la gente de sus países. Lee sus ideas.

> A los franceses les encanta el vino… y el queso también ¡Es que está muy bueno! A los jóvenes no les interesa mucho la política, pero son solidarios.

> Yo creo que a los norteamericanos les interesa mucho la política, a los jóvenes también.

▶ **B** En parejas, relacionad las imágenes con el país correspondiente. Después, escribid frases con el verbo GUSTAR. Comparadlas con las del resto de la clase.

Estados Unidos ○   Italia ○
Suiza ○   Francia ○
Argentina ○   Inglaterra ○

– A los americanos les gusta _____

▶ **C** Piensa en tu país y escribe una frase para cada uno de estos temas. Usa los siguientes verbos.

> Gustar   Encantar
> Preferir   Interesar

Trabajo:
Tiempo libre:
Comida y bebida: *En mi país **preferimos** beber leche en el almuerzo.*
Deportes:
Viajes:
Cine:
Libros: *A la gente de mi país **le interesan** las novelas históricas de…*
Televisión:

D. Leed vuestras frases al resto de los compañeros y comentad qué es igual y qué diferente.

> A los canadienses **también** les interesa mucho la política.

< A los chinos **tampoco** nos gusta mucho el queso.

▶ **EN COMUNICACIÓN**

10 No sé qué ropa ponerme

▶ **A** Vamos a ayudar a Oliver y a Evelyn a elegir ropa para la fiesta de Gastón.

OLIVER
Le gusta la ropa cómoda, deportiva e informal.

EVELYN
Le gusta la ropa clásica, elegante y moderna.

– Para la fiesta, Oliver lleva… y Evelyn lleva…

▶ **B** Oliver y Evelyn tienen muchos planes para esta semana. Ayúdalos a elegir la ropa adecuada para cada una de estas citas.

Evelyn

Día	Hora	Asunto
Martes	14:00	Comida de trabajo.
Miércoles	21:00	Teatro.
Viernes	22:30	Cena romántica.

Oliver

Día	Hora	Asunto
Viernes	09:00	Reunión importante con el jefe de la empresa.
Sábado	23:00	Salir de copas con los amigos.
Domingo	10:00	Paseo por el campo en bicicleta.

> En mi opinión Evelyn puede llevar un traje clásico de chaqueta y falda para la comida de trabajo…

< A mí también me gusta un traje clásico para ella; es que es más elegante. ¿Y para Oliver?

> Me encanta un traje y una corbata…

11 A mí me gusta la siesta

▶ **A** ●2|08 Leyla y Gastón hablan con dos amigos españoles sobre sus actividades de ocio y tiempo libre. Escucha y escribe el número correspondiente a cada diálogo.

▶ **B** En plenaria, recordamos actividades para hacer durante el tiempo libre. El profesor las escribe en la pizarra y hace una lista en el orden de vuestras preferencias.

1. _____
2. _____
3. _____
4. _____

¡extra! ▶ CONTEXTOS

1 Muy interesante

▶ En la página web de la escuela donde los chicos estudian español proponen todas estas actividades. Marca las cuatro que más te interesan o te gustan y explica por qué.

– Me interesan mucho los cursos intensivos de gramática para practicar más el español.

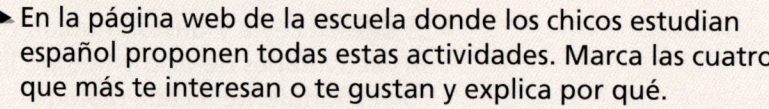

1. Visitas y excursiones

- Visita de fin de semana a los museos de la ciudad.
- Visita de fin de semana a Granada (Alhambra y Sierra Nevada).
- Visita de fin de semana a Barcelona (Sagrada Familia, Las Ramblas…).

2. Cursos especiales

- Cursos de guitarra española.
- Cursos de flamenco.
- Cursos de cocina española.

3. Otros cursos

- Cursos intensivos de gramática.
- Cursos de Literatura.
- Talleres de escritura.
- Cursos de cine español e hispanoamericano.
- Cursos de cultura española e hispanoamericana.

4. Otras actividades

- Partido de fútbol: estudiantes contra profesores.
- Campeonato de ajedrez.
- Fin de semana deportes de riesgo: escalada, *rafting, puenting…*
- Maratón de cine español e hispanoamericano
- Salida nocturna por la ciudad.

¡extra! ▸ PRACTICA

2 Gastón y su abuelo

▸ **A** 🔊 2|09 Alfred, el abuelo de Gastón, es una persona muy importante para él. Escucha a Gastón y, con ayuda de las imágenes, marca las cosas que hacen juntos.

▸ **B** Completa este enunciado con otras dos actividades que no están representadas en las imágenes.

A Gastón y a su abuelo les encanta _____ y también les gusta muchísimo _____.

¡extra! ▶ EN COMUNICACIÓN

3 ¡Viva la fiesta!

▶ **A** 🔊 2 | 10 Los chicos de la clase encuentran en Internet fotos de fiestas famosas de España e Hispanoamérica. Escucha y escribe sus nombres debajo de la imagen correspondiente.

1. _____

2. _____

3. _____

▶ **B** ¿A cuál de estas fiestas quieres ir? ¿Por qué? Coméntalo con tus compañeros.

> A mí me gustan los Carnavales de Uruguay. Parece una fiesta muy divertida…

< Yo prefiero Los Sanfermines. Me gustan las fiestas… peligrosas.

4 A Nuria le encanta…

▶ **A** Nuria es una de las invitadas a la fiesta de Gastón. Fíjate en las imágenes y escribe oraciones para conocer mejor sus gustos, preferencias e intereses.

Le gusta

No le gusta

1. A Nuria le encantan _____
2. No le gusta _____
3. A ella le interesan _____
4. _____
5. _____
6. _____
7. _____
8. _____

150 ciento cincuenta

▶ **B** En plenaria, comentad si vuestros gustos e intereses son como los de Nuria.

A mí también me gustan…

Pues a mí no…

A mí sí… Me encantan…

▶ **C** Lee las siguientes opiniones de algunos de los amigos de Nuria y contesta a sus preguntas.

1. **Pablo:** Me encanta conocer gente de otros países del mundo… ¿Y a ti?
   Tú: _____

2. **Adela:** No me interesa nada la política… ¿Y a ti?
   Tú: _____

3. **Rocío:** A mi mejor amigo no le gusta nada levantarse temprano… ¿Y a ti?
   Tú: _____

4. **Paco:** A mí me gustan mucho las películas de terror… ¿Y a ti?
   Tú: _____

5 ¿Qué hacemos esta tarde?

▶ **A** Gastón y sus amigos no tienen plan para esta tarde. Pensad en algunas actividades de ocio y escribidlas. Tened en cuenta la información de su ficha.

> A Clara le encanta la música… Creemos que puede ir a un concierto de rock que hay en el centro…

< Nosotros pensamos que…

▶ **B** Elige a uno de tus compañeros de clase y, después de completar la ficha para saber más sobre sus gustos, recomiéndale también algunas actividades para hacer esta tarde.

Clara
No le gusta el deporte
Prefiere actividades culturales
No le gustan las películas románticas
Le encanta la música

Alfredo
Le gusta mucho el teatro
No le interesan los deportes
Le encantan las exposiciones
No le gustan nada las actividades al aire libre

Charlie
Le encanta bailar
No le gusta leer
Le interesa mucho el arte
No le gusta nada el cine

Un compañero de clase
Nombre:
Le gusta /-n:
Prefiere:
Le interesa /-n:
No le gusta /-n:

A mi compañero no le gusta el cine, pero sí le interesa el teatro; por eso, le recomiendo ir a un estreno al Teatro Central.

ciento cincuenta y una **151**

▶ Unidad 8

¿Estás bien? Tienes mala cara

▶ **Necesitamos aprender**
- El verbo DOLER
- Las perífrasis TENER QUE / HAY QUE / DEBER + Infinitivo
- Léxico sobre el cuerpo, la salud y las enfermedades

▶ **Para**
- Expresar sensaciones físicas y psíquicas
- Expresar obligación y necesidad
- Hacer recomendaciones

▶ **CONTEXTOS**

1 Todos estamos enfermos

▶ **A** 🔊2 **11** Hoy nuestra clase parece un hospital porque la profesora y dos estudiantes están enfermos. Escucha los diálogos y subraya la opción correcta.

1
> ¿Estás bien? Tienes **buena / mala** cara.

< No sé... Estoy muy **cansada / activa** y **me / te** duele mucho **la cabeza / los pies**.

> ¿Por qué no vas al médico?

< Es verdad... **Tengo que / Debo** ir esta tarde.

2
> ¿Qué te **pasa / pasas**? ¿Estás cansada? Tienes mala cara.

< Sí, no me encuentro **bien / mal** y me duele mucho **el estómago / las piernas**.

> **Tienes que / Debes** ir al hospital ahora mismo.

▶ **B** ¿Sabes qué les pasa a estos estudiantes? Comenta las respuestas con tus compañeros.

> Creo que algunos estudiantes no se encuentran bien, son S… y … porque…

< Sí, es verdad.

Sophie — Peter — Claudia — Dimitri — Laura

▶ CONTEXTOS

▶ **C** François no viene a clase porque también está enfermo. Lee su correo electrónico y ayúdalo con la información que te pide. Puedes buscarla en los diálogos anteriores.

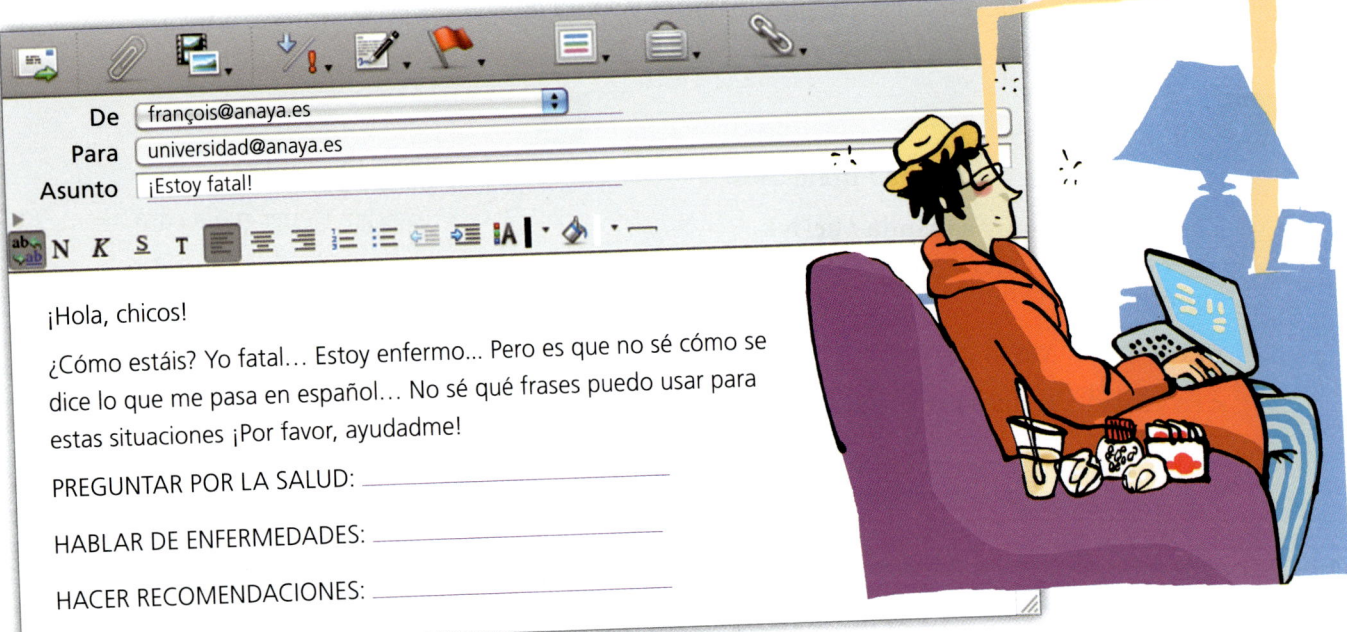

De: françois@anaya.es
Para: universidad@anaya.es
Asunto: ¡Estoy fatal!

¡Hola, chicos!

¿Cómo estáis? Yo fatal… Estoy enfermo… Pero es que no sé cómo se dice lo que me pasa en español… No sé qué frases puedo usar para estas situaciones ¡Por favor, ayudadme!

PREGUNTAR POR LA SALUD: _____

HABLAR DE ENFERMEDADES: _____

HACER RECOMENDACIONES: _____

2 Nuevas adicciones, nuevas enfermedades

▶ **A** François encuentra en una revista digital un artículo sobre nuevas adicciones. Léelo, seguro que es muy interesante.

Saber vivir mejor — Nuevas adicciones

Adicción AL TRABAJO

Las personas que sufren esta «nueva adicción» convierten la oficina en su casa y estar allí les da más alegría que la familia; por eso, muchas veces se olvidan de sus amigos y de su tiempo libre. Si tienen vacaciones, no descansan y piensan que dormir o divertirse es una pérdida de tiempo.

Adicción A INTERNET

Horas y horas delante de la pantalla: chatean, leen el correo electrónico, buscan información, compran, navegan, entran en Facebook… Olvidan hablar con sus amigos fuera de la Red y no hacen mucha vida social. Prefieren pasar su tiempo libre y divertirse con el ordenador.

Adicción A LAS COMPRAS

En opinión de la mayoría de los psicólogos, en la obsesión por las compras muchas personas encuentran la felicidad que no tienen en su vida diaria. No pueden pasar por una tienda sin comprar. Compran de todo y en todo tipo de comercios: joyerías, tiendas de ropa, centros comerciales, supermercados… Además, generalmente compran cosas que no necesitan.

Adicción AL MÓVIL

Una de cada mil personas puede ser adicta al móvil. No saben vivir sin el teléfono, compran varios, tienen los últimos modelos de móviles. Algunos de estos adictos tienen dos y hasta tres contratos con diferentes compañías. No pueden salir de casa sin él. Si no lo llevan, no estan tranquilos.

▶ **B** La revista también da algunos consejos a las personas con estas adicciones. En parejas, pensad cuáles son las recomendaciones para cada una de las personas con las adicciones del ejercicio 2 A.

Consejos

1 Adicción a / al ...
Debes hacer una lista y escribir las cosas que realmente necesitas comprar.

4 Adicción a / al ...
Tienes que decidir una cantidad de dinero fija para gastos al mes.

2 Adicción a / al ...
Debes hacer alguna actividad física o algún deporte para no estar mucho tiempo delante de la pantalla.

5 Adicción a / al ...
No debes pasar tiempo extra en tu lugar de trabajo.

3 Adicción a / al ...
Debes pensar cuánto tiempo te pasas hablando por teléfono y si todas las llamadas que haces son tan importantes.

6 Adicción a / al ...
Tienes que potenciar las amistades fuera de la Red.

▶ **C** Proponed otras recomendaciones para estas nuevas adicciones.

▶ **D** Los chicos de la clase hablan de algunas de sus «adicciones más divertidas».

Yo soy adicta al cine... Me encanta ir al cine y ver todo tipo de películas. ¡Ah!, y me encantan las palomitas.

A mí me encanta el chocolate...
Soy adicto, es verdad. Sé que engorda, pero no me importa. Me gustan todas las clases de chocolate. ¡Mmm, qué rico!

Yo creo que soy adicta al fútbol. Si no tengo que estudiar o ir a clase, veo todos los partidos que puedo.

▶ **E** ¿Y vosotros? ¿Tenéis alguna «adicción divertida»? Comentadlo con vuestros compañeros.

▶ OBSERVA Y APRENDE

3 Me duele todo el cuerpo

▶ **A** 🔊 2 | 12 Pedro llama por teléfono a François para ver cómo está. Escucha y lee su conversación.

> Hola, François, soy Pedro, ¿cómo estás?

< Un poco mejor, Pedro, pero...

> Pero, ¿qué te pasa? ¿Te duele algo?

< Me duele la cabeza, tengo fiebre y me siento un poco mareado... También me duelen la garganta y el estómago... El médico dice que debo estar tranquilo porque solo es una gripe.

> ¿Y qué tienes que hacer?

< Tengo que estar en la cama y descansar..., tomar unas pastillas y un jarabe para la tos... Y también debo beber mucha agua.

> Tranquilo... Seguro que te recuperas y puedes volver con nosotros pronto.

▶ **B** Busca en la conversación las palabras necesarias para completar la ficha. ¡A ver quién termina antes!

Partes del cuerpo

Cabeza

_____

Síntomas y enfermedades

Tengo fiebre.

_____

Medicinas

Pastillas

_____

✱ RECUERDA

Son verbos que llevan pronombres.

▶ **C** En el diálogo también aparecen los verbos PASAR y DOLER. Completa la conjugación del verbo DOLER y escribe un ejemplo de su uso en el diálogo. Observa los usos de PASAR.

Doler

(A mí)	>	Me ___
(A ti)	>	Te ___
(A usted)	>	___
(A él / Ella)	>	___
(A nosotros /-as)	>	___
(A vosotros /-as)	>	___
(A ustedes)	>	___
(A ellos / Ellas)	>	___

duele + sustantivo singular

duelen + sustantivo plural

➔ ATENCIÓN

> ¿Qué **te pasa**? / ¿**Te pasa** algo?

< **No me pasa** nada / Me duele la cabeza / Me duelen los brazos.

▶ **D** En la actividad A, François le cuenta a Pedro las recomendaciones del doctor. ¿Qué expresiones usa? Márcalas en el cuadro.

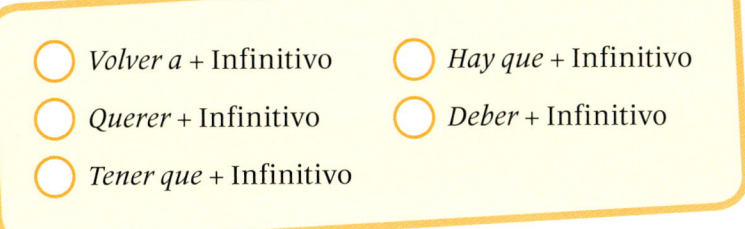

○ *Volver a* + Infinitivo   ○ *Hay que* + Infinitivo
○ *Querer* + Infinitivo   ○ *Deber* + Infinitivo
○ *Tener que* + Infinitivo

▶ **E** François encuentra en Lenguapedia otra expresión para hacer recomendaciones. Fíjate en los ejemplos.

No hay que contaminar la Naturaleza.

Hay que intentar ser feliz.

Hay que mantener limpia la ciudad.

Hay que leer más.

▶ **F** Ahora piensa para qué tipo de recomendaciones usamos cada expresión. Completa la tabla y compara tus respuestas con las de tus compañeros. Para ayudarte, fíjate en los ejemplos de las actividades anteriores.

Recomendación personal (para una persona o personas)	Recomendación impersonal (para todo el mundo en general)

✻ RECUERDA

Tener que + Infinitivo.
Deber + Infinitivo.
Hay que + Infinitivo.

ciento cincuenta y siete **157**

▶ OBSERVA Y APRENDE

4 Vamos a tu casa y llevamos...

▶ **A** Algunos chicos de la clase van a visitar a François. Lee los diálogos y fíjate en los verbos señalados en negrita. Después relaciona los diálogos con los dibujos.

1 ○

- ¡Hola, François! ¿Qué tal? ¿Cómo estás?
- Hoy estoy un poquito mejor... Gracias.
- Te llamo porque esta tarde **vamos** a ir a verte... ¿Te **llevamos** alguna cosa? Si quieres algo para comer, un libro, revistas... No sé...
- Nada, nada... No necesito nada, muchas gracias.

2 ○

- ¡Qué alegría! Estoy muy contento de veros...
- Gracias, guapo... **Venimos** para ver cómo está el chico más simpático de la clase. Ah, casi lo olvido, te **traemos** un regalito...
- Pero chicos... No es necesario.
- Es una cosita pequeña...
- ¡Sois los mejores compañeros del mundo!

A

B

▶ **B** Fíjate ahora en los dibujos y completa el texto con verbos señalados en los diálogos anteriores. Así descubres sus usos. Compara tus respuestas con las de tus compañeros.

1.ª escena:

Una mañana de domingo Jaime **va** a casa de Lucía y le _____ un ramo de flores.

2.ª escena:

Jaime: Hola, Lucía, _____ a visitarte.

Lucía: Y por qué me _____ flores? Odio las flores. Soy alérgica.

▶ **C** Ahora completa este esquema de uso con los adverbios *allí* o *aquí* y escribe otros ejemplos para cada pareja de verbos IR, VENIR, TRAER, LLEVAR.

Dirección → Hacia fuera → Donde estoy después

→ **IR / LLEVAR** _____
Ejemplo: _____

Dirección ← Hacia dentro ← Donde estoy ahora

← **VENIR / TRAER** _____
Ejemplo: _____

◘ Gramática y léxico

DOLER

(A mí)	me	
(A ti)	te	**duele** + sustantivo singular
(A él / ella / usted)	le	**duelen** + sustantivo plural
(A nosotros /-as)	nos	
(A vosotros /-as)	os	> **Me duele** la espalda.
(A ellos / ellas / ustedes)	les	< A Jaime **le duelen** las piernas.

Contraste Ir / Llevar

*Esta noche **voy** a tu casa y te **llevo** el libro.*

Contraste Venir / Traer

*Magnus **viene** a la fiesta del viernes y **trae** el postre.*

Para hacer recomendaciones

- **Deber** + Infinitivo: expresa una recomendación suave.
  ***Debes** dormir más, tienes mala cara.*
- **Tener que** + Infinitivo: expresa una recomendación fuerte.
  *Felipe, **tienes que** hacer los deberes.*

Para expresar obligación

- **Tener que** + Infinitivo: expresa una obligación personal impuesta.
  *Juan, **tienes que llamar** a tu hermano por su cumpleaños.*
- **Hay que** + Infinitivo: expresa una obligación impersonal, general.
  ***Hay que** cuidar el medio ambiente.*

Para expresar necesidad

- **Tener que** + Infinitivo: expresa una obligación personal necesaria.
  ***Tengo que comprar** en el supermercado. No hay nada para comer.*

Preguntar por la salud

¿Estás bien?
¿Qué te pasa?
¿Qué te duele?
¿Te encuentras bien?

Hablar de síntomas o enfermedades

Me duele el estómago.
Me duelen la cabeza y la garganta.
No me encuentro bien / muy bien.
Me encuentro mal.
Tengo fiebre.
Estoy resfriado /-a.

Pedir cita con el médico

Quiero una cita para el jueves con el doctor, por favor...

Tener + sustantivo

- Tener frío
- Tener sueño
- Tener calor
- Tener hambre
- Tener sed
- Tener suerte

Tener + enfermedad o síntoma

- Tener tos
- Tener alergia
- Tener gripe
- Tener una infección de…
- Tener dolor de…

Estar + adjetivo

- Estar resfriado /-a
- Estar cansado /-a
- Estar enfermo /-a
- Estar mareado /-a

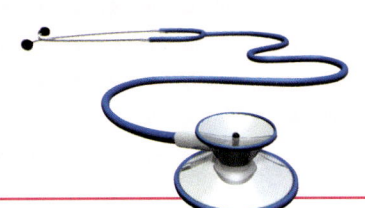

> PRACTICA

5 ¿Qué le pasa a François?

▶ **A** François no se encuentra bien. ¿Recuerdas qué le pasa? Relaciona las fotos con sus problemas físicos. Puedes ayudarte con el diálogo de la actividad 3 A.

François tiene _____ como en la foto ___

A François le duelen _____ como en las fotos ___

▶ **B** Ahora explica el resto de las imágenes con las expresiones siguientes.

1. Tener resaca, tener fiebre, tener gripe, tener tos, tener alergia.
2. Tener dolor de…
3. Le duele / le duelen… la cabeza, la garganta, el estómago, la espalda, las muelas, los ojos…
4. Estar resfriado, estar cansado, estar enfermo, estar mareado / marearse.

▶ **C** Lee estas oraciones y relaciónalas con las expresiones del ejercicio B.

1. > Suele pasar después de beber mucho alcohol: _____.
2. > Te duele todo el cuerpo y tienes fiebre: _____
3. > Les pasa a los niños cuando comen muchas golosinas: _____
4. > Es un síntoma de alguna infección: _____
5. > A algunas personas les pasa en el coche, en el autobús, en el avión...: _____
6. > Cuando llega la primavera, las flores...: _____
7. > Cuando llega el invierno, con los cambios de temperatura...: _____

▶ **D** ¿Qué necesitamos en las situaciones siguientes? Elige uno de estos remedios.

- un jarabe
- una tirita
- una pastilla
- un antibiótico

1. Me duele la cabeza: _____
2. Tengo infección de garganta: _____
3. Tengo una herida en el dedo: _____
4. Tengo tos: _____

▶ **E** Ahora fíjate en este diálogo entre un médico y su paciente; organiza sus partes y ordénalo.

Paciente

1. ¿Cuánto tiempo?
2. Me duelen mucho la cabeza y la espalda.
3. Hola, buenas tardes.
4. No me encuentro bien, me siento sin fuerzas.
5. Últimamente trabajo más de ocho horas al día y no duermo bien.
6. Muy bien, gracias por todo. Adiós.

Médico

A) Buenas tardes, ¿qué le pasa?
B) Creo que su problema es el estrés. Aquí tiene esta receta: tiene que tomar una pastilla cada ocho horas después de cada comida.
C) Adiós, buenas tardes.
D) ¿Tiene alguna preocupación? ¿Trabaja más de lo normal?
E) ¿Le duele algo?
F) Dos semanas, y después le espero para ver cómo se encuentra.

▶ **PRACTICA**

6 ¿Cómo es tu cuerpo?

▶ Fíjate en las palabras de la tabla y relaciónalas con la parte del cuerpo correspondiente. Antes escribe el artículo junto a cada palabra.

- <u>la</u> cabeza
- ___ cara
- ___ ojo
- ___ frente
- <u>el</u> pelo
- ___ nariz
- ___ boca
- ___ oreja
- ___ cuello
- ___ hombro
- ___ brazo
- ___ mano
- ___ codo
- ___ espalda
- ___ pierna
- ___ rodilla
- ___ pie
- ___ dedo
- ___ tobillo
- ___ tripa
- ___ diente
- ___ labio

7 «Un cuerpo 10»

▶ **A** François encuentra en esta página web una divertida encuesta. Algunos internautas votan para decidir cómo es el cuerpo que les gusta. Leed los resultados; hay gustos para todos.

www.uncuerpoperfecto.es

hombre
- Los ojos de George Clooney.
- Las piernas de Cristiano Ronaldo.
- El pelo de Antonio Banderas.
- La nariz de Woody Allen.
- La lengua de Mick Jagger.

mujer
- Las manos de Madonna.
- Los ojos de Cameron Diaz.
- El pelo de Penélope Cruz.
- La nariz de Glenn Close.
- Los labios de Woopi Goldberg.

▶ **B** Ahora vamos a elegir nuestros «cuerpos 10». Podéis pensar en personas famosas o en compañeros de clase y recordad: sobre gustos no hay nada escrito.

Los ojos de Claire.

El pelo de Magnus.

La sonrisa de Alejandro Sanz.

▶ **C** Ayuda a François a descubrir cuál es la palabra intrusa de cada serie y por qué.

1. brazo, **mano,** codo, hombro, dedo.
   Mano es femenina y las otras palabras son masculinas.
2. nariz, cara, frente, ojo, boca.
3. pie, brazo, espalda, tobillo, hombro.
4. dientes, boca, labios, muelas, dedo.
5. oreja, ojo, tripa, labio, lengua.
6. pie, mano, ojo, oreja, diente.

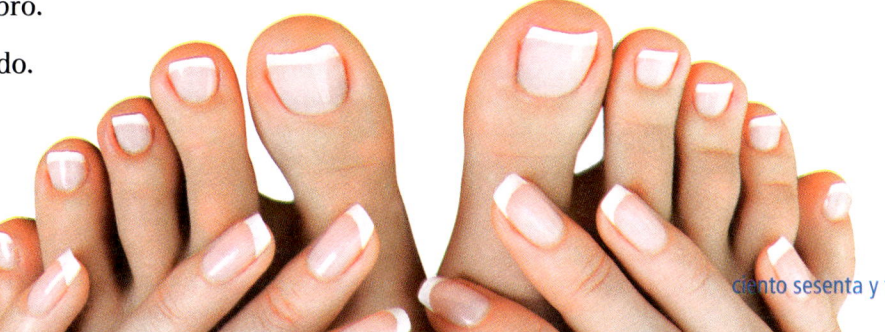

PRACTICA

8 Y a Bea, ¿qué le pasa?

▶ **A** 🔊 2 13 Después de la fiesta, Bea habla por teléfono con Gastón. Escucha la conversación y señala qué imágenes reflejan lo que le pasa.

○ Tener calor   ○ Tener frío   ○ Tener hambre

○ Tener sed   ○ Tener sueño   ○ Tener resaca

○ Tener prisa   ○ No tener ganas de   ○ Tener suerte

▶ **B** Completa con las expresiones anteriores.

1. > ¿Podemos hablar ahora?
   < No, lo siento, ahora no, es que (yo) _____. Es muy tarde.

2. > Mañana no hay clase, es fiesta en mi ciudad.
   < ¡(Yo) _____!

3. > ¿Por qué abres la ventana?
   < ¡(Yo) _____.

4. > ¿Quieres comer algo?
   < No, gracias, (yo) no _____.

5. > ¿Vamos al cine esta noche?
   < Es que estoy cansada y (yo) _____.

6. > No me apetece comer nada, solo (yo) _____.
   < ¿Quieres un refresco o agua?

9 El viaje de Bea y Gastón

▶ Bea imagina un viaje con Gastón. Desea ir a una isla, a la playa, a un lugar romántico… ¡Tenerife! ¿Qué tienen que hacer? Lee y forma frases con los elementos de las tres columnas.

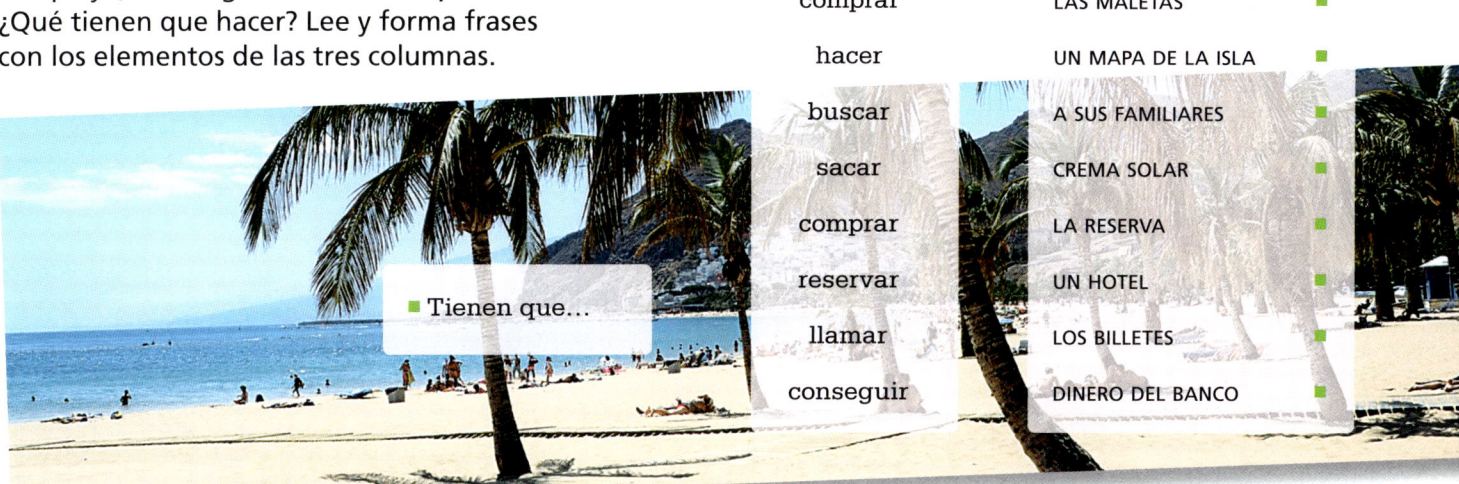

preparar	UNA BUENA OFERTA
ir a	UNA AGENCIA DE VIAJES
comprar	LAS MALETAS
hacer	UN MAPA DE LA ISLA
buscar	A SUS FAMILIARES
sacar	CREMA SOLAR
comprar	LA RESERVA
reservar	UN HOTEL
llamar	LOS BILLETES
conseguir	DINERO DEL BANCO

■ Tienen que…

10 Chicos, ¿qué tengo que decir?

▶ La profesora de español envía a Bea un correo electrónico con ejercicios extras *(tener que* + Infinitivo y *hay que* + Infinitivo). Ayúdala a elegir la posibilidad correcta para tener la puntuación máxima.

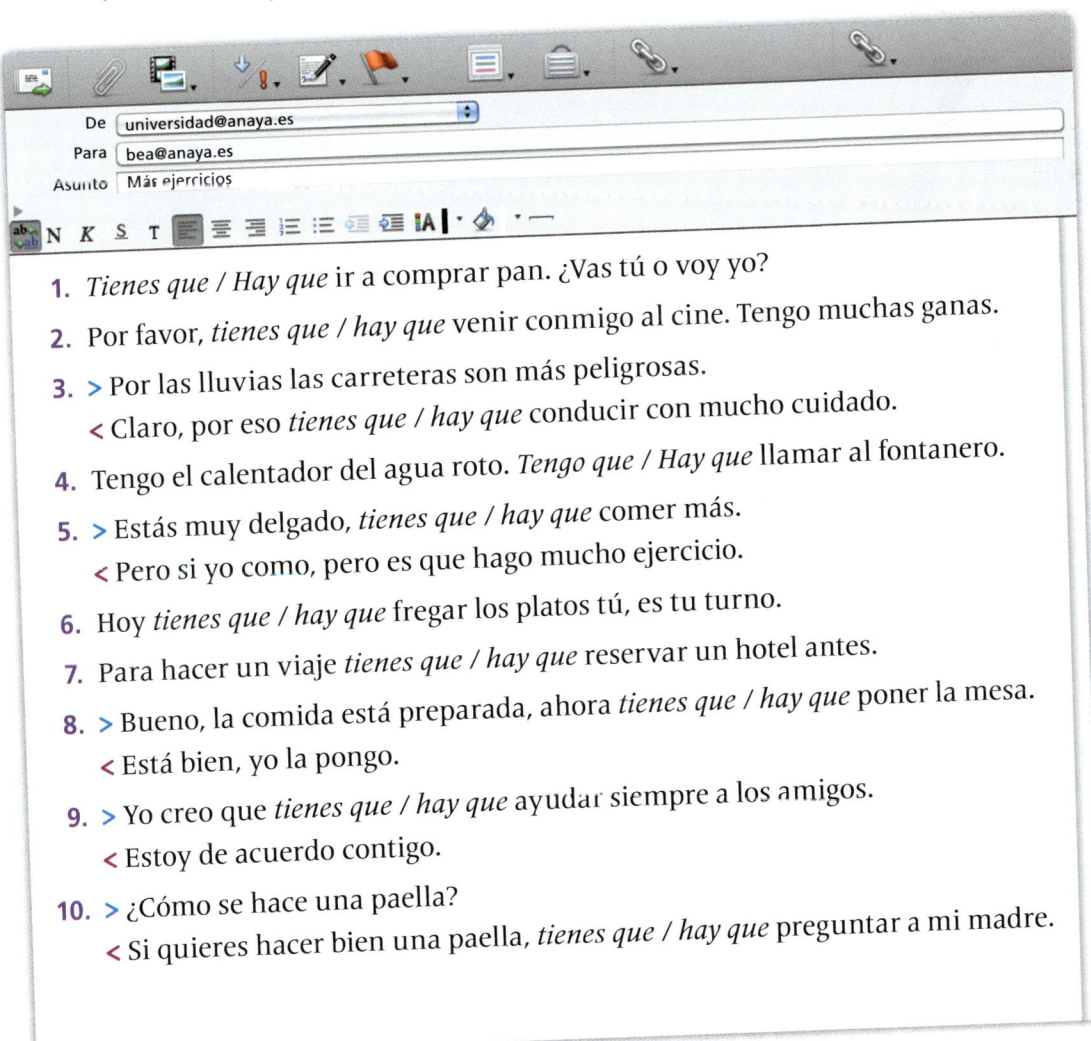

De: universidad@anaya.es
Para: bea@anaya.es
Asunto: Más ejercicios

1. *Tienes que / Hay que* ir a comprar pan. ¿Vas tú o voy yo?
2. Por favor, *tienes que / hay que* venir conmigo al cine. Tengo muchas ganas.
3. > Por las lluvias las carreteras son más peligrosas.
   < Claro, por eso *tienes que / hay que* conducir con mucho cuidado.
4. Tengo el calentador del agua roto. *Tengo que / Hay que* llamar al fontanero.
5. > Estás muy delgado, *tienes que / hay que* comer más.
   < Pero si yo como, pero es que hago mucho ejercicio.
6. Hoy *tienes que / hay que* fregar los platos tú, es tu turno.
7. Para hacer un viaje *tienes que / hay que* reservar un hotel antes.
8. > Bueno, la comida está preparada, ahora *tienes que / hay que* poner la mesa.
   < Está bien, yo la pongo.
9. > Yo creo que *tienes que / hay que* ayudar siempre a los amigos.
   < Estoy de acuerdo contigo.
10. > ¿Cómo se hace una paella?
    < Si quieres hacer bien una paella, *tienes que / hay que* preguntar a mi madre.

► EN COMUNICACIÓN

11 ¿Soy adicto a Internet?

▶ **A** Marie está aburrida de estar en cama y hace este test de Internet, que después envía a sus compañeros de clase. Hacedlo también vosotros y comprobad quién marca más casillas.

1. Tienes el ordenador conectado a Internet todo el día. ☐
2. Estás registrado en uno o más foros. ☐
3. Compartes tus fotos a través de algún blog o página web de fotos. ☐
4. Tienes los ojos rojos a menudo. ☐
5. Esperas impaciente las descargas que haces de Internet. ☐
6. Compruebas si tienes correo cada treinta minutos. ☐
7. Tienes un /-a cibernovio /-a. ☐
8. Hay fines de semana que no sales y navegas por la red. ☐
9. Juegas normalmente o a menudo *on line*. ☐
10. Tienes la opción más rápida para navegar. ☐
11. Chateas con frecuencia. ☐
12. Te suele doler la cabeza; también te duelen los ojos. ☐
13. Tus amigos vienen a casa muchas veces para navegar juntos. ☐
14. Tienes más de cincuenta amigos en tu red social. ☐
15. Pasas más de tres horas al día delante del ordenador. ☐

▶ **B** ¿Quiénes son adictos a Internet? En plenaria vamos a intentar ayudarlos. ¿Qué tienen que hacer o qué deben hacer?

> Tenéis que salir todos los fines de semana y no debéis pasar más de una hora conectados a Internet.

> Debéis hablar personalmente con vuestros amigos y chatear poco.

12 Jóvenes adictos al móvil

▶ **A** 🔊 2|14 Escucha la siguiente información sobre los problemas de los jóvenes con el uso del móvil y señala si las siguientes afirmaciones son verdaderas o falsas.

V / F

1. Más del 50% de los jóvenes son adictos al móvil. _____
2. El 40% de los jóvenes usa el móvil más de cuatro horas al día. _____
3. Usan el móvil especialmente para hablar. _____
4. Estos jóvenes saben que usan el móvil más de lo normal. _____
5. Esta adicción suele tener efectos en sus relaciones personales. _____
6. No suelen olvidarse de hacer sus obligaciones. _____
7. Esta enfermedad tiene efectos físicos y psicológicos. _____
8. Es fácil ver si un joven tiene esta enfermedad. _____

▶ **B** 👥 En grupo elaborad un test para averiguar si el móvil es tan importante en vuestra vida.

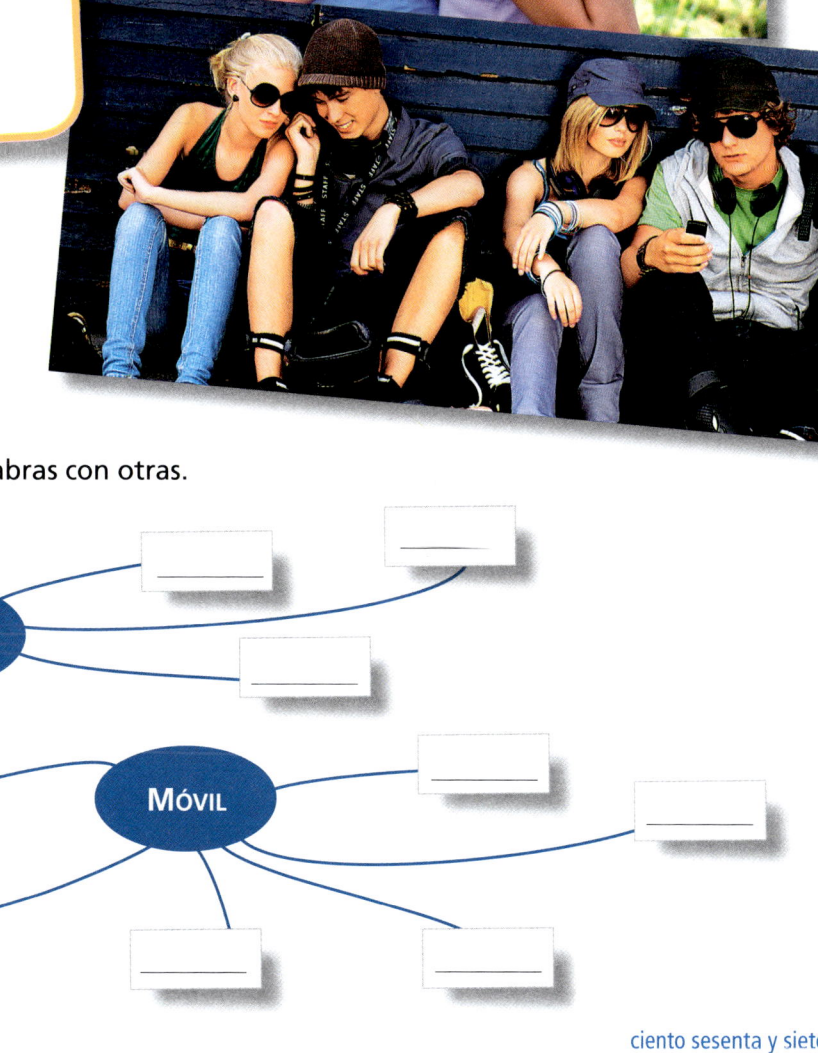

13 Asociaciones

▶ 👥 En grupo y por turnos, asociad estas palabras con otras. Pierde el que deja de responder.

INTERNET

MÓVIL

¡extra! ▶ CONTEXTOS

1 Cita con el médico

▶ **A** Bea no se encuentra mejor y decide llamar al centro de salud para pedir una cita con su médico. En parejas ordenad el diálogo.

De acuerdo, mañana a las doce y media... ¿Le parece bien?
De nada, hasta mañana.
Buenos días, Centro de Salud Vallesol. ¿En qué puedo ayudarle?
Perfecto, muchas gracias.
Hola, buenos días. Quiero una cita para mañana, si es posible, con el doctor García, por favor... No me encuentro muy bien...
Estoy mareada y me duele mucho la cabeza...
¿Qué le pasa?

▶ **B** 2 15 Ahora escuchad el diálogo y comprobad vuestra respuesta.

▶ **C** Bea tiene que ir al centro de salud para llevar los resultados del especialista. Completa estos minidiálogos con los verbos IR / VENIR, TRAER / LLEVAR.

Al salir de casa

Adiós, _____ al centro de salud a _____ las radiografías al médico.

En el centro de salud

- Buenos días, _____ a la consulta del doctor.
- ¿_____ la tarjeta médica?
- Sí, aquí la tengo.

En la consulta

- Buenos días, doctor, _____ las radiografías del especialista.
- Buenos días, ¿_____ también el informe médico?
- Sí, aquí tiene.

▶ **D** 2 16 Ahora escucha y comprueba.

2 Todos somos médicos

Uno de vosotros es el doctor y el otro el paciente. Debéis preparar un pequeño diálogo en la consulta del médico con las instrucciones de las tarjetas. Después, representadlo para toda la clase.

Léxico

Receta: nota del médico para comprar y explicar el uso de una medicina.

PACIENTE
- Saludo.
- Explicas qué te pasa.
- Pides una receta para las medicinas.
- Despedida.

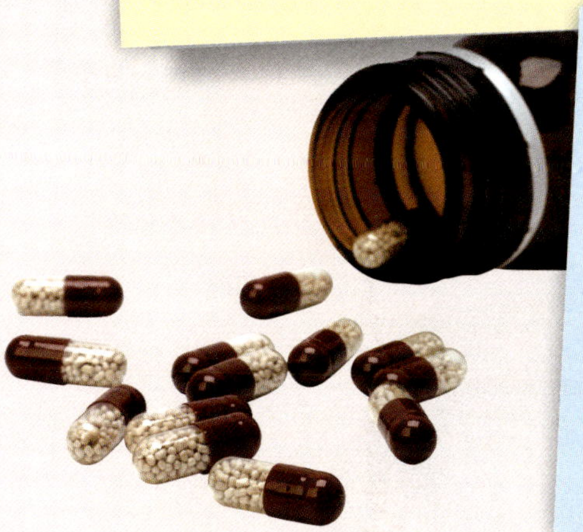

DOCTOR
- Saludo.
- Preguntas qué le pasa al paciente.
- Recomiendas un tratamiento.
- Recetas algunas medicinas.
- Despedida.

Alumno A

_____
_____
_____
_____
_____

Alumno B

_____
_____
_____
_____
_____

¡extra! ▶ EN COMUNICACIÓN

3 Por la salud de los otros

▶ **A** Lee los siguientes titulares sobre la solidaridad de los españoles.

"España es el país número uno en donación de órganos"

"Un poco de tu sangre es la sonrisa de muchos. Tú puedes dar vida si donas sangre. España está entre los primeros países del mundo"

▶ **B** Después de leer esos titulares, ¿pensáis que España es un país solidario? ¿Por qué? Justificad vuestra respuesta. ¿Y vuestro país?

> Yo creo que España es un país solidario porque muchas personas ayudan a otras.

< Sí, estoy de acuerdo...

> Mi país también es muy solidario. Ayudamos a los países menos desarrollados.

▶ C 👥 En gran grupo comentamos algunas recomendaciones para ser más solidarios en estas situaciones.

UTILIZA
Tener que... Deber... Hay que...

"Muchos jóvenes colaboran en proyectos de ayuda a personas mayores"

"Hay más de 300.000 españoles que cooperan en Organizaciones No Gubernamentales (ONG)"

Con los países del Tercer Mundo

- Debemos colaborar con algunas ONG.
- _____
- _____

Con nuestras ciudades

- Tenemos que mantener limpia la ciudad.
- _____
- _____

Con los animales

- Hay que cuidar a los animales y no abandonarlos.
- _____
- _____

Con los inmigrantes

- No hay que discriminarlos.
- _____
- _____

▶ Unidad 9

Todo sobre mi familia

▶ **Necesitamos aprender**
- ESTAR + Gerundio
- IR A + Infinitivo

▶ **Para**
- Describir acciones que ocurren en el momento de hablar
- Hablar de planes y proyectos

▶ CONTEXTOS

1 Mi familia española

▶ **A** 🔊 2 | 17 Sam, un chico de Estados Unidos, llega a nuestra clase. Vive con una familia española. Escucha y descubre qué foto representa una escena de la que habla Sam.

> Yo creo que la foto de la familia de Sam es la número… porque…

> No, yo creo que la foto de su familia es la número… porque…

▶ **B** 🔊 2 | 17 Vuelve a oír la grabación y decide a qué personas de la familia se refieren las siguientes afirmaciones.

1. Es muy buena cocinera.	Es…
2. Le gusta mucho el fútbol.	Es…
3. Es empresario.	Es…
4. Es abogada y trabaja demasiado.	Es…
5. Es muy divertida.	Es…
6. Vive con su novio en otra ciudad.	Es…

▶ **CONTEXTOS**

2 En la universidad…

▶ **A** Javier, el amigo de Sam, está estudiando en la universidad. Lee las opiniones de sus amigos y de algunas de las personas de su familia.

La madre

A veces Javier no limpia, no lava los platos… Es bastante desordenado.

La abuela

Pienso que ahora **está estudiando** más que antes.

Elvira, la novia

Ahora **está durmiendo** menos porque madruga más. Durante el fin de semana está cansado.

Leo, un amigo

Salimos bastante. A Javier le gusta mucho un bar que se llama Salsa.

Ana, una amiga

Siempre **está haciendo deporte**. Cuando lo llamo, o **está jugando al fútbol** o **está corriendo**.

Padre

En este momento de su vida mi hijo **está conociendo** a gente muy interesante.

▶ **B** En grupo comentad qué cambios en la vida de Javier os parecen positivos o negativos.

- Un cambio positivo es que ahora **está haciendo** más deporte.
- Yo pienso que el cambio más negativo es que ahora **está durmiendo** menos.
- No estoy de acuerdo contigo. Es un cambio positivo porque…

▶ **C.** Seguro que tú también tienes algunos cambios en este momento de tu vida. Coméntalos en clase utilizando ESTAR + Gerundio. Te damos algunas ideas.

> Ahora **estoy practicando** más deporte.

< **Estoy saliendo** menos por la noche. Tengo que estudiar para los exámenes finales.

> Estoy a dieta y, por eso, **estoy comiendo** menos grasa.

< En esta ciudad **estoy conociendo** a mucha gente de otros países…

▶ OBSERVA Y APRENDE

3 Una vida diferente

▶ **A** Sam comenta en su perfil de Mundobook algunas fotos de su vida en España. Lee los enunciados propuestos y fíjate en los verbos que están en negrita.

Mundobook

▶ 1 En esta foto mi amiga «especial», Luisa, **está leyendo** un libro en la playa.

▶ 2 En esta foto mis amigos **están tomando** un refresco en el centro de la ciudad.

▶ 3 Esta es nuestra clase. Mis amigos y yo **estamos aprendiendo** español en la universidad.

▶ 4 Clara y Fran, dos de mis amigos, **están bailando** en Salsa, nuestro bar favorito.

▶ **B** Sam utiliza ESTAR + Gerundio. ¿Sabes cómo se forma? Vuelve a fijarte en los ejemplos anteriores y completa el esquema.

	ESTAR		GERUNDIO
Yo	>		
Tú	> estás		
Usted	> está		
Él / Ella	> está		Bailar → ___ + ___
Nosotros /-as	>	**+**	Aprender → ___ + ___
Vosotros /-as	> estáis		Salir → SAL + **IENDO**
Ustedes	> están		
Ellos / Ellas	>		

▶ **C** En los ejemplos del ejercicio 3 A hay un gerundio irregular. ¿Sabes cuál es?

ciento setenta y cinco 175

▶ **OBSERVA Y APRENDE**

▶ **D** 👥 En parejas, relacionad cada verbo con su gerundio correspondiente. Después, señalad cuáles son irregulares.

1. Hablar
2. Beber
3. Dormir
4. Ir
5. Comer
6. Reírse
7. Decir

A) Yendo ○
B) Riéndose ○
C) Diciendo ○
D) Bebiendo ○
E) Durmiendo ○
F) Comiendo ○
G) Hablando ○

▶ **E** Entre todos, y con la ayuda de los ejemplos anteriores, descubrid cuándo se debe usar ESTAR + Gerundio. Marcad la opción que consideréis correcta.

1	Para expresar un plan o un proyecto.
2	Para expresar una acción que se hace en el momento que se habla o que está realizando la persona de la que se habla.
3	Para hablar de una acción futura.

4 Pablo y Cristina

▶ **A** 🔊2 18 Pablo y Cristina, los «padres españoles» de Sam, llevan mucho tiempo casados. Escucha y marca sus hábitos y sus gustos.

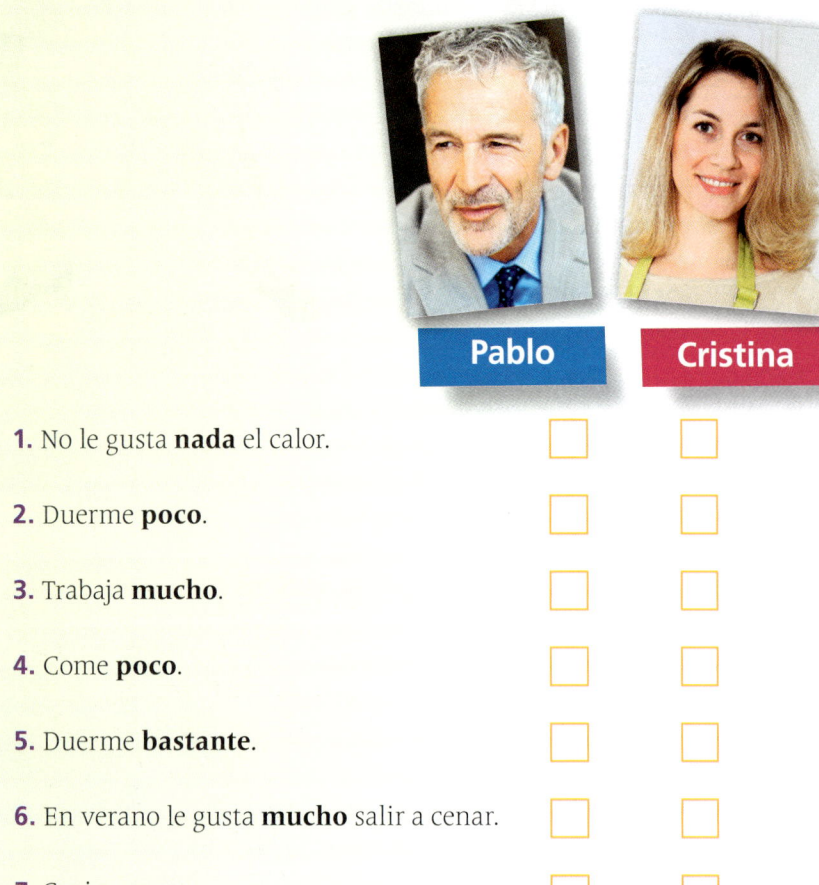

Pablo | Cristina

1. No le gusta **nada** el calor. ☐ ☐
2. Duerme **poco**. ☐ ☐
3. Trabaja **mucho**. ☐ ☐
4. Come **poco**. ☐ ☐
5. Duerme **bastante**. ☐ ☐
6. En verano le gusta **mucho** salir a cenar. ☐ ☐
7. Cocina **poco**. ☐ ☐

▶ **B** En el ejercicio 4 A marcamos algunas palabras en negrita. Vuelve a leerlas y completa el esquema para saber cómo se usan.

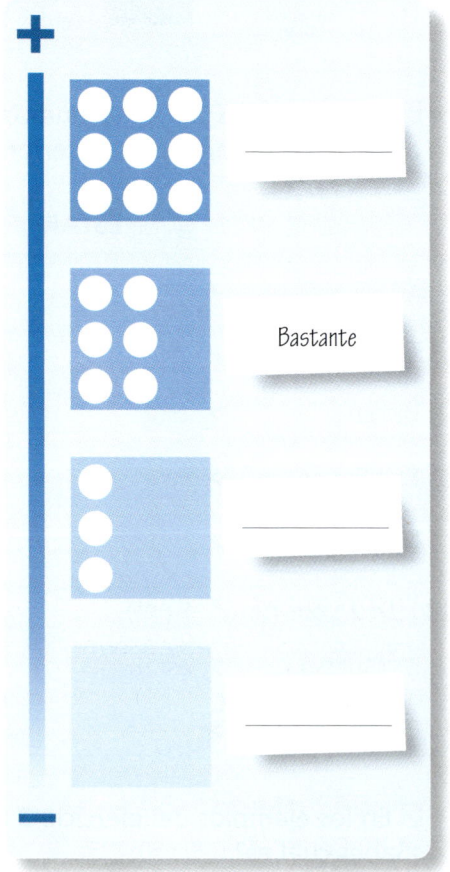

Bastante

5 ¿Un fin de semana romántico?

▶ **A** 🔊 2 19 Elvira, la novia de Javier, viene a la ciudad para pasar el fin de semana. Lee y escucha.

Javier: ¿Diga?

Elvira: Hola, cariño, ¿qué tal?

Javier: Hola, guapa, ¿cómo estás?

Elvira: Muy bien. ¿Sabes ya qué vamos a hacer este fin de semana?

Javier: Pues no sé… ¿Tú qué prefieres?

Elvira: Si quieres, vamos a cenar a un restaurante… Es un día especial, ¿no?

Javier: ¿Cenar en un restaurante? Hum… Casi prefiero ir al cine.

Elvira: ¿Al cine? ¿No te acuerdas? ¿Es que no sabes qué pasa el fin de semana que viene?

Javier: No, no tengo ni idea… Vamos a salir con mis amigos, como siempre. ¿No?

Elvira: ¿Con tus amigos? ¿De verdad no recuerdas qué pasa este fin de semana?

Javier: No, no lo recuerdo… Lo siento… Dame una pista.

Elvira: ¡Este fin de semana vamos a celebrar nuestro segundo aniversario!

▶ **B** Después de leer el diálogo, marca todas las formas verbales. ¿Cómo expresan Elvira y Javier sus planes para el fin de semana? ¿Qué forma verbal usan? Coméntalo con tus compañeros.

▶ **C** 👥 Ahora, entre todos, completad el esquema del verbo y escribid ejemplos del texto.

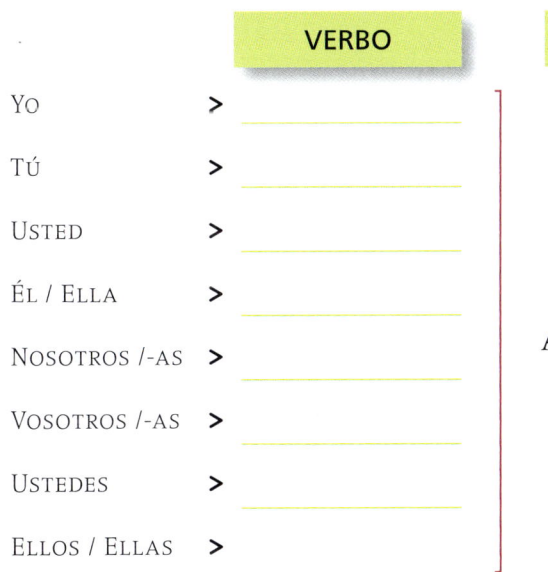

		VERBO	INFINITIVO
Yo	>		
Tú	>		
Usted	>		
Él / Ella	>		A + Infinitivo
Nosotros /-as	>		
Vosotros /-as	>		
Ustedes	>		
Ellos / Ellas	>		

✱ RECUERDA

Usamos **IR A + Infinitivo** para:
- Hablar del futuro.
- Expresar planes y proyectos.

▶ **D** 👥 En parejas, marcad las expresiones de tiempo que, en vuestra opinión, pueden usarse con IR A + Infinitivo. Comentadlo con el resto de la clase.

○ El año que viene.
○ El 4 de enero de 1925.
○ Dentro de una semana.
○ En 1990.
○ El próximo fin de semana.
○ El jueves que viene.
○ En 2050.
○ Pasado mañana.
○ Desde 1982.

▶ OBSERVA Y APRENDE

Gramática y léxico

ESTAR + GERUNDIO

Yo	estoy
Tú	estás
Usted	está
Él / Ella	está
Nosotros /-as	estamos
Vosotros /-as	estáis
Ustedes	están
Ellos / Ellas	están

+

- AR → -ANDO *cantando*
- ER → -IENDO *bebiendo*
- IR → -IENDO *viviendo*

- *Estar* + Gerundio en verbos pronominales
  Me estoy duchando. → *Estoy duchándome.*
- *Estar* + Gerundio con *lo, la, los, las*
  Está escribiendo un correo electrónico.
  Lo está escribiendo. → *Está escribiéndolo.*

GERUNDIOS IRREGULARES MÁS FRECUENTES

Decir	→	diciendo	Leer	→	leyendo
Dormir	→	durmiendo	Ir	→	yendo
Pedir	→	pidiendo	Oír	→	oyendo

IR A + INFINITIVO

Yo	voy
Tú	vas
Usted	va
Él / Ella	va
Nosotros /-as	vamos
Vosotros /-as	vais
Ustedes	van
Ellos / Ellas	van

a + hablar / comer / vivir

Uso de Estar + Gerundio

- Para expresar una acción que se hace en el momento que se habla o que está realizando la persona de la que se habla.
  *Antonio **está trabajando** en Barcelona.*
  *Ahora no puedo hablar contigo, **estoy cocinando**.*

Usos de Ir a + Infinitivo

- Para hablar del futuro, y de planes y proyectos.
- Puede ir acompañado de estas expresiones de tiempo: *esta tarde, esta noche, este fin de semana, pasado mañana, la próxima semana, en el año 2020.*

Hablar del clima

> ¿Qué tiempo hace hoy? / ¿Qué tiempo hace en…?
> ¿Qué tiempo va a hacer la próxima semana?

- Hace frío / calor / sol / viento.
- Hay niebla.
- Está nublado / soleado.
- Llueve / nieva (mucho).

> ¿Qué temperatura hace hoy?
< Estamos a veinte grados (20°).
< Estamos a dos grados bajo cero (-2°).

ADVERBIOS DE CANTIDAD

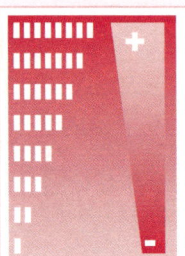

mucho	*Ana come **mucho**.*
bastante	*Juan trabaja **bastante**.*
poco	*Vosotros habláis **poco**, ¿no?*
nada	*Mis amigos no hacen **nada** en casa.*

ESTACIONES Y MESES DEL AÑO

marzo
abril
mayo
Primavera

junio
julio
agosto
Verano

septiembre
octubre
noviembre
Otoño

diciembre
enero
febrero
Invierno

🔊 Pronunciación

- Las palabras en español se dividen en sílabas: ca-sa; ár-bol.
- La sílba tónica es la que se pronuncia con más fuerza: **ca**-sa; **ár**-bol, pe-**lí**-cula.

178 ciento setenta y ocho

▶ PRACTICA

6 ¿Quién es?

▶ Sam recibe una llamada de teléfono de su amiga Natalia. Completa la conversación con ESTAR + Gerundio. Debes usar los verbos que te damos.

ESCUCHAR
BAILAR
TOMARSE
CHARLAR
CELEBRAR
HACER

Sam: ¿Sí? Quién es?
Natalia: ¿Sam?, ¿me oyes?
Sam: Sí, sí te oigo. ¿Qué tal, Natalia?
Natalia: Bien. ¿Y tú?
Sam: Muy bien. Genial.
Natalia: Mira, te llamo para ver si quieres venir conmigo de tapas..., pero... ¿qué (tú) _estás escuchando_?, ¿estás en una fiesta? Oigo mucho ruido.
Sam: Sí, es que hoy es mi cumpleaños y (yo) _estoy bailando / celebrando_ una fiesta...
Natalia: Ah, ¿de verdad? No sabía nada...
Sam: Sí, sí... ¿Por qué no te vienes un rato? (Nosotros) _estamos tomando_ algo y _estamos charlando_. Espera, que no te oigo muy bien porque _estás escuchando_ música, y Javier, uno de mis amigos, _está_ _____ salsa sin parar. Le encanta.
Natalia: De acuerdo, en media hora más o menos estoy en tu casa.

7 El cumpleaños de Sam

▶ **A** 🔊 2 20 Escucha las descripciones de los amigos de Sam y escribe el nombre de cada invitado.

1. _____
2. _____
3. _____
4. _____
5. _____
6. _____
7. _____
8. _____
9. _____
10. _Raúl_

▶ **B** ¿Qué están haciendo los amigos de Sam? Escribe oraciones a partir del dibujo.

Raúl está viendo la tele.

▶ PRACTICA

8 El futuro de Sam

▶ **A** Lola Losabe, una famosa adivinadora, le hace a Sam algunas predicciones sobre su vida dentro de diez años. Fijaos en los dibujos y, en parejas, escribid oraciones con la forma del futuro que ya sabéis. Comentadlas con el resto de la clase.

> *Jean y yo pensamos que Sam **va a vivir** en…*

< *Cristine y yo pensamos que Sam **va a tener**…*

▶ **B** Ahora elige a uno de tus compañeros de clase. Debes escribir un pequeño texto para imaginar cómo va a ser su vida dentro de diez años. Después lee tu texto. Todos tus compañeros deben adivinar de quién estás hablando. Usa la imaginación.

El futuro de ¿¿¿_____ ???
Mi amigo/-a _____ va a tener muchos hijos con _____. Va a vivir en España y...

《 También puedes escribir sobre tus profesores. 》

9 Un viaje por España

▶ **A** 🔊 **21** Sam quiere saber qué tiempo hace en diferentes ciudades españolas para organizar sus próximas vacaciones. Escucha su conversación con Javier y escribe el nombre de cada ciudad debajo de su foto correspondiente.

① Hace sol. Está soleado

Ciudad > _____

② Hace viento

Ciudad > _____

③ Llueve. Está nublado

Ciudad > _____

④ Nieva. Hace frío

Ciudad > _____

▶ **PRACTICA**

▶ **B** Explica al resto de la clase qué tiempo hace en tu ciudad. Puedes usar el vocabulario de la actividad anterior y las expresiones del recuadro.

🟢 En primavera > _____

🟠 En verano > _____

🟤 En otoño > _____

🔵 En invierno > _____

Hace (bastante / mucho) frío…
Estamos a … grados.
Hay niebla.
Tenemos un clima templado.
Llueve.
Nieva.

10 Un poco de pronunciación

▶ 🔊 2 | 22 Todas las palabras del español con dos o más sílabas tienen una sílaba más fuerte que las demás. Vamos a comprobarlo. Debes escribir una de las palabras de la lista. Después la divides en sílabas y marcas la más fuerte. Escucha la grabación y comprueba tu respuesta.

sofá	camisa	mina	pequeño
hijo	vaso	vela	peluche
flamenco	bolígrafo	Málaga	
sílaba	vivir	alcachofa	

▶ **EN COMUNICACIÓN**

11 En familia

▶ **A** Sam descubre en este periódico digital que en España existen muchos tipos de familias diferentes. Lee esta información.

www.todonoticias.es

Ana, 35 años

«Vivo sola en un pequeño apartamento, en el centro de la ciudad. Todavía soy muy joven para casarme. Además, no quiero tener hijos. Prefiero no tener una pareja estable; así puedo hacer todo lo que quiero»

Juan y Luisa, 40 y 42 años

«Adoptamos a Xiang. Ella es de China y está con nosotros desde hace seis meses»

Ángel y Sveta, 30 y 29 años

«Sveta es de Rusia y yo soy español. Estamos juntos desde 1995. No estamos casados y no tenemos hijos. Preferimos disfrutar de nuestro tiempo libre: viajar, salir, ir al cine... Ahora todavía somos jóvenes»

Paco y Alfredo, 28 y 30 años

«Vivimos en un piso cerca de la playa, pero trabajamos en la ciudad. Nos encanta practicar deporte e ir a la playa...»

Las mujeres españolas tienen su primer hijo entre los 28 y los 30 años.

La media de hijos en España es de 1,5 por familia.

▶ **B** ¿Existen estos tipos de familias en tu país? ¿Cómo es la familia tradicional? ¿Hay otros tipos de familias que no están en este artículo? Redacta un pequeño informe sobre el tema y preséntalo al resto de tus compañeros.

▶ **EN COMUNICACIÓN**

12 Cumpleaños feliz, cumpleaños feliz…

▶ **A** Sam celebra por primera vez su cumpleaños fuera de su país. En este foro descubre curiosidades sobre las diferentes formas de celebrar esta fiesta en todo el mundo. Léelas.

Los cumpleaños en el mundo

Carlos, Bolivia

«En mi país, cuando las chicas cumplen quince años, celebran una gran fiesta y se ponen un vestido blanco»

Xiang, China

«Hay una tradición, especialmente para los niños, muy curiosa. La persona que cumple años recibe dinero de sus padres. Los amigos y la familia están invitados a almorzar y se toman fideos para desearle larga vida»

Andrés, España

«En España solemos comer tarta para el cumpleaños. Ponemos una vela por cada año que cumplimos y la encendemos. Después cantamos *Cumpleaños feliz* y, al final de la canción, la persona que cumple años apaga las velas. Si se apagan todas las velas, se dice que sus deseos se van a hacer realidad»

Corina, Ecuador

«En Ecuador, como en Bolivia, es muy importante hacer una fiesta cuando las niñas cumplen los quince años. La chica se viste de rosa y se cambia sus zapatos de niña por unos zapatos de tacón»

Raúl, México

«Es una fiesta muy especial para los niños. Se cuelga del techo una piñata, una bolsa de papel con la forma de un animal llena de golosinas y caramelos. El niño que cumple años, con los ojos vendados, la golpea hasta que se rompe. Todos los niños comparten las golosinas. Se canta una canción que se llama *Las mañanitas*»

Mónica, Italia

«En Italia una de las cosas más curiosas que hacemos en la fiesta de cumpleaños es tirar de las orejas del que cumple años: un tirón de orejas por cada año. Tengo un amigo español y dice que en su país también se hace esto»

▶ **B** ¿Existen costumbres similares en tu país? Comenta con el resto de la clase cómo celebráis esta fiesta y cuáles son las tradiciones más curiosas.

▶ **C** ¿Y a ti te gusta celebrar tu cumpleaños? ¿Por qué? Si lo celebras, explica a tus compañeros cómo lo haces.

▶ **D** En parejas, vamos a preparar el proyecto de la fiesta de cumpleaños perfecta. Después, entre todos, elegid la mejor propuesta.

Algunas ideas para la fiesta de cumpleaños…

- Vamos a hacer una fiesta de disfraces.
- Vamos a organizar la fiesta en la playa.
- Vamos a ir a un parque de atracciones.

¡extra! ▶ CONTEXTOS

1 ¡Nos vamos de excursión!

▶ **A** 👥 Javier y Sam deciden pasar el próximo fin de semana en Córdoba, una bonita ciudad de Andalucía en el sur de España. En pequeños grupos, vais a diseñar un plan para ellos. Después debéis comentarlo con toda la clase. En esta página web tenéis algunas recomendaciones.

www.turiscordoba.es

Recomendamos

- Visitar la Mezquita
- Ir de tapas
- Ver un espectáculo flamenco
- Pasear por el barrio judío
- Comer en un restaurante del centro
- Ir de compras
- Salir por la noche
- Visitar Medina Azahara
- Comer salmorejo

Sábado

- Por la mañana: Sam y Javier van a desayunar en el centro de la ciudad…
- Por la tarde: Van a visitar la Mezquita…
- Por la noche:

Domingo

- Por la mañana:
- Por la tarde:
- Por la noche:

▶ **B** Javier está chateando con alguno de sus amigos por Internet. Completa las oraciones usando el presente o ESTAR + Gerundio.

Javier: ¡Hola! , ¿(haber) _____ alguien ahí?

Sam: Sí, aquí (estar, yo) _____ .

Clara: ¡Hola, chicos! ¿Cómo (estar, vosotros) _____?

Javier: Genial. ¿Y tú, Sam?

Sam: Ahora (estudiar, yo) _____ . (Tener, yo) _____ un examen de gramática el lunes.

Javier: ¡Uf! ¡Qué rollo!

Clara: No (gustar, a mí) _____ nada los exámenes. Me ponen muy nerviosa.

Sam: Y a mí también. Clara, ¿dónde (estar) _____ Peter?

Clara: No está en casa. Ahora (trabajar, él) _____ . (Volver, él) _____ a las nueve o nueve y media.

Javier: Yo también (trabajar) _____ ahora. (Necesitar, yo) _____ dinero.

Sam: ¿Y no vas a la universidad?

Javier: Sí, sí… Normalmente (ir, yo) _____ de lunes a jueves; (tener, yo) _____ que trabajar el fin de semana.

Clara: Pues yo hoy no (ir) _____ a clase…

Sam: ¿Por qué? ¿Qué (pasar, a ti) _____?

Clara: Es que (estar, yo) _____ resfriada; creo que (tener, yo) _____ un poco de fiebre.

¡extra! ▶ PRACTICA

2 El blog de Sam

▶ **A** Este es el blog de Sam. Si quieres saber más cosas acerca de él, completa con el presente o IR A + Infinitivo.

BLOG DE SAM STUART

1. *(Ser, yo)* _____ muy extrovertido. *(Tener, yo)* _____ veinte años y *(estudiar, yo)* _____ en la universidad.

2. *(Encantar, a mí)* _____ salir con mis amigos. *(Gustar, a mí)* _____ mucho la gente deportista y divertida.

3. *(Odiar, yo)* _____ el despertador. Por suerte, nunca *(levantarse, yo)* _____ temprano porque *(ir, yo)* _____ a clase por la tarde.

4. *(Preferir, yo)* _____ las películas de aventuras, pero también *(gustar, a mí)* _____ las románticas: *Titanic, Notting Hill*...

5. El próximo año *(volver, yo)* _____ a EE.UU.

6. Mi hermana *(tener)* _____ un bebé el mes que viene. *(Ser, yo)* _____ tío por primera vez. ¡Estoy muy emocionado!

7. María, mi mejor amiga, *(ir)* _____ a México. *(Vivir, ella)* _____ en Acapulco y el verano que viene ella *(visitar, a mí)* _____ .

8. El próximo verano mis amigos y yo *(viajar)* _____ a Egipto, ¿*(venirse, vosotros)* _____?

9. ¿*(Apetecer, a vosotros)* _____ conocerme?

▶ **B** Escribe en tu blog oraciones sobre ti similares a las de Sam. Descríbete, habla de lo que haces actualmente y de tus planes para el futuro.

_____

_____

_____

¡extra! ▶ EN COMUNICACIÓN

3 Una familia famosa

A Javier enseña a Sam fotos de una de las familias más famosas de España. En parejas, escribid el nombre de algunos de sus miembros. Os damos pistas para ayudaros. Comparad vuestras respuestas.

Los reyes de

1. _____

2. _____

El Rey de España, Don Juan Carlos I, está casado con la Reina Doña Sofía.

Tienen tres hijos: el príncipe Felipe y las infantas Elena y Cristina.

Elena es la mayor y Cristina es la hermana mediana.

España

El hijo pequeño de los reyes y el sucesor al trono se llama Felipe; su esposa se llama Letizia. Tienen dos hijas: Leonor, la mayor, y Sofía, que es la hija pequeña.

▶ **B** Ahora tú, puedes presentar a una familia famosa de tu país o, si quieres, a tu propia familia.

> Mi familia…

< La familia famosa es…

1 ¿Cuántos miembros tiene?

2 ¿Cómo se llaman?

3 ¿Cuáles son sus profesiones?

4 ¿Qué hacen?

5 ¿Por qué es una familia famosa?

6 Otros datos interesantes

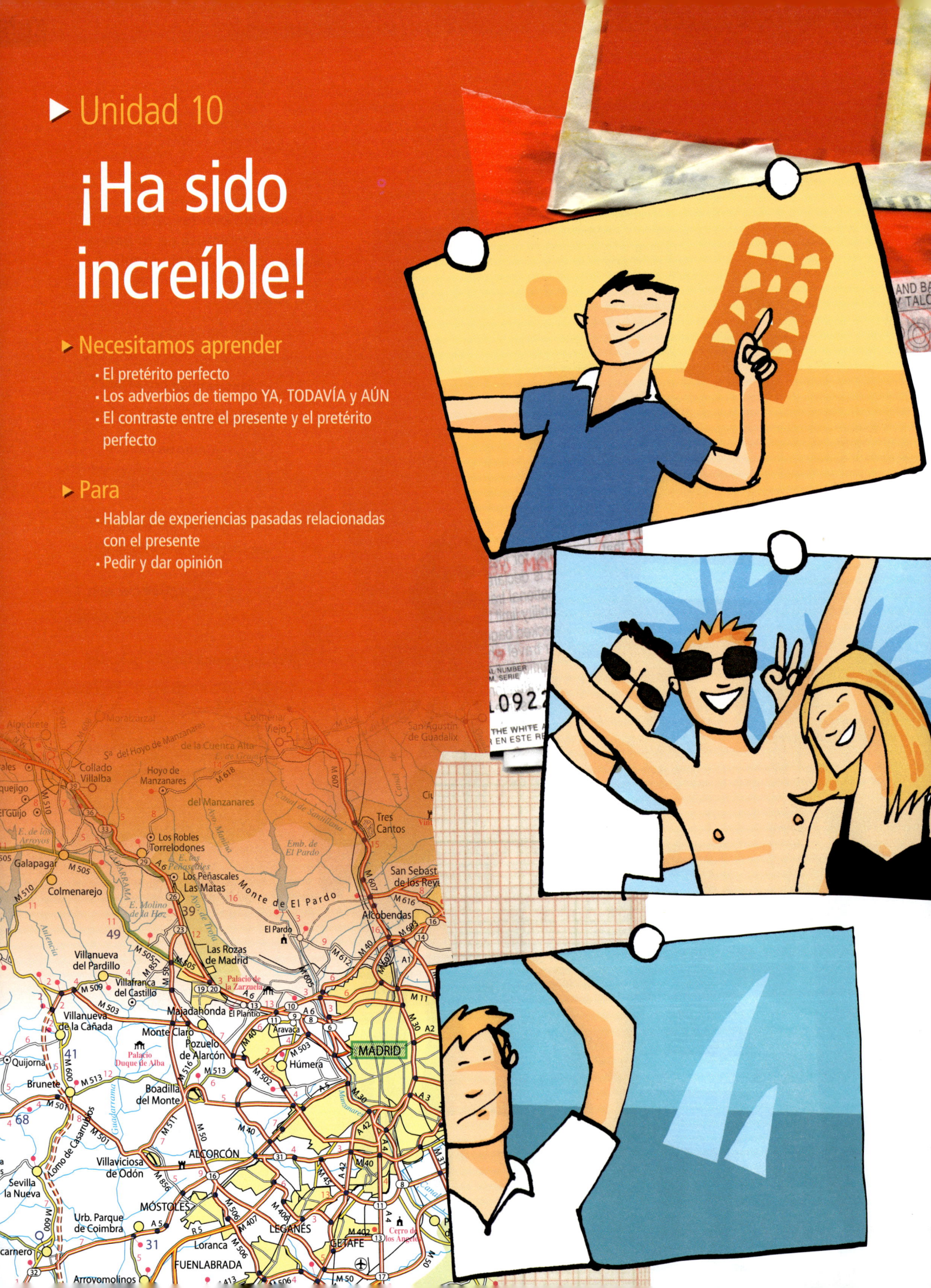

Unidad 10

¡Ha sido increíble!

Necesitamos aprender
- El pretérito perfecto
- Los adverbios de tiempo YA, TODAVÍA y AÚN
- El contraste entre el presente y el pretérito perfecto

Para
- Hablar de experiencias pasadas relacionadas con el presente
- Pedir y dar opinión

▶ CONTEXTOS

1 Así viajan los jóvenes españoles

▶ **A** Vamos a leer algunas notas sobre la forma de viajar de los jóvenes españoles.

 Muchos jóvenes prefieren pasar sus vacaciones fuera de España, especialmente en Europa. América está lejos y es muy caro para ellos.

 Si no tienen dinero para salir fuera de España, el destino preferido de sus vacaciones es la costa española.

 La mayoría viaja con la ayuda económica de sus padres, pero un 40% realiza trabajos durante los fines de semana y ahorra para viajar.

 La gran mayoría viaja con su familia una vez al año y muchos hacen viajes de fines de semana con sus amigos.

 Otros no han salido nunca de España.

▸ Muchos estudiantes aprovechan la beca Erasmus para hacer turismo en el país donde estudian.

▸ Una minoría ha viajado alguna vez en solitario, pero la mayoría prefiere hacerlo con amigos o con la pareja.

▸ Algunos han tenido algún problema con el transporte: retrasos, cancelaciones, averías...

- Casi nadie ha viajado por todo el mundo.
- Otros muchos se han alojado en un campin, pero prefieren el hotel porque es más cómodo.
- Cuando viajan, suelen llevar poco equipaje, solo lo necesario.
- Casi todos han visitado alguna vez un pueblo pequeño.
- Prácticamente todos han estado en la playa.
- La mayoría siempre ha viajado en verano, muchos en primavera y pocos en otoño o en invierno.

▶ **B** ¿Qué os ha llamado más la atención? ¿Cuál es vuestra opinión? ¿Cuáles son vuestras preferencias cuando viajáis?

▶ CONTEXTOS

▶ **C** Ahora, individualmente, completa la siguiente ficha.

1. ¿Con qué frecuencia viajas?
2. ¿Qué medio de transporte prefieres para viajar? ¿Por qué?
3. ¿Con quién sueles viajar?
4. ¿Prefieres un viaje organizado o ir por libre?
5. ¿Qué llevas siempre en tus viajes?
6. ¿En qué época del año te gusta viajar?
7. ¿Dónde has estado de vacaciones este año?
8. ¿Has viajado alguna vez solo?

▶ **D** En grupos, elaborad una lista con las ventajas y los inconvenientes de viajar. Podéis tratar temas como el transporte, el alojamiento, el destino, los acompañantes o el equipaje.

> Para mí… / Yo creo que…
> Me parece que… / En mi opinión…
> Estoy de acuerdo / No estoy de acuerdo
> No lo creo / Sí, pero…

Ventajas

1.
2.
3.
4.
5.
6.
7.
8.
10.

Inconvenientes

1.
2.
3.
4.
5.
6.
7.
8.
10.

> **OBSERVA Y APRENDE**

2 ¡Ha sido increíble!

▶ **A** Este fin de semana algunos de nuestros amigos han participado en una actividad de la escuela: una excursión a Granada. Leed el correo que Kelly ha enviado a un amigo.

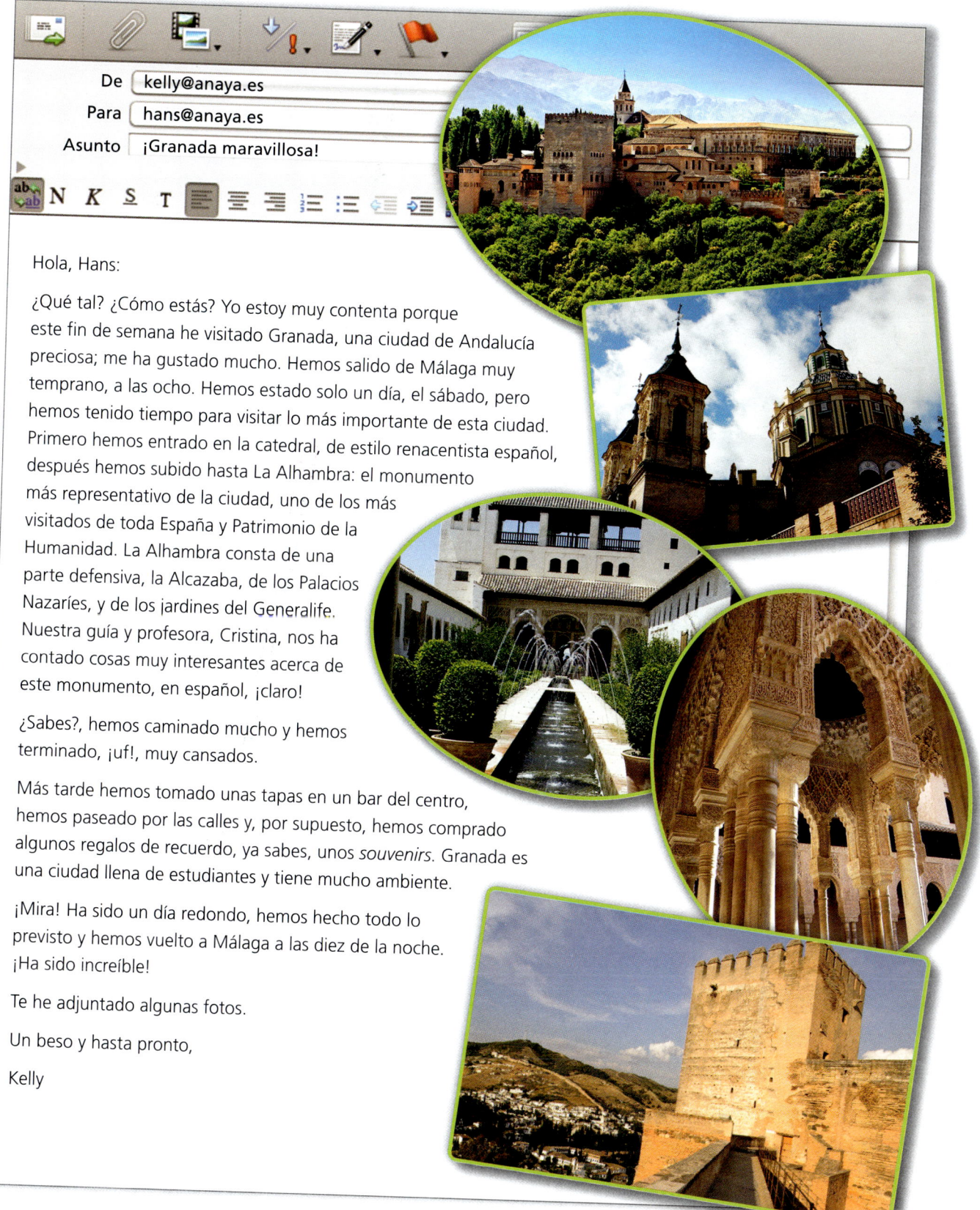

De: kelly@anaya.es
Para: hans@anaya.es
Asunto: ¡Granada maravillosa!

Hola, Hans:

¿Qué tal? ¿Cómo estás? Yo estoy muy contenta porque este fin de semana he visitado Granada, una ciudad de Andalucía preciosa; me ha gustado mucho. Hemos salido de Málaga muy temprano, a las ocho. Hemos estado solo un día, el sábado, pero hemos tenido tiempo para visitar lo más importante de esta ciudad. Primero hemos entrado en la catedral, de estilo renacentista español, después hemos subido hasta La Alhambra: el monumento más representativo de la ciudad, uno de los más visitados de toda España y Patrimonio de la Humanidad. La Alhambra consta de una parte defensiva, la Alcazaba, de los Palacios Nazaríes, y de los jardines del Generalife. Nuestra guía y profesora, Cristina, nos ha contado cosas muy interesantes acerca de este monumento, en español, ¡claro!

¿Sabes?, hemos caminado mucho y hemos terminado, ¡uf!, muy cansados.

Más tarde hemos tomado unas tapas en un bar del centro, hemos paseado por las calles y, por supuesto, hemos comprado algunos regalos de recuerdo, ya sabes, unos *souvenirs*. Granada es una ciudad llena de estudiantes y tiene mucho ambiente.

¡Mira! Ha sido un día redondo, hemos hecho todo lo previsto y hemos vuelto a Málaga a las diez de la noche. ¡Ha sido increíble!

Te he adjuntado algunas fotos.

Un beso y hasta pronto,

Kelly

OBSERVA Y APRENDE

▶ **B** Ahora vamos a fijarnos en los verbos que utiliza Kelly para descubrir una nueva forma verbal en español. Primero, busca y escribe todos los verbos que tienen la misma estructura que la forma HE VISITADO.

Me ha gustado

▶ **C** Esta forma verbal está compuesta por dos palabras. La primera es el verbo HABER en presente. Con ayuda del ejercicio anterior intenta completar su conjugación.

Yo	>	_____	Nosotros /-as	>	_____
Tú	>	_____	Vosotros /-as	>	habéis
Usted	>	ha	Ustedes	>	_____
Él / Ella	>	_____	Ellos / Ellas	>	_____

▶ **D** Fíjate en la segunda parte de los verbos que han resultado en el apartado B y clasifícalos en dos grupos:

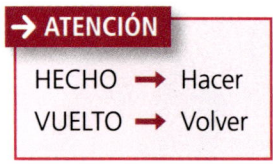

→ ATENCIÓN
HECHO → Hacer
VUELTO → Volver

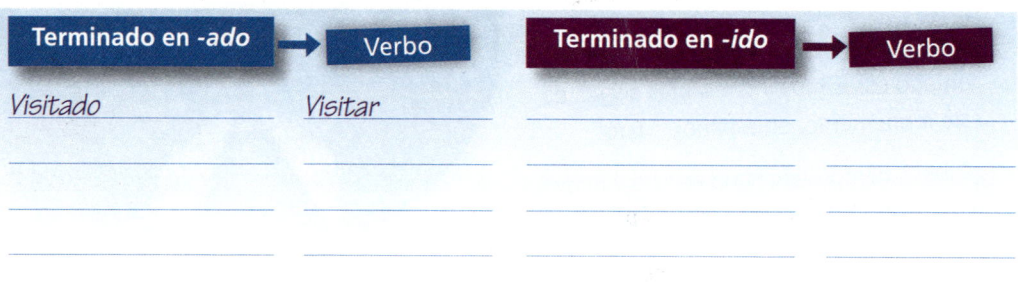

Terminado en *-ado* → Verbo   Terminado en *-ido* → Verbo

Visitado   *Visitar*

▶ **E** Y ahora relaciona.

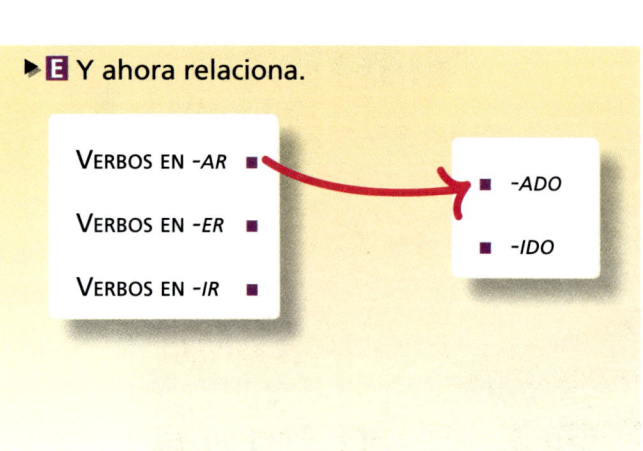

VERBOS EN *-AR* ■ —→ ■ -ADO
VERBOS EN *-ER* ■   ■ -IDO
VERBOS EN *-IR* ■

▶ **F** Por último, marca la opción verdadera.

V / F

He visitado:

1. Es un tiempo futuro. _____
2. Es un tiempo presente. _____
3. Es un tiempo pasado. _____

3 Hans pregunta

▶ **A** Hans, el amigo de Kelly, es muy curioso y quiere saber cosas sobre ti. ¿Puedes contestar sus preguntas?

1. ¿Has hecho algo especial **este fin de semana**? _____
2. ¿A qué hora te has levantado **hoy**? _____
3. ¿Has ido al cine **esta semana**? _____
4. ¿Has comido en un restaurante **este mes**? _____
5. ¿Dónde has estado de vacaciones **este verano**? _____
6. ¿Te ha pasado algo interesante **este año**? _____

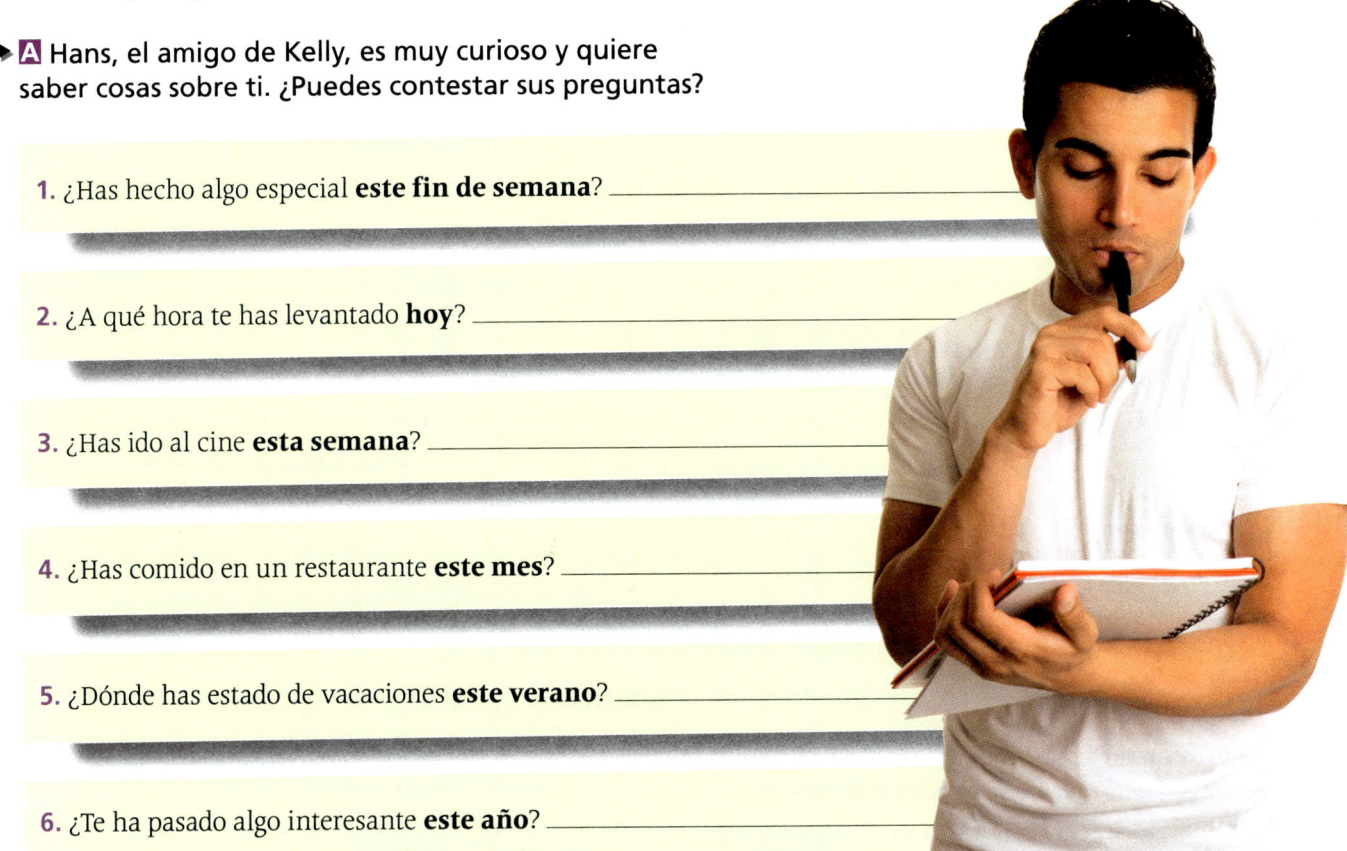

▶ **B** Después de contestar a Hans, haz este test a alguien de la clase. Puedes ampliarlo con otras preguntas. ¿Cuáles son las diferencias entre tus respuestas y las de tu compañero?

	Sí	No
1. ¿Has escrito **alguna vez** un poema de amor?		
2. ¿**Alguna vez** has copiado en un examen?		
3. ¿Has salido en la tele **alguna vez**?		
4. ¿Has visto **alguna vez** un extraterrestre?		
5. ¿Has viajado **alguna vez** en barco?		

¡FÍJATE!
Alguna vez… (en tu vida).

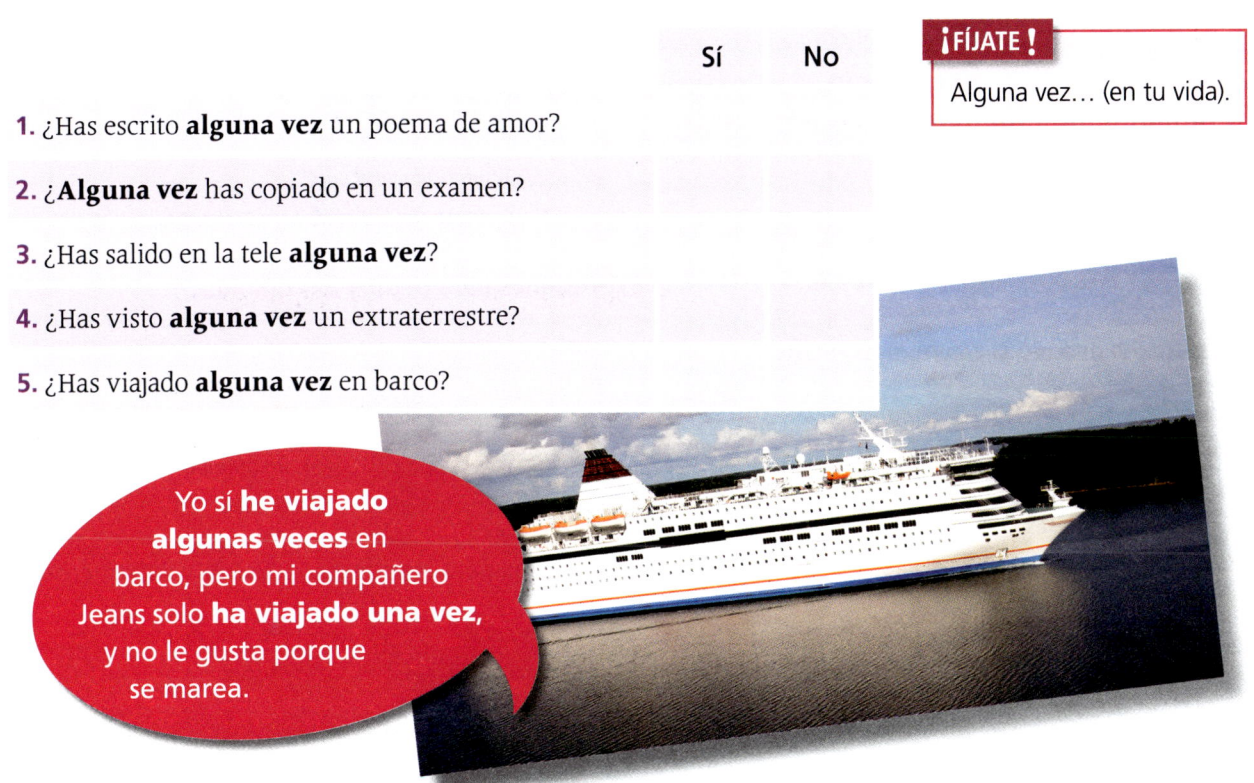

Yo sí **he viajado algunas veces** en barco, pero mi compañero Jeans solo **ha viajado una vez**, y no le gusta porque se marea.

OBSERVA Y APRENDE

Gramática y léxico

PRETÉRITO PERFECTO DE INDICATIVO

	Presente verbo HABER		Participio
Yo	he		
Tú	has		-ado (-AR)
Usted	ha		*estudiado*
Él / Ella	ha	+	
Nosotros /-as	hemos		-ido (-ER, -IR)
Vosotros /-as	habéis		*comido*
Ustedes	han		*vivido*
Ellos / Ellas	han		

FÍJATE: LEVANTARSE

me he levantado   nos hemos levantado
te has levantado   os habéis levantado
se ha levantado   se han levantado

~~He me levantado~~

- Usamos este tiempo para hablar de hechos terminados en el pasado, pero situados en un período de tiempo actual.

MARCADORES TEMPORALES DE PRETÉRITO PERFECTO

- Hoy
- Esta mañana
- Esta semana
- Este fin de semana
- Este mes
- Este verano
- Este año
- Últimamente
- Recientemente
- Hasta ahora
- Hace poco
- Hace un rato

> ¿Qué has desayunado **esta mañana**?
< Solo he desayunado un café.
> ¿A qué hora te has levantado **hoy**?
< A las ocho, un poco temprano.

Experiencias del pasado sin tiempo específico

> He viajado por muchos países de América.
< ¡Qué suerte!
> ¿Has hablado con John?
< Sí, he hablado con él sobre el tema.
> ¿Has montado **alguna vez** en moto?
< Sí, muchas veces.
> ¿Has tenido **alguna vez** un accidente?
< No, nunca.

PARTICIPIOS IRREGULARES

Decir	→	Dicho
Hacer	→	Hecho
Poner	→	Puesto
Volver	→	Vuelto
Escribir	→	Escrito
Abrir	→	Abierto
Ver	→	Visto
Romper	→	Roto
Resolver	→	Resuelto
Freír	→	Frito
Cubrir	→	Cubierto
Morir	→	Muerto

ADVERBIOS DE TIEMPO YA / TODAVÍA / AÚN

- Hechos previstos que han sucedido → **Ya**

  > ¿Has terminado los ejercicios?
  < **Sí, ya** los he terminado.
  > ¿Has hecho **ya** la compra?
  < **Sí, ya** la he hecho.

- Hechos previstos que no han sucedido, pero que van a suceder → **Todavía no = Aún no**

  > ¿Has preparado la maleta para el viaje?
  < **No, todavía no** la he preparado.
  > ¿Has llamado a María?
  < **No, aún no** la he llamado.
  > ¿Has comprado ya el pan?
  < **No, todavía no / aún no** lo he comprado.

Expresiones para pedir y dar opinión

¿Cuál es tu opinión?   Yo creo que...
¿Tú qué opinas?   Opino que...
¿A ti qué te parece?   Me parece que...
                        En mi opinión...
                        Para mí...

Expresiones para manifestar acuerdo y desacuerdo

Estoy de acuerdo.   No estoy de acuerdo.
Creo que sí.   No lo creo.

▶ PRACTICA

4 Lo mejor

▶ **A** 🔊2 23 Escucha a dos estudiantes hablar de las cosas más interesantes que han hecho hasta ahora en España y completa la información.

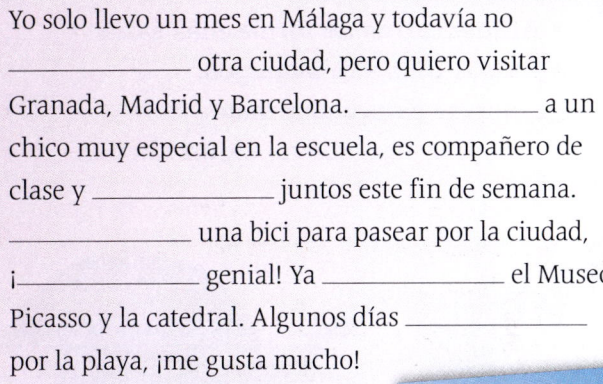

Linda

_____ a mucha gente en la escuela, _____ algunas ciudades de Andalucía: Cádiz, Córdoba y Granada. Todavía no _____ en Madrid, pero quiero ir en las vacaciones de Navidad.
Lo más interesante para mí es la gente, ¡ah!, y la comida. _____ muchas tapas, me gusta el pescado, sobre todo el marisco y, por supuesto, ya _____ la paella, ¡me encanta!
En la escuela _____ mucho, y mucho más que voy a aprender.

Yu-ju

Yo solo llevo un mes en Málaga y todavía no _____ otra ciudad, pero quiero visitar Granada, Madrid y Barcelona. _____ a un chico muy especial en la escuela, es compañero de clase y _____ juntos este fin de semana. _____ una bici para pasear por la ciudad, ¡_____ genial! Ya _____ el Museo Picasso y la catedral. Algunos días _____ por la playa, ¡me gusta mucho!

▶ **B** 🔊2 23 Escucha la audición otra vez y señala las opciones verdaderas.

Sí / No

1. Yu-ju ya ha estado en Granada. ____ ____
2. Linda ya ha comido paella. ____ ____
3. Linda todavía no ha ido a Madrid. ____ ____
4. Yu-ju ya ha ido al Museo Picasso. ____ ____
5. Yu-ju todavía no ha visitado Barcelona. ____ ____

▶ PRACTICA

5 ¿Has cumplido tus propósitos este año?

▶ **A** Los estudiantes participan en este foro. Lee algunos buenos propósitos y contesta si los has cumplido o no. Después pregunta a tus compañeros.

FORO

- Hacer deporte.
- Colaborar en causas justas y ayudar más a los demás.
- Alimentarme de forma más sana.
- Cuidar más a mis amigos.
- Ahorrar para viajar más.
- Estudiar algo nuevo, algún idioma.

- Diseñar mi blog.
- Salir.
- Llevar una vida saludable.
- Usar menos el coche y coger más el transporte público.
- Dedicar más tiempo a mi familia.
- Ser positivo.

○ *Este año no he hecho mucho deporte porque no he tenido mucho tiempo. Linda, ¿y tú? ¿Has hecho deporte?*

○ *Yo sí: he corrido tres veces a la semana durante todo el año.*

○ *Pero sí he estudiado algo nuevo: he empezado a estudiar alemán.*

▶ **B** Vamos a participar en otro foro interesante. Relaciona de manera lógica ambas columnas.

1. Este año he sido un buen estudiante.
2. He sido un buen hijo.
3. He leído más.
4. He salido menos durante la semana.
5. No he gastado mucho dinero.
6. Mis vecinos están más contentos conmigo.
7. Soy más feliz.
8. He dejado de fumar.

A. He ESCRITO correos a mis padres todas las semanas.
B. No he VISTO muchas horas la televisión.
C. No he VUELTO muy tarde por la noche.
D. He HECHO siempre los deberes de clase.
E. No he PUESTO música alta por la noche.
F. He ROTO mi último paquete de tabaco.
G. He ABIERTO una cuenta en el banco.
H. He RESUELTO el problema de un amigo.

6 Cosas que pasan

▶ Levántate y pregunta a tus compañeros si han hecho o les ha pasado alguna vez alguna de las cosas de la lista. Gana el que consiga primero cinco respuestas afirmativas. Anota también la frecuencia.

→ ATENCIÓN

Pasar = ocurrir.

¿LO HAS HECHO ALGUNA VEZ?	▶ ¿Quién?	▶ Frecuencia
1. Saludar a alguien en la calle por error.		
2. Llamar dos veces al mismo número equivocado.		
3. Mandar un mensaje de texto a la persona incorrecta.		
4. Salir a la calle con la etiqueta de la ropa nueva.		
5. Dejarse las llaves dentro de casa.		
6. Ponerse la ropa del revés.		
7. No llevar dinero a la hora de pagar.		
8. Poner el despertador el fin de semana.		
9. Dormirse en clase, en el cine, en el trabajo…		
10. Caerse en la calle.		
11. Buscar algo por todos lados y descubrir que lo tienes delante de tus ojos.		
12. Perderse en la propia ciudad.		
13. Pasarse de estación de autobús, tren o metro.		
14. Poner la cafetera sin café.		
15. No recordar el número de teléfono propio.		

Muchas veces
Varias veces
Dos, tres… veces
Alguna vez / algunas veces
Una vez
Nunca

○ ¿Has mandado alguna vez un mensaje de texto a la persona equivocada?

○ Hans lo ha hecho varias veces.

○ ¿Te has perdido alguna vez en tu ciudad? ¿Y en otra?

○ A Hans no le ha pasado nunca.

▶ PRACTICA

7 ¿Es o ha sido?

▶ **A** Yu-ju habla con Linda de su amigo especial, el chico que ha conocido en la escuela. Lee y completa los verbos en el tiempo correcto: presente o pretérito perfecto.

Kyle *(ser)* _____ americano, y *(él, venir)* _____ a España no solo para estudiar español: *(él, querer)* _____ vivir en España. *(Él, tener)* _____ 25 años y *(él, terminar)* _____ periodismo. Si *(él, encontrar)* _____ trabajo, *(querer)* _____ vivir aquí. Él *(estudiar)* _____ alemán y ahora español, le *(encantar)* _____ los idiomas. Nunca *(él, estar)* _____ en China, mi país, pero en el futuro *(ser)* _____ posible, porque le *(gustar)* _____ viajar, conocer culturas muy diferentes a la suya. En España *(él, llevar)* _____ cuatro meses y ya *(él, visitar)* _____ Sevilla, Córdoba, Cádiz, Madrid, Barcelona… *(Él, ser)* _____ una persona muy abierta y *(él, hacer)* _____ amigos rápidamente. El móvil *(ser)* _____ su pasión: *(él, hablar)* _____, *(él, chatear)* _____, *(él, mandar)* _____ mensajes o *(él, hacer)* _____ fotos. Dice que de Málaga ya *(él, hacer)* _____ más de mil fotografías. Hoy me *(él, invitar)* _____ a una fiesta en su casa para el próximo fin de semana. *(Él, vivir)* _____ con otros estudiantes españoles. *(Él, estar)* _____ muy contento con su vida en Málaga.

▶ **B** Seguro que tú también conoces a alguien interesante, ¿por qué no nos hablas de él o de ella?, ¿cómo es?, ¿cómo se llama? Comenta las experiencias que ha tenido, los lugares que ha visitado…

– Yo conozco a una persona que…

– Cuando he hecho algún viaje siempre he conocido a alguien…

– Tengo una amiga que ha viajado por África y ha vivido en el desierto…

▶ **C** ¿Qué objetos o documentos llevas habitualmente en tu bolso o en tu mochila cuando viajas? Relaciona las siguientes palabras con las imágenes.

○ Pasaporte
○ Tarjeta de crédito
○ Plano
○ Mochila
○ Guía

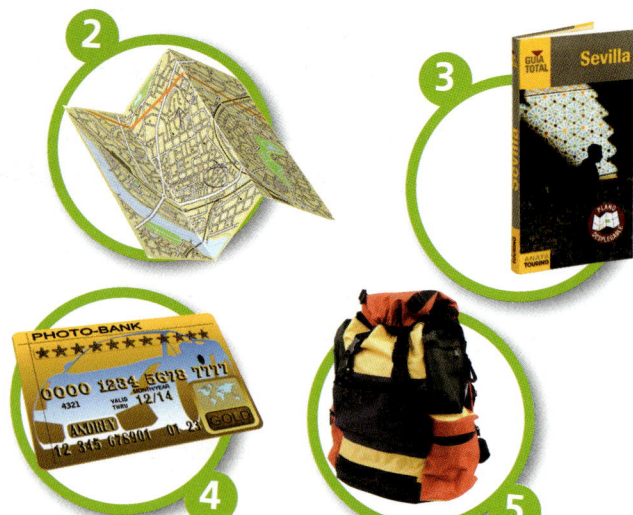

8 ¿Tú qué crees?

▶ **A** A Kyle, el amigo de Yu-ju, le gusta viajar mucho y conocer ciudades diferentes. Escribe los lugares que YA ha visitado y los que TODAVÍA NO ha visto.

- Sevilla ✓
- Córdoba ✓
- Milán
- París
- Roma ✓
- Pekín
- Egipto
- Madrid ✓

*Sevilla **ya** la ha visitado; Milán **todavía no** la ha visto.*

▶ **B** Ahora fíjate en lo que dicen estos jóvenes acerca de viajar y escribe tu opinión.

> A mí no me gusta viajar. Yo creo que no es necesario viajar a otros países sin conocer el tuyo.

Tú: *No estoy de acuerdo. Yo creo que viajar es siempre bueno, conoces gente muy diferente a la de tu país.*

< Pues a mí me encanta irme lejos, lo más lejos posible de mi país. Vivir la aventura y tener experiencias.

Tú: _____

> Pienso que viajar por tu propio país es la mejor forma de conocer tu historia, tus orígenes…

Tú: _____

< En mi opinión, es más interesante conocer historia del mundo.

Tú: _____

▶ **EN COMUNICACIÓN**

9 Un paseo por Madrid

▶ **A** 👥 Sam quiere visitar algunas ciudades de España y está leyendo información sobre Madrid. Leedla vosotros también y discutid en grupo si puede ser una buena idea ir allí y por qué. ¿Qué os ha interesado más? ¿Qué creéis que significa la expresión «*De Madrid al cielo*»?

MADRID: «De Madrid

Madrid es la capital de España y su población es de 6.445.499 habitantes. Es el centro geográfico de la península ibérica.

El clima se caracteriza por veranos calientes e inviernos relativamente fríos.

Madrid es espectacular por su diversidad, por sus barrios pintorescos, por sus monumentos, por su centro histórico y por sus grandes museos: el Museo del Prado, una de las pinacotecas más importantes del mundo, el Thyssen, el Centro Reina Sofía, donde las exposiciones de vanguardias tienen un lugar preferente.

Solo por su **oferta cultural** es interesante la visita. Es una ciudad viva con una estupenda vida nocturna, con multitud de bares, pubs, cafés teatro y discotecas abiertos hasta muy tarde.

Lugares muy representativos son los siguientes:

– Fuente de la Cibeles: en el *paseo del Prado*.

– Puerta de Alcalá: en la *plaza de la Independencia*.

– Puerta del Sol: la más importante puerta de entrada a Madrid en el siglo XV. Podemos destacar los bellos edificios, el reloj impresionante y el monumento al oso y el madroño, símbolo y escudo de la ciudad. Es muy popular porque en fin de año se concentran en la plaza multitud de personas para despedir el año.

La gastronomía: es muy famoso el *cocido madrileño*. En las zonas próximas a la Plaza Mayor hay tabernas y restaurantes muy típicos donde se cocinan los platos, tapas y raciones típicos de la ciudad.

Fiestas: Madrid es una ciudad abierta y alegre, de gente amable y divertida. El día 15 de mayo se celebra San Isidro Labrador, patrón de la ciudad, pero tiene otros festejos muy populares, como los carnavales. En verano hay muchas actividades culturales al aire libre por la noche.

«al cielo»

▶ **B** 👥 Haz con tu compañero una lista de ciudades que los dos conocéis. Después cada uno prepara una descripción y habla sobre ella, y el otro adivina de qué ciudad se trata. ¿Podéis inventar un eslogan?

▶ **C** Aquí tenéis imágenes relacionadas con la ciudad. Escribid debajo de cada imagen la palabra correspondiente.

> farmacia   metro   cine
> colegio   librería   hospital

1. > _____

2. > _____

3. > _____

4. > _____

5. > _____

6. > _____

10 ¿Qué visitamos?

▶ **A** 👥 En grupo, pensad en un lugar que habéis visitado últimamente y contad al resto de los compañeros cómo es, qué habéis hecho allí, con quién habéis ido, qué os ha gustado más o menos…

▶ **B** Individualmente valora las siguientes experiencias y clasifícalas en el lugar correspondiente.

1. ¡Qué noche! He pasado toda la noche sin dormir por el ruido.
2. Mi cantante favorito me ha firmado un autógrafo.
3. El autobús ha llegado con retraso.
4. Hemos estado más de una hora en un atasco en el centro.
5. En el museo he visto una exposición que me ha encantado.
6. El despertador no ha sonado.
7. Hemos visto un accidente.

👎	👍
7	

▶ **C** Ahora transforma las malas experiencias en positivas ampliando la información. Fíjate en el ejemplo propuesto.

Hemos visto un accidente pero no ha pasado nada. Ha sido una prueba de emergencia.

¡extra! ▶ CONTEXTOS

1 Visita mi ciudad

▶ **A** 🔊2 | 24 Escucha a dos jóvenes hablando de su ciudad. Después responde si son verdaderas o falsas las siguientes afirmaciones.

V / F

1. Sandra ha vivido en Vigo durante mucho tiempo. ____
2. Galicia está en el norte de España. ____
3. Las Cíes son unas islas y están en la ría de Vigo. ____
4. La playa de Rodas es muy famosa. ____
5. Javier ha vivido toda su vida en Sevilla. ____
6. Le gusta el verano porque hace mucho calor. ____
7. Javier recomienda visitar Sevilla en primavera. ____
8. Lo que menos le gusta de Sevilla es que no es muy tranquila. ____

▶ **B** Los lugares turísticos de una ciudad pueden ser muy diferentes. ¿Cuáles son más interesantes para ti? Explica tus razones.

- Catedral
- Museos
- Parques naturales
- Puentes
- Barrios típicos
- Edificios modernos
- Ruinas
- Jardines y parques
- Parque de atracciones
- Río
- Fuentes
- Paseo marítimo
- Centros comerciales

2 Una postal

▶ **A** Yu-ju ha enviado esta postal a su familia. ¿Por qué no escribes una postal tú también? Decide a quién y cuéntale algunas de las cosas que has hecho en España.

Torre del Oro (Sevilla)

▶ **B** Carta, postal, correo electrónico o mensaje. ¿Cuál es vuestra opinión sobre estas formas de comunicación? ¿Cuáles son vuestras preferencias? Justificad las respuestas.

¡extra! ▶ EN COMUNICACIÓN

3 A ver si descubres…

▶ **A** Mira con atención la oficina de la profesora Martina Quiroga. Habla sobre sus experiencias pasadas.

Pues yo creo que ha estudiado mucho porque…

4 Queremos saber

▶ **A** Tu opinión es importante y queremos saber cómo ha sido tu curso de español. Individualmente escribe sobre los siguientes temas.

- Hablar en clase
- Las audiciones
- La gramática
- Escribir una composición
- Las actividades extraacadémicas
- Los deberes
- Las películas / los vídeos en español
- Los juegos para aprender español
- Usar Internet en clase
- Los textos para leer
- Los exámenes / las pruebas de repaso
- Trabajar en clase en grupos, en parejas, individualmente

> En la clase hemos hablado mucho, pero algunos días he participado menos. He escuchado a mis compañeros y también he aprendido. Me gusta hablar en español y creo que es importante para mejorar el idioma. No me importa equivocarme y hablo y hablo.

▶ **B** Para terminar, en grupo, valorad vuestra experiencia en la clase, a los compañeros, a los profesores, la escuela… ¡Sed sinceros!

- He ido casi todos los días a clase, pero no he hecho siempre los ejercicios.
- La escuela me ha gustado / no me ha gustado porque…
- Creo que he aprendido mucho / poco.
- Me ha encantado…
- No me ha gustado nada…
- Los profesores han sido…
- Creo que ahora conozco más / mucho más la cultura de los españoles. Lo que más me ha sorprendido ha sido…

Transcripciones

TRANSCRIPCIONES

UNIDAD PRELIMINAR
1 Nos saludamos

Saludos
¡Hola!
Hola, ¿qué tal?
Bienvenido / Bienvenida.
Buenos días / Buenas tardes / Buenas noches.

Presentaciones
¿Cómo te llamas?
Me llamo…

Despedidas
¡Adiós!
¡Hasta luego!
¡Hasta mañana!

2 Instrucciones de clase
1. Escucha. **2.** Escribe. **3.** Comprueba. **4.** Compara. **5.** Fíjate. **6.** Corrige. **7.** Completa. **8.** Relaciona. **9.** Mira. **10.** Juega. **11.** Habla. **12.** Contesta. **13.** Marca. **14.** Lee.

4 El abecedario español
A, árbol. Be, botella. Ce, casa. De, dados. E, Elefante. Efe, flor. Ge, gato. Hache, helado. I, iglesia. Jota, jabón. Ka, kilo. Ele, lápiz. Eme, mesa. Ene, naranja. Eñe, piña. O, oso. Pe, pelota. Cu, queso. Erre, oro. Ese, sopa. Te, taza. U, uva. Uve, Be corta, vaso. Uve doble, waterpolo. Equis, Taxi. I griega / ye, yogur. Zeta, zapato.

6 Número a número
1. uno; **2.** dos; **3.** tres; **4.** cuatro; **5.** cinco; **6.** seis; **7.** siete; **8.** ocho; **9.** nueve; **10.** diez.

UNIDAD 1
Ejercicio 1
- Buenos días, me llamo Magnus. Soy de Suecia.
- Hola, ¿qué tal? Soy Nanako, de Japón.
- Hola. Soy Hellen, y soy de Alemania.
- Mi nombre es Kelly. Soy de Estados Unidos.
- Hola, chicos. Soy François y soy francés. ¿Y tú? ¿Cómo te llamas?
- Yo me llamo Marie y también soy de Francia. Encantada.

Ejercicio 2 A
Diálogo 1
> ¡Hola! Me llamo Elke Grass.
< ¡Hola!, ¿qué tal? Soy Isabel, soy española.
< Encantada, Isabel.

Diálogo 2
> ¡Hola!, ¿cómo te llamas?
< ¿Yo? Me llamo Pei Yang y soy de China. ¿Y tú?
> Yo me llamo Elke y soy de Alemania.
< Encantada, Elke.

Diálogo 3
> Hola, ¿qué tal?
< Bien. Gracias. Soy Diego Ramírez, de México. ¿Y tú?
> Soy Elke, de Alemania. Mucho gusto.

Ejercicio 6 B
1. Ferrán Adrià es conocido como el mejor chef del mundo por su creatividad.
2. Nuestro jugador de baloncesto de moda más internacional es Pau Gasol.
3. Un cantante de éxito en estos momentos es David Bisbal, también conocido en otros países de Hispanoamérica.
4. Sara Baras es bailaora flamenca. Es conocida dentro y fuera de España.

Ejercicio 7 B
Vosotros sois estudiantes.
Tú eres alemana.
Nosotros somos españoles.
–¿Vosotras sois francesas?
–No, nosotras somos italianas. Linda es de Roma y yo soy de Florencia.
¿Usted es el profesor?
¿Ustedes son de Francia?

Ejercicio 12 B
1. Manolo y su mujer son dentistas.
2. Marina es ejecutiva.
3. Vosotros sois economistas, ¿no?
4. Carmen y Sonia son diseñadoras.
5. Raúl es deportista.

Ejercicio 15
1. Gente. **2.** Generoso. **3.** Agenda. **4.** Gel. **5.** Jefe. **6.** Garaje. **7.** Jinete. **8.** Paisaje. **9.** Ejército. **10.** Ejemplo. **11.** Gimnasio. **12.** Agencia. **13.** Ejercicio.

¡Extra! Practica
Ejercicio 2 B
1. Mago. **2.** Argentina. **3.** Jerez. **4.** Giro. **5.** Jirafa. **6.** Pagar. **7.** Juguetería. **8.** Ciego. **9.** Majo.

¡Extra! En comunicación
Ejercicio 3 A
Este personaje famoso es de nacionalidad española… Es un hombre… Su ciudad de origen es Málaga… Su nombre es Pablo Ruiz pero se le conoce por su segundo apellido. Su profesión, pintor, y su obra más popular es *El Guernica*… Es muy fácil, ¿verdad?

Ejercicio 3 B
1. Bueno, hum, los carnavales más famosos de España son los de Cádiz y Tenerife.
2. Dalí es uno de los pintores españoles más famosos… Es de Girona.
3. La Alhambra… La Alhambra de Granada es increíble… Es un castillo árabe…
4. El Teide, en Tenerife, es el pico más alto de España y el tercer mayor volcán de la tierra.
5. ¿El vino español más popular en el mundo? El vino de Rioja. Sí, sí, de Rioja…
6. Iker Casillas es un gran portero de fútbol. Su equipo es el Real Madrid.

UNIDAD 2
Ejercicio 2
Bueno, yo no soy de Málaga, soy de Barcelona, pero mi familia y yo vivimos aquí desde hace muchos años. Tengo veinte años y una hermana de dieciséis, María, que es una chica alegre, abierta y muy cariñosa. Para mi hermana María yo soy guapo y muy divertido. Soy estudiante de periodismo. Mi pasión es… ¡el fútbol!

Ejercicio 5 C
BEBER: Yo bebo, tú bebes, usted bebe, él / ella bebe, nosotros / nosotras bebemos, vosotros / vosotras bebéis, ustedes beben, ellos / ellas beben.

Ejercicio 5 D
VIVIR: Yo vivo, tú vives, usted vive, él / ella vive, nosotros / nosotras vivimos, vosotros / vosotras vivís, ustedes viven, ellos / ellas viven.

Ejercicio 8 C
Rodolfo: Las chicas dicen que soy atractivo y mi madre dice que soy muy guapo. Yo creo que soy bastante normal… Pero eso sí: soy un tipo divertido y simpático.

Alberto: Sí, sí soy deportista, organizado y generoso. Cocino mucho e invito a todo el mundo a probar mis comidas.

Alejandro: Soy serio, pero amable y también un poco tímido.

Ejercicio 9 A
1. casa
2. queso
3. cosa
4. cuco
5. quince
6. química
7. cuerpo
8. coco
9. cuarto

Ejercicio 10 B
1. Abierto. 2. Inteligente. 3. Triste. 4. Alegre. 5. Atractivo. 6. Antipático. 7. Alto. 8. Baja. 9. Feo. 10. Guapa. 11. Simpática. 12. Aburrido.

Ejercicio 14 A

Diálogo 1
< ¿Qué hora es? Tengo clase a las doce.
> Son las doce y media.
< ¡Uf!… Llego tarde.

Diálogo 2
< ¿Tienes hora?
> Sí. Es la una en punto.
< ¡Qué bien! La hora de las tapitas.

Diálogo 3
< Perdone, señora, ¿tiene hora?
> Sí. Son las cuatro y cuarto.
< Muchas gracias. Muy amable.

Diálogo 4
< Raúl, ¿qué hora es?
> Son las ocho menos veinte.
< Gracias.

Diálogo 5
< Son las diez y diez, ¿cenamos?
> Vale, llamo por teléfono a Pizza Exprés.
< Muy bien, gracias, cariño.

Ejercicio 15
3: tres.
18: dieciocho.
11: once.
20: veinte.
5: cinco.
13: trece.
16: dieciséis.
50: cincuenta.
17: diecisiete.
30: treinta.
15: quince.
14: catorce.
21: veintiuno.
0: cero.
26: veintiséis.
40: cuarenta.
19: diecinueve.

¡Extra! Practica
Ejercicio 2 B
¡Hola! Me llamo Mario Cambiotti y soy argentino. Soy ejecutivo… ¿Un día normal en mi vida? Bueno… Desayuno a las siete de la mañana, muy temprano, ¿verdad? Llego al trabajo a las ocho y media, pero antes, a las ocho, llevo a mi hijo al colegio. Mi hijo se llama Mario, como yo. A las once menos diez tenemos una pequeña pausa para tomar un cafelito. Como en el trabajo, a las tres o tres y media. De cinco y media a seis menos cuarto, más o menos, salgo del trabajo y, si es necesario, antes de llegar a casa, paso por el supermercado. Llevo a mi hijo a clase de inglés a las siete menos veinte de la tarde. Regreso a casa ya por la tarde a las ocho y veinte… y a las nueve y media cenamos y, sobre las diez, vemos la tele un rato… Después, a las once, ¡a leer un poco, a la cama y hasta mañana!

UNIDAD 3
Ejercicio 2 A
1. Hay una biblioteca cerca y un ciber café.
2. Es una zona comercial con muchas tiendas pero para ir al cine hay que salir del barrio.
3. Hay muchos bares y una discoteca.
4. El centro comercial está lejos, pero hay un supermercado al lado de la casa.
5. Hay mucho tráfico.
6. A cinco minutos hay un parque donde se puede leer y tomar el sol.
7. Las calles están limpias y vive gente de diferentes países.
8. Es un barrio bonito, agradable y seguro para vivir.

Ejercicio 6 C
1. Las patatas están a la izquierda, al lado del aceite.
2. El café está a la derecha.
3. Las toallas están dentro del armario del baño.
4. El diccionario de inglés está en la estantería.
5. La leche está en el armario grande de la cocina.
6. Entre los libros está el dinero.
7. Detrás de la puerta de entrada está la llave del garaje.
8. Los bolígrafos están al lado de los lápices, en la mesa.

Ejercicio 11
1. Mil. 2. Quinientos. 3. Setenta y ocho. 4. cincuenta. 5. seiscientos. 6. sesenta. 7. ciento diez. 8. ochenta y nueve. 9. ochocientos. 10. mil uno.

Ejercicio 12
1. silla, 2. cielo, 3. zapato, 4. césped, 5. zumo, 6. siete, 7. once, 8. ochocientos, 9. celeste, 10. solo, 11. siesta, 12. cinturón, 13. mesita, 14. baloncesto,

TRANSCRIPCIONES

15. Zaragoza, **16.** cerveza, **17.** izquierda, **18.** sentado.

UNIDAD 4
Ejercicio 2

> François, ¿cómo es tu piso aquí en España?

< El piso donde vivo aquí en España tiene dos habitaciones; es pequeño, muy luminoso... Está en el centro de la ciudad. No tiene ascensor y tampoco tiene garaje, pero no importa porque no tengo coche.

> ¿Vives solo?

< No, vivo con Ramón, un chico de Colombia.

Ejercicio 7 A

> Soy Stephanie y vengo de Estados Unidos. Voy a vivir dos meses aquí porque estudio español... Bueno, creo que soy simpática y también muy activa; hago muchas cosas: voy a clase, oigo música... Tengo muchos amigos y...

< Ajá... ¿Y dices que vienes de Estados Unidos?

> Sí, de Nueva York.

Ejercicio 8 A

Diálogo 1

François: Ramón, ¿está aquí el piso de Javier?

Ramón: No, está ahí, en esa calle.

Diálogo 2

Ramón: François, ¿dónde está el coche? ¿Es este de aquí?

François: No, es ese rojo de ahí.

Diálogo 3

François: ¿Esta es la Avenida de Andalucía?

Ramón: No, es esa.

Diálogo 4

François: Ramón, ¿esa chica es la novia de Alex?

Ramón: No. Es aquella chica de allí, la del vestido rojo que está en aquella mesa.

Ejercicio 9 B

Nuestro cuarto de baño no es muy grande... Tenemos un lavabo, un armario, un espejo, una ducha, un váter y un bidé... ¡Y está muy bien iluminado!

Ejercicio 13

Diálogo 1

> ¿Quién es?

< Hola, Ramón.

> Hola, papá, ¿qué tal?, ¿cómo están por ahí?

< Muy bien, hijo..., extrañándote mucho. ¿Y tú, qué tal?

> Genial. España es un país increíble.

Diálogo 2

> ¿Diga?

< Ramón, soy Pablo, tu dentista... Te llamo para recordarte nuestra cita para el viernes 19, a las diez de la mañana.

< Gracias, Pablo.

Diálogo 3

> ¿Señora García?

< ¿Sí? ¿Dígame?

> Soy Ramón, un amigo de Blanca.

< Ah, muy bien. Espera un momento, ahora se pone...

¡Extra! Contextos
Ejercicio 1

Piso 1

> ¿El piso está en el centro?

< Sí, sí... Está cerca de la calle Larios, la calle principal de la ciudad. Es un piso muy grande. Tiene cuatro habitaciones.

> ¿Es nuevo?

< No, es un piso antiguo, pero está como nuevo.

> ¿Viven otras personas?

< Sí, hay una pareja de españoles y un chico de Japón.

> ¡Ah! Muy bien...

Piso 2

> Es un piso con dos habitaciones, cocina, salón y terraza.

< ¿Es nuevo?

> Sí, sí... Además, está a cinco minutos de la escuela donde estudias español.

< ¡Ajá!... ¿Tiene conexión a Internet?

> Sí, no hay problema. Tenemos wifi en toda la casa... Es un piso muy luminoso y con todos los muebles nuevos.

< ¿Viven personas de Japón?

> No. Ahora vive un chico español, Agustín.

UNIDAD 5
Ejercicio 3 A

1. tomates
2. lechuga
3. patatas
4. zanahorias
5. pimientos
6. manzanas
7. cebollas
8. naranjas
9. sandía
10. melón
11. fresas
12. plátanos

Ejercicio 7 A

1. LUIS es de Colombia. Vuelve a su país en septiembre. Prefiere vivir allí. Ahora no tiene novia pero, en el futuro, quiere formar una familia. Para cenar prefiere pasta o carne. Odia el pescado.

2. CANDELA es de Cuba. Juega al balonmano cuando no estudia. No duerme mucho porque sus clases de economía empiezan temprano, a las ocho. En España almuerza a las tres, en Cuba a la una. Por la noche no cena mucho, solo un yogur y alguna fruta.

3. BRANDON es de Estados Unidos. Su novia y él vuelven a Washington en agosto. Quieren vivir en España. El piso donde viven cuesta más barato que en su país. Jane, su novia, sueña con ser una famosa escritora. Prefieren la comida española, sobre todo, la paella.

Ejercicio 9 A

Nanako dice que como mucho y a todas horas... Es verdad. Pero creo que tomo cosas sanas. Por la mañana, en el desayuno, como mucha fruta (manzanas, naranjas, peras, uvas...). En el almuerzo, carne de ternera, de pollo, de cerdo... o pescado; como merluza, atún, salmón, sardinas... También preparo muchos platos con legumbres (judías, lentejas, garbanzos...). Mi plato favorito es la paella con mariscos (gambas, mejillones...) y, por supuesto, el jamón serrano. Para cocinar uso aceite de oliva.

Bueno... el problema es que como también mucho pan... y mucho chocolate...¡Qué rico está todo! ¡Mmmm!

Ejercicio 10 A

Diálogo 1

< Esta tarde tomamos un café con Juan Diego.

> ¿Juan Diego? No sé quién es Juan Diego.

< ¿No conoces a Juan Diego? Es mi amigo argentino, el camarero de Café y Libros. Sabe preparar un mate buenísimo. ¡Mmm!

Diálogo 2

< Este verano vuelvo a trabajar en Ibiza, en el Café del Puerto. ¿Sabes dónde está?

> Sí, sí... Conozco Ibiza. Voy en verano.

¡Extra! Contextos
Ejercicio 2 A

¡Uf, tengo muchos sueños! Deseo vivir muchos años... Quiero comprar una casa cerca de la playa... Prefiero un lugar tranquilo, no una gran ciudad. No quiero una casa grande, solo un pequeño apartamento. Quiero tener hijos, muchos hijos, tres o cuatro... Deseo visitar Japón, el país de mi novia. ¡Ah!, y un pequeño deseo, quiero comprar un coche nuevo. Mi coche es de segunda mano y ya solo me da problemas.

¡Extra! Practica
Ejercicio 3 A

1. Lo usamos para comprar comida, ropa o un coche. Hay gente que no lo tiene. Yo lo tengo en el banco... ¿Qué es?

2. En España lo tiene casi todo el mundo. Yo lo uso para saber dónde están mis amigos. Lo llevo siempre conmigo. Ahora lo tengo en la chaqueta. Lo podemos comprar de muchos colores diferentes... ¿Qué es?

3. Yo la veo por la noche, mientras ceno en el salón. Mi madre la pone en la cocina. Cuando estudio no la enciendo. Creo que mucha gente la ve demasiadas horas... ¿Qué es?

UNIDAD 6
Ejercicio 2

Si no tengo clases, me levanto normalmente a las ocho y desayuno solamente un café porque a las nueve estoy en el gimnasio. Vuelvo a casa y tomo un desayuno grande; me ducho y me arreglo para ir a clase. A veces, después de las clases, suelo ir de compras con una amiga y a la una quedamos algunos compañeros para tomar el aperitivo en un bar. A las tres almuerzo y no suelo dormir la siesta. A las cuatro y media hago yoga hasta las cinco y media. Dos veces a la semana tengo clases de baile y tres días tengo clases de japonés. Algunas tardes corro cincuenta minutos por el paseo marítimo, ceno a las nueve y media y me suelo acostar a las once. No veo mucho la tele, solo las noticias o alguna película... pero nada más.

Ejercicio 5 A

Suelo ayudar en algún proyecto social, allá en mi país. Este verano quiero participar en un proyecto internacional en otro país de Latinoamérica. Estos proyectos se realizan entre los meses de julio y agosto, pero yo casi siempre colaboro en agosto. A menudo trabajo con chicos de entre 12 y 13 años. Hago diversas actividades con ellos, hacemos deporte, jugamos... A veces, también trabajo con personas mayores que necesitan una ayuda en su casa porque viven solas: hago la compra, cocino, limpio o hablo con ellas. Las escucho y se sienten bien, y yo también.

Ejercicio 9

1. ¿Dónde están las llaves?
2. Navegamos en yate.
3. Coge el paraguas, no para de llover.
4. Yo me levanto todas las mañanas a las siete y media.
5. En mi calle hay muchas tiendas de ropa.
6. Tengo un yoyó rosa.
7. Mi padre le regala a mi madre un collar por su aniversario.
8. El cuello de la jirafa es largo.
9. Las tizas son de yeso.

Ejercicio 12 B

> Hola, buenas tardes.

< Buenas tardes, dígame, ¿qué desea?

> ¿Tienen alguna película de terror buena española? Es un regalo para mi novio. Le gusta mucho el cine español y a mí, el de terror.

< Claro, tenemos una muy buena... *Los otros*, de Alejandro Amenábar. Es una película con mucho éxito en todo el mundo.

> ¡Ah, qué bien! Pues me la llevo.

< Aquí tiene. Son dieciocho euros.

Ejercicio 14 B

1. El próximo mes de mayo Shakira, la famosa cantante colombiana de música pop, actúa en un concierto único en Madrid.
2. El grupo Maná empieza su gira de conciertos el día 2 de junio.
3. Nuevo disco de Enrique Iglesias. En este nuevo trabajo encontramos canciones en español y en inglés y los temas románticos esperados por sus fans.

UNIDAD 7
Ejercicio 2 A

Carlos: ¡Qué bien! ¡Una fiesta! ¿Por qué?

Leyla: Es por mi cumpleaños... Es el sábado.

Laura: Claro, en la fiesta hay cosas para picar..., patatas fritas, aceitunas...

Leyla: ¡Hum! ¡Me encantan las aceitunas!

TRANSCRIPCIONES

Klaus: ¿Podemos escuchar música? No sé... a mí me encanta la música *pop*... Y también la salsa.
Leyla: ¡A mí también! ¡Me encanta la salsa!
Michael: ¿Y para beber? ¿Llevamos algo?
Leyla: Ah, vale. A mí me gusta el vino... y la cerveza.
Oliver: ¡Oye! ¿Y cuándo es?
Leyla: El sábado por la noche.

Ejercicio 7

1. Ania, soy Marta. Te llamo por la fiesta del sábado en casa de Gastón... Hasta luego.
2. Hola, guapa, ¿cómo estás? Tengo entradas para ir al teatro. ¿Vienes con nosotros?
3. Hola, Ania. Soy Julio. No puedo ir a la fiesta de Gastón. Estoy en el hospital por un accidente con la moto... Tranquila, no es nada grave, solo tengo la pierna rota.
4. Ania, no llego para cenar. Por favor, tú preparas algo para comer, ¿vale? Llego tarde.
5. Hola, soy Carmen, el lunes es mi cumpleaños... Te invito para tomar algo al salir de clase. Mañana hablamos y quedamos. Hasta luego.
6. Ania, soy Thomas... No voy al cumpleaños de Carmen por el examen que tenemos el martes. Este fin de semana no salgo, necesito mucho tiempo para estudiar.

Ejercicio 11 A

Gastón: ¿Qué hacéis en vuestro tiempo libre? ¿Quedáis con alguien para hacer alguna actividad o preferís estar solos?

1.
CHICO Ah, a mí, en mi tiempo libre me encanta hacer deporte. Todos los días voy al gimnasio, también juego al baloncesto y monto en bicicleta. No me gusta mucho leer, prefiero actividades al aire libre, y si es con alguien, mejor.

2.
CHICA A mí me gusta mucho estar tranquila en casa, escuchando música... Pero la cocina, nada de nada.

3.
CHICO Ah, y otra cosa: me gusta muchísimo el fútbol, pero en la tele...

4.
Leyla: Entonces..., sí disfrutáis del tiempo libre, ¿eh?
CHICA Ah, yo mucho. A mí, además de escuchar música, me gusta mucho pasear con mi perro, ir a la playa y leer allí un buen libro.

¡Extra! Practica
Ejercicio 2 A

Mi abuelo Alfred y yo hacemos muchas cosas juntos; por ejemplo, nos encanta salir a comer. Normalmente, en verano, cuando estoy de vacaciones, nos gusta mucho ir a la playa los dos solos. A mi abuelo no le gusta conducir, pero nos encanta montar en bicicleta. ¿Qué más puedo decir de mi abuelo? Que nos encanta dormir la siesta. Y, como nos gusta mucho el cine, en nuestro tiempo libre, vamos a ver películas de acción, o a algún museo, pues nos gusta ver exposiciones de arte moderno. Bueno, y casi todos los domingos vemos fútbol; nos encanta verlo, o en la tele o en el campo. Y siempre, al salir, nos tomamos un helado. ¡Nos encantan!

¡Extra! En comunicación
Ejercicio 3 A

- El Carnaval de Uruguay dura cuarenta días... Es el que más dura del mundo; un espectáculo increíble, y miles de personas participan en él. Tienen especial interés las murgas, de origen español, que son grupos musicales que interpretan letras satíricas.

> La fiesta de San Fermín se celebra en Pamplona el 7 de julio, localidad al nordeste de España. La gente corre delante de los toros.
< ¿Delante de los toros?
> Sí, unos toros enormes, y hay que estar muy en forma para poder correr.

> Son Las Fallas y se celebran en Valencia, una ciudad situada en el Levante español, en el litoral mediterráneo. Las fallas son figuras gigantes de cartón piedra que se queman el 19 de marzo, día de la fiesta mayor. Hay fuegos artificiales y gran número de petardos.
< ¿Petardos?
> Sí, son pequeñas explosiones muy ruidosas.

UNIDAD 8
Ejercicio 1 A
Diálogo 1
> ¿Estás bien? Tienes mala cara.
< No sé... Estoy muy cansada y me duele mucho la cabeza.
> ¿Por qué no vas al médico?
< Es verdad... Tengo que ir esta tarde.

Diálogo 2
> ¿Qué te pasa? ¿Estás cansada? Tienes mala cara.
< Sí, no me encuentro bien y me duele mucho el estómago.
> Debes ir al hospital ahora mismo.

Ejercicio 3 A
> Hola, François, soy Pedro, ¿cómo estás?
< Un poco mejor, Pedro, pero...
> Pero, ¿qué te pasa? ¿Te duele algo?
< Me duele la cabeza, tengo fiebre y me siento un poco mareado... También me duelen la garganta y el estómago... El médico dice que debo estar tranquilo porque solo es una gripe.
> ¿Y qué tienes que hacer?
< Tengo que estar en la cama y descansar, tomar unas pastillas y un jarabe para la tos... y también debo beber mucha agua.
> Tranquilo... Seguro que te recuperas y puedes volver con nosotros pronto.

Ejercicio 8 A

> Hola, Gastón, soy Bea.

< Hola, Bea, ¿qué tal?

> La verdad, estoy mal, no me encuentro bien.

< ¿No? ¿Qué te pasa? ¿Algún problema tras la fiesta?

> Pues... no sé, pero creo que estoy enferma, me duele todo el cuerpo.

< Bueno, a lo mejor estás resfriada, es normal en esta época.

> Es que tengo frío, me duele mucho la cabeza y no tengo ganas de nada.

< Frío... la cabeza... Creo que ya sé qué te pasa: tienes resaca.

> ¡Pero si yo solo bebo refrescos y zumos!... No es posible.

< Claro, si ya lo sé. Es una broma.

Ejercicio 12 A

Según un estudio reciente, cuatro de cada diez jóvenes son adictos al móvil. Es una adicción tan grave como el alcoholismo y puede causar ansiedad y depresión. El 40% de los jóvenes reconoce que usa el móvil más de cuatro horas al día para hablar, para enviar mensajes SMS y también para navegar por Internet. Estos jóvenes no suelen admitir que usan el móvil más de lo normal y que piensan continuamente en él. Olvidar el móvil es una tragedia para ellos.

Uno de los síntomas de esta adicción es que los jóvenes con este problema descuidan sus obligaciones. También suele afectar a las relaciones con su familia y amigos más próximos. La diferencia con otras adicciones es que esta no causa efectos físicos claros, pues son sobre todo psicológicos. Por esta razón es difícil detectar esta enfermedad.

¡Extra! Contextos
Ejercicio 1 B

> Buenos días, Centro de Salud Vallesol. ¿En qué puedo ayudarle?

< Hola, buenos días. Quiero una cita para mañana, si es posible, con el doctor García, por favor... No me encuentro muy bien...

> ¿Qué le pasa?

< Estoy mareada y me duele mucho la cabeza...

> De acuerdo, mañana a las doce y media... ¿Le parece bien?

< Perfecto, muchas gracias.

> De nada, hasta mañana.

Ejercicio 1 D

Al salir de casa:

Adiós, voy al centro de salud a llevar las radiografías al médico.

En el centro de salud:

> Buenos días, vengo a la consulta del doctor.

< ¿Trae la tarjeta médica?

> Sí, aquí la tengo.

En la consulta:

> Buenos días, doctor, traigo las radiografías del especialista.

< Buenos días, ¿trae también el informe médico?

> Sí, aquí tiene.

UNIDAD 9
Ejercicio 1 A

> ¿Y vives con españoles?

< Sí, sí. Vivo con una familia española: Pablo y Cristina; son muy simpáticos. Tienen tres hijos. Javier, el hijo pequeño, tiene veinte años, como yo. Estudia en la universidad y es muy deportista. Le encanta el fútbol. Su madre, Cristina, es abogada; trabaja mucho y, por eso, muchas veces no almuerza en casa. Su padre es empresario. Javier tiene dos hermanas mayores: Carmen y Silvia. Carmen está casada con Paco, tienen un hijo de seis años y se llama Paco, como su padre. Silvia no está casada, pero vive con su novio, Alfonso, en otra ciudad. A veces, se juntan los cuatro para ver el fútbol y los domingos suelen venir a comer a casa de sus padres. Nos juntamos todos, y también la abuela Charo, que cocina una paella riquísima. Me gusta mucho hablar con ella porque me cuenta cosas de su infancia y es muy divertida.

Ejercicio 4 A

¡Pablo es un hombre diez! Un buen marido y un padre magnífico. Y aunque trabaja mucho porque le gusta su profesión, también le encanta disfrutar de la vida. Es un hombre muy activo: siempre está haciendo cosas, duerme poco, se levanta muy temprano y ayuda mucho en casa. Su único defecto es que no le gusta el calor y en verano solo quiere salir por las noches a cenar fuera conmigo, con la familia o con sus compañeros de trabajo.

Cristina es estupenda. Siempre está sonriendo, es una mujer feliz. Llevamos 20 años casados y estoy tan enamorado de ella como el primer día. Es una cocinera fantástica, el problema es que no suele cocinar mucho, solo los fines de semana. Además, ella come poco y sano porque le gusta estar en forma. Su principal defecto: le encanta dormir; ¡duerme más de 10 horas al día! Eso me pone un poco nervioso.

Ejercicio 5 A

Javier: ¿Diga?

Elvira: Hola, cariño, ¿qué tal?

J: Hola, guapa, ¿cómo estás?

E: Muy bien. ¿Sabes ya qué vamos a hacer este fin de semana?

J: Pues no sé... ¿Tú qué prefieres?

E: Si quieres, vamos a cenar a un restaurante... Es un día especial, ¿no?

J: ¿Cenar en un restaurante? Hum... Casi prefiero ir al cine.

E: ¿Al cine? ¿No te acuerdas? ¿Es que no sabes qué pasa el fin de semana que viene?

J: No, no tengo ni idea... Vamos a salir con mis amigos, como siempre. ¿No?

E: ¿Con tus amigos? ¿De verdad no recuerdas qué pasa este fin de semana?

J: No, no lo recuerdo... Lo siento... Dame una pista.

E: ¡Este fin de semana vamos a celebrar nuestro segundo aniversario!

Ejercicio 7 A

- El chico del traje y la corbata es Jaime, el primo de Antonio.

TRANSCRIPCIONES

- La chica del pelo rasta se llama Lola y habla con su novio, Javier. Viven en el centro.
- Rodrigo es el chico de la chaqueta marrón y Óscar, el de la camisa de flores. Son hermanos.
- Ese chico pelirrojo de allí, el del jersey morado, es Benjamín. Estudia matemáticas.
- Pedro es el chico de la camiseta blanca y manga corta. Pone música en una discoteca.
- La chica de la falda negra y camiseta roja es Eugenia y él es Alberto, su novio.

Ejercicio 9 A

> Javier, ¿qué tiempo hace en Málaga?
< Un tiempo muy bueno. Normalmente hace sol.
< El norte de España es precioso. En el País Vasco, puedes visitar Bilbao, por ejemplo. Allí está el Museo Guggenheim. El problema es que en invierno, normalmente, está nublado y llueve bastante.
> ¿Y Cádiz?
< Cádiz es una ciudad preciosa, pero casi siempre hace mucho viento.
> ¿En Madrid nieva?
< En invierno, a veces, hace mucho frío y sí que nieva.

Ejercicio 10

Sofá, hijo, flamenco, sílaba, camisa, vaso, bolígrafo, vivir, mina, vela, Málaga, alcachofa, pequeño, peluche.

UNIDAD 10
Ejercicio 4 A

Linda: He conocido a mucha gente en la escuela, he visitado algunas ciudades de Andalucía: Cádiz, Córdoba y Granada. Todavía no he estado en Madrid, pero quiero ir en las vacaciones de Navidad. Lo más interesante para mí es la gente, ¡ah!, y la comida. He probado muchas tapas, me gusta el pescado, sobre todo el marisco y, por supuesto, ya he probado la paella, ¡me encanta! En la escuela he aprendido mucho, y mucho más que voy a aprender.

Yu-ju: Yo solo llevo un mes en Málaga y todavía no he visitado otra ciudad, pero quiero visitar Granada, Madrid y Barcelona. He conocido a un chico muy especial en la escuela, es compañero de clase y hemos salido juntos este fin de semana. Hemos alquilado una bici para pasear por la ciudad, ¡ha sido genial! Ya he visitado el Museo Picasso y la Catedral. Algunos días he corrido por la playa, ¡me gusta mucho!

¡Extra! Contextos
Ejercicio 1 A

Hola, soy Sandra, de Vigo, Galicia, una región que está en el noroeste de España. Vigo es una ciudad con unas playas maravillosas. El paisaje es muy bonito y muy verde, porque llueve mucho. El invierno es un poco duro, pero en verano hace días de sol estupendos. Yo he vivido toda mi vida aquí, porque me gusta la ciudad. Las islas Cíes son parte de Vigo, allí está la playa de Rodas, dicen que esta playa es «la mejor playa del mundo».

Hola, yo me llamo Javier y soy de Cádiz, pero he vivido desde los tres años en Sevilla. Para mí es mi ciudad. Está en Andalucía, en el sur. Me gustan todas las estaciones del año, menos el verano; hace mucho calor. El centro histórico es espectacular: sus calles, sus plazas, los parques, los puentes sobre el río Guadalquivir, sus monumentos... La mejor época para visitar Sevilla es en primavera, en abril. ¿Algo negativo de esta ciudad? El ruido.

Glosario

GLOSARIO

Español	Inglés	Francés	Alemán	Italiano	Portugués (Brasileño)
A					
Abajo	under	en bas	unten	sotto	abaixo
Abierto, a	open	ouvert, e	offen	aperto/a	aberto, a
Abogado, a	lawyer	avocat, e	Rechtsanwalt/Rechtsanwältin	avvocato/a	advogado, a
Abril	April	avril	April	Aprile	abril
Abrir	open	ouvrir	öffnen	aprire	abrir
Abuelo, a	grandfather	grand-père, grand-mère	Großvater/Großmutter	nonno/a	avó, avô
Aburrido, a	boring/bored	ennuyeux, ennuyeuse	langweilig	noioso/a, annoiato/a	chato, a
Aburrirse	to be bored	s'ennuyer	sich langweilen	annoiarsi	aborrecer-se (entediar-se)
Accidente	accident	accident	Unfall	incidente	acidente
Aceite	oil	huile	Öl	olio	azeite
Aceituna	olive	olive	Olive	oliva	azeitona
Acompañante	companion	accompagnateur	Begleiter/in	compagno/a	acompanhante
Acostarse	to go to bed	se coucher	ins Bett gehen	coricarsi	deitar-se
Actor	actor	acteur	Schauspieler	attore	ator
Actriz	actress	actrice	Schauspielerin	attrice	atriz
Actuar	to act	jouer	auftreten	recitare	interpretar
Acuerdo	agreement	accord	Einigung	accordo	acordo
Adicción	addiction	dépendance	Sucht	dipendenza	dependência
Adiós	goodbye	adieu	auf Wiedersehen	Arrivederci	adeus (Tchau)
Adivinar	to guess	deviner	erraten	indovinare	adivinhar
Adjuntar	to attach	joindre	beifügen	allegare	anexar
Admitir	to admit	admettre	zulassen	ammettere	admitir
Adoptar	to adopt	adopter	adoptieren	adottare	adotar
Aeropuerto	airport	aéroport	Flughafen	aeroporto	aeroporto
Afectar (a)	to affect	affecter	betreffen	colpire	afetar a
Afeitarse	to shave	se raser	sich rasieren	rasare	barbear-se
Agenda	diary	agenda	Terminkalender	agenda	agenda
Agosto	August	août	August	agosto	agosto
Agotado, a	exhausted	épuisé, e	erschöpft	esausto/a	esgotado, a
Agradable	pleasant	agréable	angenehm	piacevole	agradável
Agua	water	eau	Wasser	acqua	água
Ahora	now	maintenant	jetzt	adesso	agora
Ahorrar	to save	économiser	sparen	risparmiare	economizar
Aire	air	air	Luft	aria	ar
Ajedrez	chess	échecs	Schach	scacchi	xadrez
Álbum	album	album	Album	album	álbum
Alcachofa	artichoke	artichaut	Artischoke	carciofo	alcachofra
Alegre	cheerful	joyeux, joyeuse	glücklich	allegro/a	alegre
Alegría	joy	joie	Freude	gioia	alegria
Alemán, a	German	Allemand, e	deutsche/r	tedesco/a	alemão, ã
Alergia	allergy	allergie	Allergie	allergia	alergia
Alérgico, a	allergic to	allergique	allergisch	allergico/a	alérgico, a
Alfombra	carpet	tapis	Teppich	tappeto	tapete
Alimentarse	to feed oneself	s'alimenter	sich ernähren	alimentarsi	alimentar-se
Alimento	food	aliment	Nahrungsmittel	cibo	alimento
Almorzar	to have a lunch/snack	déjeuner	zu Mittag essen	pranzare	almoçar
Almuerzo	lunch/snack	déjeuner	Mittagessen	pranzo	almoço
Alojarse (en)	to stay in	se loger	unterkommen	alloggiarsi (in/a)	hospedar-se em
Alquilar	to rent	louer	mieten, vermieten	affittare	alugar
Alto, a	tall	grand, e	groß	alto/a	alto, a
Alumno, a	pupil	élève	Schülerin/in	alunno/a	aluno, a
Amable	friendly/polite	aimable	freundlich	gentile	amável
Amarillo, a	yellow	jaune	gelb	giallo/a	amarelo

Español	Inglés	Francés	Alemán	Italiano	Portugués (Brasileño)
Ameno, a	varied	agréable	kurzweilig	ameno/a	ameno, a
Americano, a	American	Américain, e	amerikanische/r	americano/a	americano, a
Amigo, a	friendly/polite	ami, e	Freund/in	amico/a	amigo, a
Amistad	friendship	amitié	Freundschaft	amicizia	amizade
Amor	love	amour	Liebe	amore	amor
Ancho, a	wide	large	breit, weit	largo/a	largo, a
Andaluz, a	Andalusian	andalou, se	andalusische/r	andaluso/a	andaluz, a
Animal	animal	animal	Tier	animale	animal
Año	year	année	Jahr	anno	ano
Ansiedad	anxiety	anxiété	Angstzustand	ansietà	ansiedade
Anterior	previous	antérieur, e // précédent, e	voherig	anteriore	anterior
Antibiótico	antibiotics	antibiotique	Antibiotikum	antibiotico	antibiótico
Antiguo, a	old	ancien, ancienne / vieux, vieille	ehemalig	antico/a	antigo, a
Antipático, a	unfriendly	antipathique	unfreundlich	antipatico/a	antipático, a
Apagar	to switch off	éteindre	ausschalten	spegnere	desligar
Aparecer	to appear	apparaître	erscheinen	apparire	aparecer
Apartamento	flat	appartement	Appartement	appartamento	apartamento
Apellido	surname/last name	nom de famille	Nachname	cognome	apelido (sobrenome)
Aperitivo	appetizer/starter	apéritif	Aperitif	aperitivo	aperitivo (tira-gosto)
Apetecer	to feel like doing sth.	avoir envie	Lust haben	avere voglia di	querer
Aprender	to learn	apprendre	lernen	imparare	aprender
Aprovechar	to benefit from	profiter de	nutzen	approfittare di	aproveitar
Árabe	Arab	Arabe	arabische/r	arabo/a	árabe
Argentino, a	Argentinean	Argentin, e	argentinische/r	argentino/a	argentino, a
Argumento	argument	argument, sujet	Argument	argomento	argumento
Armario	wardrobe	armoire, placard	Schrank	armadio	armário
Arquitecto, a	architect	architecte	Architekt/in	architetto/a	arquiteto, a
Arreglado, a	dressed up	soigné, e	repariert	riparato/a	arrumado, a
Arreglarse	to dress up	se préparer	sich zurechtmachen	sistemarsi	arrumar-se
Arriba	above	en haut	oben	sopra	acima
Arroz	rice	riz	Reis	riso	arroz
Artista	artist	artiste	Künstler/in	artista	artista
Ascensor	lift	ascenseur	Aufzug	ascensore	elevador
Asiento	seat	siège, place	Sitz	posto	assento
Aspecto	aspect	aspect, air	Aussehen	aspetto	aspecto
Atasco	traffic jam	embouteillage	Stau	ingorgo	engarrafamento
Ático	attic	grenier	Dachwohnung, Penthouse	soffitta	sótão (cobertura)
Atractivo, a	attractive	attirant, e	attraktiv	attraente	atraente
Atún	tuna fish	thon	Thunfisch	tonno	atum
Autobús	bus	autobus	Bus	autobus	autocarro (ônibus)
Avenida	avenue	avenue	Allee	corso, viale	avenida
Aventura	adventure	aventure	Abenteuer	avventura	aventura
Avería	breakdown	panne	Panne, Störung	guasto	defeito
Averiguar	to find out	vérifier	herausfinden	verificare	averiguar
Avión	airplane	avion	Flugzeug	aereo	avião
Avisar	to let know	prévenir	benachrichtigen	avvertire	avisar
Ayer	yesterday	hier	gestern	ieri	ontem
Ayudar	to help	aider	helfen	aiutare	ajudar
Azúcar	sugar	sucre	Zucker	zucchero	açúcar
Azul	blue	bleu	blau	blu/azzurro	azul

B

Español	Inglés	Francés	Alemán	Italiano	Portugués (Brasileño)
Bailar	to dance	danser	tanzen	ballare	dançar
Baile	dance	danse	Tanz	ballo	dança
Bajo, a	short	petit, e	klein, tief	basso/a	baixo, a

GLOSARIO

Español	Inglés	Francés	Alemán	Italiano	Portugués (Brasileño)
Baloncestista	basketball player	basketteur, basketteuse	Basketballspieler/in	cestista	jogador de basquete
Baloncesto	basketball	basket-ball	Basketball	pallacanestro	basquete
Bañarse	to have a bath	se baigner	baden	fare il bagno	tomar banho
Banco	bank	banque	Bank	banca	banco
Bandera	flag	drapeau	Flagge	bandiera	bandeira
Baño	bathroom	bain	Badezimmer	bagno	casa de banho (banheiro)
Bar	bar	bar	Bar	bar	bar
Baraja	pack of cards	jeu de cartes	Kartenspiel	mazzo di carte	baralho
Barato, a	cheap	bon marché	billig	economico/a	barato, a
Barco	boat	bateau	Boot	nave	barco
Barrio	neighbourhood	quartier	Stadtviertel	quartiere	bairro
Batería	drum	batterie	Schlagzeug	batteria	bateria
Bebé	baby	bébé	Baby	bebè	bebé (bebê)
Beber	to drink	boire	trinken	bere	beber
Bebida	drink	boisson	Getränk	bibita	bebida
Beso	kiss	baiser	Kuss	bacio	beijo
Biblioteca	library	bibliothèque	Bibliothek	biblioteca	biblioteca
Bicicleta	bicycle	bicyclette	Fahrrad	bicicletta	bicicleta
Billete	ticket	billet	Ticket	biglietto	passagem
Blanco, a	white	blanc, blanche	weiß	bianco/a	branco, a
Boca	mouth	bouche	Mund	bocca	boca
Bocadillo	sandwich	sandwiche	belegtes Brötchen	panino	sande (sanduíche)
Bodega	wine cellar	cave	Weinkeller	bottiglieria	cave (adega)
Bolígrafo	ballpoint pen	stylo	Kugelschreiber	penna	caneta
Bonito, a	nice	joli, e	schön	bello/a	bonito, a
Boquerón	anchovy	anchois	Sardelle	acciuga	anchova
Brazo	arm	bras	Arm	braccio	braço
Broma	joke	blague	Scherz	scherzo	brincadeira
Bueno, a	good	bon, bonne	gut	buono/a	bom, boa
Buscar	to look for	chercher	suchen	cercare	procurar

C

Español	Inglés	Francés	Alemán	Italiano	Portugués (Brasileño)
Cabeza	head	tête	Kopf	testa	cabeça
Cacahuete	peanut	cacahuète	Erdnuss	arachide	amendoim
Caerse	to fall down	tomber	fallen	cadere	cair
Café	coffee	café	Kaffee	caffè	café
Cafetera	coffee machine	cafetière	Kaffeemaschine	caffettiera	cafeteira
Cafetería	café	cafétéria	Café	bistrot	cafetaria (cafeteria)
Cajero automático	cash dispenser	guichet automatique	Geldautomat	bancomat	Multibanco (caixa eletrônico)
Calculadora	pocket calculator	calculatrice	Rechner	calcolatrice	calculadora
Calefacción	heating	chauffage	Heizung	riscaldamento	aquecimento
Caliente	hot	chaud, e	heiß	caldo/a	quente
Calle	street	rue	Straße	via	rua
Calor	heat	chaleur	Hitze	caldo	calor
Caloría	calorie	calorie	Kalorie	caloria	caloria
Cama	bed	lit	Bett	letto	cama
Camarero, a	waiter/waitress	serveur, serveuse	Kellner/in	cameriere/a	empregado,a de mesa (garçom/-nete)
Cambio	change	changement	Wechsel	spiccioli	mudança
Camión	lorry	camion	Lastwagen	camion	camião (caminhão)
Camisa	shirt	chemise	Hemd	camicia	camisa
Camiseta	T-shirt	t-shirt	T-Shirt	maglia	T-shirt (camiseta)
Campo	country	campagne	Feld	campagna	campo
Caña de cerveza	a small (glass of) beer	demi de bière	gezapftes Bier	birra alla spina	fino (chope)
Cancelación	cancellation	annulation	Absage	cancellamento	cancelamento
Canción	song	chanson	Lied	canzone	canção (música)
Cansado, a	tired	fatigué, e	müde	stanco/a	cansado, a

Español	Inglés	Francés	Alemán	Italiano	Portugués (Brasileño)
Cantante	singer	chanteur, chanteuse	Sänger/in	cantante	cantor, cantora
Cantar	to sing	chanter	singen	cantare	cantar
Cantidad	quantity	quantité	Menge	quantità	quantidade
Capaz	to be able to	capable	fähig	abile	capaz
Carácter	character	caractère	Charakter	carattere	carácter (caráter)
Característica	characteristic	caractéristique	Merkmal	qualità	característica
Caramelo	sweet	bonbon	Bonbon	caramella	rebuçado (bala)
Cariño	affection	tendresse	Zuneigung	affetto	carinho
Carne	meat	viande	Fleisch	carne	carne
Caro, a	expensive	cher, chère	teuer	caro/a	caro, a
Carpeta	folder	dossier	Mappe	cartella	pasta
Carretera	road	route	Landstraße	autostrada	estrada
Carta	letter	lettre	Brief	lettera	carta
Cartón	carton	carton	Pappe	cartone	papelão
Casa	house	maison	Haus	casa	casa
Casado, a	married to	marié, e	verheiratet	sposato/a	casado, a
Causa	cause	cause	Ursache	causa	causa
Cava	champagne	mousseux	Sekt	spumante	vinho espumante
Cebolla	onion	oignon	Zwiebel	cipolla	cebola
Celebrar	to celebrate	fêter	feiern	celebrare	comemorar
Celeste	light/sky blue	céleste	hellblau	celeste	azul celeste
Celular	cell phone	portable	Mobiltelefon	cellulare	telemóvel (celular)
Cena	supper	dîner	Abendessen	cena	jantar
Cenar	to have supper	dîner	zu Abend essen	cenare	jantar
Centro comercial	shopping centre	centre commercial	Einkaufszentrum	centro commerciale	centro comercial (Shopping)
Cepillarse	to brush	se brosser	sich bürsten	spazzolare	escovar
Cerdo, a	pig	cochon, cochonne	Schwein	maiale	porco, a
Cereal	cereal	céréale	Getreide	cereale	cereal
Cerrado, a	closed	fermé, e	geschlossen	chiuso/a	fechado, a
Cerveza	beer	bière	Bier	birra	cerveja
Champiñón	mushroom	champignon	Champignon	fungo	champignon
Chaqueta	jacket	veste	Jacke	giacca	casaco (paletó)
Chatear	to chat	chatter	chatten	parlare in una chat room	conversar no chat (bate-papo)
Chicle	chewing gum	chewing-gum	Kaugummi	gomma americana	chiclete
Chico, a	boy/girl	garçon, fille	Junge/Mädchen	ragazzo/a	menino, a
Chocolate	chocolate	chocolat	Schokolade	cioccolata	chocolate
Ciego, a	blind	aveugle	blind	cieco/a	cego, a
Cielo	sky	ciel	Himmel	cielo	céu
Ciencia ficción	science fiction	science-fiction	Sciencefiction	fantascienza	ciência ficção
Cine	cinema	cinéma	Kino	cinema	cinema
Cinturón	belt	ceinture	Gürtel	cintura	cinto
Cita	date	rendez-vous	Treffen	appuntamento	encontro
Ciudad	city	ville	Stadt	città	cidade
Clase	classroom	salle de classe	Klassenzimmer	classe	sala de aula
Clásica	classical	classique	Klassik	classica	clássica
Clásico, a	classic	classique	klassisch	classico/a	clássico, a
Clasificar	to classify	classer	einteilen	categorizzare	classificar
Clima	climate	climat	Klima	clima	clima
Coche	car	voiture	Auto	macchina	carro
Cocido	stew with meat and chickpeas	pot-au-feu	Eintopf	stufato	cozido
Cocina	kitchen	cuisine	Küche	cucina	cozinha
Cocinar	to cook	cuisiner	kochen	cucinare	cozinhar
Cocinero, a	cook	cuisinier, cuisinière	Koch/Köchin	cuoco/a	cozinheiro, a
Codo	elbow	coude	Ellbogen	gomito	cotovelo
Coger	to take	prendre	nehmen	prendere	apanhar (pegar)
Colaborar	to collaborate	collaborer	zusammenarbeiten	collaborare	colaborar

GLOSARIO

Español	Inglés	Francés	Alemán	Italiano	Portugués (Brasileño)
Colegio	school	collège	Schule	scuola	colégio
Colgar	to hang	accrocher	hängen	appendere	pendurar
Collar	necklace	collier	Halskette	collana	colar (cordão)
Color	colour	couleur	Farbe	colore	cor
Colorido	colour	coloris	Farbgestaltung	colorito	colorido
Columna	column	colonne	Spalte	colonna	coluna
Comedia	comedy	comédie	Komödie	commedia	comédia
Comentar	to comment	commenter	kommentieren	commentare	comentar
Comenzar	to begin	commencer	anfangen	iniziare	começar
Comer	to eat	mangere	essen	mangiare	comer
Comercio	shop	commerce	Geschäft	negozio	comércio
Comida	food	repas	Essen	colazione	comida
Comodidad	comfortable	commodité	Bequemlichkeit, Gemütlichkeit	agiatezza	conforto
Cómodo, a	comfortable	commode	bequem	comodo/a	confortável
Compañero, a	classmate	camarade	Mitschüler/in	compagno/a	colega
Compañía	company	compagnie	Gesellschaft	compagnia	companhia
Comparar	to compare	comparer	vergleichen	comparare	comparar
Compartir	to share	partager	teilen	condividere	compartilhar (partilhar)
Completar	to complete	compléter	vervollständigen	completare	completar
Compra	buy/purchase	achat	Kauf	spesa	compra
Comprar	to buy	acheter	kaufen	fare la spesa	comprar
Comprometido, a	implicated in	engagé, e	engagiert	impegnato/a	comprometido, a
Conducir	to drive	conduire	fahren	guidare	dirigir
Conectado, a	connected	connecté, e	verbunden	collegato/a	conectado, a
Conectarse (con /a)	to put sb in touch with sb/to conntact to	se connecter (par, à)	Kontakt aufnehmen	collegarsi	conectar-se (com /a)
Congelador	freezer	congélateur	Eisfach, Gefrierschrank	congelatore	congelador
Conocer	to meet	connaître	kennen	conoscere	conhecer
Conocido, a	acquaintance	connu, e	bekannt	conosciuto/a	conhecido, a
Conseguir	to obtain/achieve	réussir à, obtenir	erreichen	riuscire	conseguir
Consejo	advice	conseil	Rat	consiglio	conselho
Conservar	to preserve	conserver	bewahren	conservare	conservar
Considerar	to consider	considérer	betrachten	considerare	considerar
Construir	to build	construire	konstruieren	costruire	construir
Consulta	surgery	consultation	Nachfrage	cosulta	consultório
Contar	to tell	raconter	erzählen	raccontare	contar
Contento, a	content/satisfied	content, e	zufrieden	contento/a	contente
Contestar	to answer	répondre	antworten	rispondere	responder
Contrario, a	opposite	contraire	Rivale	opposto/a	contrário, a
Conversación	conversation	conversation	Konversation	conversazione	conversa
Convertir	to change/convert	devenir	werden	trasformare	tornar-se
Copiar	to copy	copier	kopieren	copiare	copiar
Correcto, a	correct	correct, e	korrekt	corretto/a	correto, a
Corregir	to correct	corriger	korrigieren	correggere	corrigir
Correr	to run	courir, aller vite	rennen	correre	correr
cortar	to cut	couper	schneiden	tagliare	cortar
Cortarse	to cut oneself	se couper	sich schneiden	tagliarsi	cortar-se
Corto, a	short	court, e	kurz	breve	curto, a
Cosa	thing	chose	Sache	cosa	coisa
Costa	seaside	côte	Küste	costa	costa
Costar	to cost	coûter	kosten	costare	custar
Creer	to believe	croire	glauben	credere	acreditar
Crema	cream	crème	Creme	crema	creme
Croqueta	croquette	croquette	Krokette	crochetta	croquete
Cuaderno	notebook	cahier	Heft	quaderno	caderno
Cuadro	square	tableau, cadre	Gemälde	quadro	quadro

Español	Inglés	Francés	Alemán	Italiano	Portugués (Brasileño)
Cuarto	room	chambre	Zimmer	stanza	quarto
Cubano, a	Cuban	Cubain, e	kubanische/r	cubano/a	cubano, a
Cuello	neck	col	Hals	collo	pescoço
Cuerpo	body	corps	Körper	corpo	corpo
Cuidar	to take care of/look after	soigner, prendre soin de	pflegen	curare	cuidar
Cuidarse	to take care of oneself	prendre soin de soi	auf sich achten	guarire	cuidar-se
Cumpleaños	birthday	anniversaire	Geburtstag	compleanno	aniversário
Curioso, a	curious	curieux, curieuse	neugierig	curioso/a	curioso, a

D

Español	Inglés	Francés	Alemán	Italiano	Portugués (Brasileño)
Dar	to give	donner	geben	dare	dar
Debajo	under	sous	unter	sotto	debaixo
Deber	must/to have to	devoir	sollen	dovere	dever
Decidir	to decide	décider	entscheiden	decidere	decidir
Decir	to say	dire	sagen	dire	dizer
Dedicarse (a)	to devote onself to/ do for a living	se consacrer (à)	sich widmen	dedicarsi	dedicar-se
Dedo	finger	doigt	Finger	dito	dedo
Dejar	to leave	laisser, quitter	lassen	lasciare	deixar
Delgado, a	thin	mince	schlank	magro/a	magro, a
Demasiado, a	too many/much	trop	zu	troppo	muito, a
Dentista	dentist	dentiste	Zahnarzt/Zahnärztin	dentista	dentista
Depender (de)	to depend on	dépendre (de)	abhängen (von)	dipendere di	depender (de)
Depilarse	to wax/to remove the hair from	s'épiler	enthaaren, depilieren	depilarsi	depilar-se
Deporte	sport	sport	Sport	sport	desporto (esporte)
Deportivo, a	sports	sportif, sportive	sportlich	sportivo/a	desportivo, a (esportivo, a)
Derecho, a	straight	droit, e	gerade	dritto/a	direito, a
Desayunar	to have breakfast	petit déjeuner	frühstücken	fare colazione	tomar o pequeno-almoço (café da manhã)
Desayuno	breakfast	petit déjeuner	Frühstück	colazione	pequeno-almoço (café da manhã)
Descansar	to rest	se reposer	sich erholen	riposare	descansar
Descripción	description	description	Beschreibung	descrizione	descrição
Descubrir	discover	découvrir	entdecken	scoprire	descobrir
Descuidar	to neglect	négliger	nicht achten auf	trascurare	descuidar
Desear	to wish	désirer	wünschen	desiderare	desejar
Deseo	wish	désir	Wunsch	desiderio	desejo
Desnatado, a	skimmed	écrémé, e	fettarm	scremato/a	magro, a (desnatado, a)
Desorden	disorder	désordre	Unordnung	disordine	desordem
Desordenado, a	untidy	désordonné, e	unordentlich	disordinato/a	desorganizado, a
Despacio	slowly	lentement	langsam	piano	devagar
Despedida	goodbye/farewell	adieux	Abschied	addio	despedida
Despertador	alarm clock	réveil	Wecker	sveglia	despertador
Despertarse	to wake up	se réveiller	aufwachen	svegliarsi	acordar
Despierto, a	awake	réveillé, e	wach	sveglio/a	acordado, a
Después	afterwards/later	après	nachdem	dopo	depois
Detectar	to detect	détecter	aufdecken	riconoscere	detetar (detectar)
Detrás	behind	derrière	hinter	indietro	atrás
Día	day	jour	Tag	giorno	dia
Diario	newspaper	journal intime	Tagebuch	giornaliero	diário
Diccionario	dictionary	dictionnaire	Wörterbuch	dizionario	dicionário
Diciembre	December	décembre	Dezember	Dicembre	dezembro
Diente	tooth	dent	Zahn	dente	dente
Dieta	diet	régime	Diät	dieta	dieta
Diferente	different	différent, e	verschieden	diverso/a	diferente

GLOSARIO

Español	Inglés	Francés	Alemán	Italiano	Portugués (Brasileño)
Dinero	money	argent	Geld	soldi	dinheiro
Director, a	director	réalisateur, réalisatrice	Regisseur/in	regista	diretor, a
Disco	disc	disque	Platte	disco	disco
Discutir	to argue	discuter, se disputer	diskutieren	discutere	discutir
Diseñar	to design	concevoir	entwerfen	disegnare	desenhar
Disfrutar	to enjoy	profiter	genießen	godere	aproveitar
Distinto, a	different/diverse	différent, e	unterschiedlich	diverso/a	diferente
Diversidad	diversity	diversité	Vielfältigkeit	diversità	diversidade
Divertido, a	amusing	amusant, e	lustig	divertente	divertido, a
Divertirse	to have fun	s'amuser	Spaß haben	divertirsi	divertir-se
Dividir	to divide	diviser	(auf)teilen	dividere	dividir
Divorciarse	to divorce	divorcer	sich scheiden lassen	divorziare	divorciar-se
Doler	to hurt	avoir mal	schmerzen	far male	doer
Dolor	pain	douleur	Schmerz	dolore	dor
Domingo	Sunday	dimanche	Sonntag	Domenica	domingo
Donar	to donate	donner	spenden	donare	doar
Dormido, a	asleep	endormi, e	eingeschlafen, verschlafen	addormentato/a	adormecido, a
Dormilón, a	sleepyhead	gros dormeur, grosse dormeuse	Schlafmütze	dormiglione/a	dorminhoco, a
Dormir	to sleep	dormir	schlafen	dormire	dormir
Drama	drama	drame	Drama	dramma	drama
Ducha	shower	douche	Dusche	doccia	ducha (chuveiro)
Ducharse	to have a shower	se doucher	sich duschen	farsi la doccia	tomar banho
Dulce	sweet	sucré	süß	dolce	doce

E

Español	Inglés	Francés	Alemán	Italiano	Portugués (Brasileño)
Echar	to put	lancer, jeter	werfen	gettare	pôr (colocar)
Echarse	to go to bed	s'allonger	sich hinlegen	coricarsi	deitar-se
Económico, a	economical	économique	preiswert	economico/a	económico, a (econômico, a)
Edad	age	âge	Alter	età	idade
Edificio	building	bâtiment	Gebäude	edificio	edifício
Ejercicio físico	physical exercise	exercice physique	Leibesübungen	esercizio fisico	exercício físico
Elección	choice	choix	Wahl	scelta	eleição
Elegante	elegant	élégant, e	elegant	elegante	elegante
Elegir	to choose	choisir	(aus)wählen	scegliere	escolher
Embarazada	pregnant	enceinte	schwanger	incinta	grávida
Empezar	to begin	commencer	anfangen	cominciare	começar
Emplear	to employ	employer	anwenden	applicare	empregar
Empresa	company	entreprise	Unternehmen	ditta	empresa
Empresario, a	businessman/woman	entrepreneur, entrepreneuse	Unternehmer	imprenditore	empresário, a
Enamorarse (de)	to fall in love with	tomber amoureux, amoureuse (de)	sich verlieben (in)	innamorarsi di	apaixonar-se por
Encantado, a	delighted	enchanté, e	entzückt, erfreut	lieto/a	encantado, a
Encantar	to love	enchanter	bezaubern	affascinare	encantar
Encanto	charm/spell	enchantement	Zauber, Charme	fascino	encanto
Encender	to turn on	allumer	einschalten	accendere	acender
Encendido, a	turned on	allumé, e	eingeschaltet	acceso/a	aceso, a
Encontrar	to find	trouver	finden	trovare	encontrar
Encontrarse (con)	to meet with	rencontrer	sich treffen mit	trovarsi con	encontrar-se com
Energía	energy	énergie	Energie	energia	energia
Enero	January	janvier	Januar	Gennaio	janeiro
Enfadado, a	angry	fâché, e	verärgert	arrabbiato/a	zangado,a (chateado, a)
Enfermedad	illness	maladie	Krankheit	malattia	doença
Enfermero, a	nurse	infirmier, infirmière	Krankenpfleger/in	infermiere/a	enfermeiro, a
Enfermo, a	ill	malade	krank	malato/a	doente

Español	Inglés	Francés	Alemán	Italiano	Portugués (Brasileño)
Engordar	to put on weight	grossir	zunehmen	ingrassare	engordar
Enorme	enormous/huge	énorme	riesig	enorme	enorme
Ensalada	salad	salade	Salat	insalata	salada
Enseñar	to teach	enseigner, montrer	zeigen	insegnare	ensinar
Entender	to understand	comprendre	verstehen	capire	entender
Entrada	entrance	entrée	Eingang	biglietto	entrada
Entrar	to enter	entrer	eintreten	entrare	entrar
Enviar	to send	envoyer	senden	inviare	enviar
Época	period	époque	Epoche	epoca	época
Equipaje	luggage	bagages	Gepäck	bagaglio	bagagem
Equipo	team	équipe	Mannschaft	squadra	equipa (time)
Equivocación	mistake	erreur	Irrtum	sbaglio	engano
Equivocado, a	mistaken	erroné, e	im Irrtum	sbagliato/a	enganado, a
Error	error	erreur	Fehler	errore	erro
Escenario	stage/scene/setting	scène, scénario	Bühne	palcoscenico	cenário
Escribir	to write	écrire	schreiben	scrivere	escrever
Escritor, a	author	écrivain, e	Schriftsteller/in	scrittore/scrittrice	escritor, a
Escuchar	to listen to	écouter	zuhören	ascoltare	escutar
Escuela	school	école	Schule	scuola	escola
Espacio	space	espace	Raum	spazio	espaço
Espalda	back	dos	Rücken	schiena	costas
Español, a	Spanish man/woman	Espagnol, e	spanische/r	spagnolo/a	espanhol, a
Espejo	mirror	miroir	Spiegel	specchio	espelho
Esperar	to wait	attendre	warten	aspettare	esperar
Esposo, a	spouse	époux, épouse	Gatte/Gattin	sposo/a	esposo, a
Esquema	scheme	schéma	Schema	schema	esquema
Establecimiento		établissement	Geschäft	negozio	estabelecimento
Estadio	stadium	stade	Stadion	stadio	estádio
Estado	state	état	Zustand	stato	estado
Estadounidense	American	Américain, e	amerikanische/r	statunitense	norte-americano
Estantería	shelf	étagère	Regal	scaffale	estante
Estar	to be	être	sein	stare/essere	estar
Estilo	style	style	Stil	stilo	estilo
Estómago	stomach	estomac	Magen	stomaco	estómago (estômago)
Estrecho, a	narrow	étroit, e	eng	stretto/a	estreito, a
Estrés	stress	stress	Stress	stress	stress (estresse)
Estudiante	student	étudiant, e	Student/in	studente/studentessa	estudante
Estudiar	to study	étudier	studieren	studiare	estudar
Estupendo, a	excellent	super	fantastisch	stupendo/a	ótimo, a
Estúpido, a	stupid	stupide	dumm	stupido/a	estúpido, a
Etiqueta	label	étiquette	Etikett	etichetta	etiqueta
Exagerado, a	exaggerated	excessif, excessive	übertrieben	esagerato/a	exagerado, a
Examen	exam	examen	Prüfung	esame	exame (prova)
Excursión	excursion	excursion	Ausflug	gita	excursão
Existir	to exist	exister	existieren	esistere	existir
Exnovio, a	ex-boyfriend	excopain, excopine	ExFreund/ExFreundin	ex fidanzato/a	ex-namorado, a
Explicar	to explain	expliquer	erklären	spiegare	explicar
Expresar	to express	exprimer	ausdrücken	esprimere	expressar
Exquisito, a	exquisite	exquis, e	köstlich	squisito/a	excelente
Extranjero, a	foreigner	étranger, étrangère	Ausländer/in	straniero/a	estrangeiro, a
Extrovertido, a	extrovert	extraverti, e	extrovertiert	estroverso/a	extrovertido, a

F

Español	Inglés	Francés	Alemán	Italiano	Portugués (Brasileño)
Fácil	easy	facile	einfach	facile	fácil
Faltar		manquer	fehlen	mancare	faltar

GLOSARIO

Español	Inglés	Francés	Alemán	Italiano	Portugués (Brasileño)
Famoso, a	celebrity/a famous person	célèbre	berühmt	famoso/a	famoso, a
Fantástico, a	fantastic	fantastique	fantastisch	fantastico/a	fantástico, a
Farmacia	pharmacy	pharmacie	Apotheke	farmacia	farmácia
Fatal	fatal	fatal	folgenschwer	fatale	péssimo
Favorito, a	favourite	préféré, e	Favorit/in	favorito/a	favorito, a
Febrero	February	février	Februar	Febbraio	fevereiro
Felicidad	happiness	bonheur	Glück	felicità	felicidade
Feliz	happy	heureux, heureuse	glücklich	felice	feliz
Feo, a	ugly	laid, e	hässlich	brutto/a	feio, a
Festivo, a	festive	festif, festive // férié, fériée	festlich	festivo/a	festivo, a
Fideo	noodle	vermicelle	Suppennudel	spaghetto	macarronete (cabelo-de-anjo)
Fiebre	fever	fièvre	Fieber	febbre	febre
Fiesta	holiday/party	fête	Fest	festa	festa
Figura	figure	silhouette	Figur	figura	figura
Fijarse (en)	to notice	remarquer	achten (auf)	fare attenzione a	reparar
Fin de semana	weekend	week-end	Wochenende	fine settimana	fim de semana
Finlandés, a	Finn	Finlandais, e	finnische/r	finlandese	finlandês, a
Firmar	to sign	signer	unterschreiben	firmare	assinar
Flecha	arrow	flèche	Pfeil	freccia	flecha
Flor	flower	fleur	Blume	fiore	flor
Fontanero, a	plumber	plombier, plombière	Klempner/in	idraulico/a	canalizador,a (encanador)
Forma	shape	forme	Form	forma	forma
Fortaleza	strength	force	Stärke	vigorosità	fortaleza
Fotografía	photo	photographie	Fotografie	fotografia	fotografia
Fotógrafo, a	photographer	photographe	Fotograf/in	fotografo/a	fotógrafo, a
Francés, a	Frenchman/Frenchwoman	Français, e	französische/r	francese	francês, a
Frecuente	frequent	fréquent, e	häufig	frequente	frequente
Fregar	to wash up	laver, frotter	spülen	strofinare	lavar a louça
Frente	forehead	front	Stirn	fronte	testa
Fresa	strawberry	fraise	Erdbeere	fragola	morango
Frío, a	cold	froid, e	kalt	freddo/a	frio, a
Fruta	fruit	fruit	Obst	frutta	fruta
Fruto seco	nuts and dried fruit	fruit sec	Trockenfrucht	frutti secchi	fruto seco
Fuego	fire	feu	Feuer	fuoco	fogo
Fuente	fountain	source	Quelle	fontana	fonte
Fuera	outside	dehors	draußen	fuori	fora
Fuerte	strong	fort, e	stark	forte	forte
Fuerza	strength	force	Kraft	forza	força

G

Español	Inglés	Francés	Alemán	Italiano	Portugués (Brasileño)
Gafas	glasses	lunettes	Brille	occhiali	óculos
Galleta	biscuit	biscuit	Keks	biscotto	bolacha (biscoito)
Gamba	shrimp	crevette	Krabbe	gamberetto	gamba (camarão)
Ganar	to win	gagner	gewinnen	vincere	ganhar
Garaje	garage	garage	Garage	autorimessa	garagem
Garbanzo	chickpea	pois chiche	Kichererbse	cece	grão-de-bico
Garganta	throat	gorge	Hals	gola	garganta
Gas	gas	gaz	Kohlensäure	gas	gás
Gastar	to spend	dépenser	ausgeben	spendere	gastar
Gastronomía	gastronomy	gastronomie	Gaststättengewerbe	gastronomia	gastronomia
Gastronómico, a	gastronomical	gastronomique	gastronomisch	gastronomico/a	gastronómico,a (gastronômico, a)
Gato, a	cat	chat, chatte	Kater/Katze	gatto/a	gato, a
Gel	gel	gel	Gel	gel	gel
Generoso, a	generous	généreux, généreuse	großzügig	generoso/a	generoso, a

Español	Inglés	Francés	Alemán	Italiano	Portugués (Brasileño)
Genial	brilliant/fantastic	génial	einfallsreich	geniale	genial
Gente	people	gens (pl.)	Leute	gente	gente
Geranio	geranium	géranium	Geranie	geranio	gerânio
Gigante	giant	géant, e	Riese	gigante	gigante
Gimnasia	gymnasium/gym	gymnastique	Gymnastik	ginnastica	ginástica
Golosina	sweet	friandise	Süßigkeit	dolciume	guloseima
Golpear	to kick	frapper	schlagen	battere	bater
Goma de borrar	rubber	gomme	Radiergummi	cancellino	borracha
Gordo, a	fat	gros, grosse	dick	grasso/a	gordo, a
Gramo	gram	gramme	Gramm	grammo	grama
Grande	big	grand, grande	groß	grande	grande
Grave	serious	grave	ernst	grave	grave
Grifo	tap	robinet	Hahn	rubinetto	torneira
Gripe	flue	grippe	Grippe	influenza	gripe
Gris	grey	gris, e	grau	grigio/a	cinzento (cinza)
Grupo	group	groupe	Gruppe	gruppo	grupo
Guapo, a	handsome/beautiful	beau, belle	schön	bello/a	bonito, a
Guardar	to keep	garder	aufbewahren	conservare	guardar
Guisante	pea	petit pois	Erbse	pisello	ervilha
Guitarra	guitar	guitarre	Gitarre	chitarra	guitarra (violão)
Gustar	to like	plaire	gefallen, schmecken	piacere	gostar
Gusto	taste	goût	Geschmack	piacere	gosto

H

Español	Inglés	Francés	Alemán	Italiano	Portugués (Brasileño)
Haber	there is/are	avoir	geben	esserci	haver
Habitación	room	chambre, pièce	Zimmer	camera	quarto
Habitante	inhabitant	habitant, e	Bewohner/in	abitante	habitante
Habitual	habitual	habituel, habituelle	gewöhnlich	abituale	habitual
Hablador, a	talkative/chatty	bavard, e	gesprächig	chiacchierone/a	falador, a
Hablar	to talk	parler	sprechen	parlare	falar
Hacer	to do/make	faire	machen	fare	fazer
Hambre	hunger	faim	Hunger	fame	fome
Hambriento, a	hungry	affamé, e	hungrig	affamato/a	faminto, a
Helado	ice cream	glace	Speiseeis	gelato	gelado (sorvete)
Herido, a	injured/wounded	blessé, e	verletzt	ferito/a	ferido, a
Hermano, a	brother/sister	frère, sœur	Bruder/Schwester	fratello/sorella	irmão, ã
Hielo	ice	glace, verglas	Eis	ghiaccio	gelo
Hijo, a	son/daughter	fils, fille	Sohn/Tochter	figlio/a	filho, a
Histórico, a	historic	historique	historisch	storico	histórico, a
Holandés, a	Dutchman/woman	Hollandais, e	holländische/r	olandese	holandês, a
Hombro	shoulder	épaule	Schulter	spalla	ombro
Hora	hour/time	heure	Uhr	ora	hora
Horario	time-table	horaire, emploi du temps	Fahrplan	orario	horário
Horno	oven	four	Backofen	forno	forno
Horrible	horrible	horrible	fürchterlich	orrendo/a	horrível
Hospital	hospital	hôpital	Krankenhaus	ospedale	hospital
Hotel	hotel	hôtel	Hotel	hotel	hotel
Hoy	today	aujourd'hui	heute	oggi	hoje
Huevo	egg	œuf	Ei	uovo	ovo

I

Español	Inglés	Francés	Alemán	Italiano	Portugués (Brasileño)
Idea	idea	idée	Idee, Gedanke	dea	ideia
Ideal	ideal	idéal, e	ideal	ideale	ideal
Idealista	idealist	idéaliste	idealistisch	idealista	idealista
Identificarse	to identify oneself	s'identifier	sich ausweisen	identificarsi	identificar-se
Idioma	language	langue	Fremdsprache	idioma	idioma
Iglesia	church	église	Kirche	chiesa	igreja

GLOSARIO

Español	Inglés	Francés	Alemán	Italiano	Portugués (Brasileño)
Imaginar	to imagine	imaginer	vorstellen	immaginare	imaginar
Impaciente	impatient	impatient, e	ungelduldig	impaziente	impaciente
Importante	important	important, e	wichtig	importante	importante
Imposible	impossible	impossible	unmöglich	impossibile	impossível
Impresionante	impressive	impressionnant, e	beeindruckend	eclatante	impressionante
Incómodo, a	uncomfortable	inconfortable	unbequem	scomodo/a	desconfortável
Inconveniente	inconvenient	inconvénient	unpassend	inconveniente	inconveniente
Incorrecto, a	incorrect	incorrect, e	unrichtig, falsch	incorretto/a	incorreto, a
Increíble	incredible	incroyable	unglaublich	incredibile	incrível
Individual	individual	individuel, le	individuell	individuale	individual
Infección	infection	infection	Infektion	infezione	infeção (infecção)
Informal	informal/casual	informel, informelle	formlos	informale	informal
Informático, a	computer programmer	informaticien, informaticienne	Informatiker/in	informatico/a	informático, a
Informe	report	rapport	Bericht	rapporto	relatório
Ingrediente	ingredient	ingrédient	Zutat	ingrediente	ingrediente
Inscribirse (en)	to enroll in	s'inscrire (à, sur)	sich einschreiben	diventare socio	inscrever-se em
Instituto	high school	lycée	Gymnasium	Liceo	instituto
Inteligente	intelligent	intelligent, e	intelligent	intelligente	inteligente
Intercambiar	to exchange	échanger	austauschen	scambiare	intercambiar
Interés	interest	intérêt	Interesse	interesse	interesse
Interesante	interesting	intéressant, e	interessant	interessante	interessante
Interesar	to interest	intéresser	interessieren	interessare	interessar
Interpretar	to interpret	interpréter	interpretieren	eseguire	interpretar
Invasión	invasion	invasion	Invasion	calata	invasão
Investigación	investigation	enquête	Forschung	indagine	investigação (pesquisa)
Invierno	winter	hiver	Winter	inverno	inverno
Invitado, a	guest	invité, e	Gast	invitato/a	convidado, a
Invitar (a)	to invite	inviter	einladen (zu)	invitare	convidar (a)
Ir	to go	aller	gehen	andare	ir
Irlandés, a	Irishman/Irishwoman	Irlandais, e	irische/r	irlandese	irlandês, a
Isla	island	île	Insel	isola	ilha
Islandés, a	Icelander	Islandais, e	isländische/r	islandese	islandês, a
Izquierdo, a	left	gauche	linke/r	sinistro/a	esquerdo, a

J

Español	Inglés	Francés	Alemán	Italiano	Portugués (Brasileño)
Jamón	ham	jambon	Schinken	prosciutto	presunto espanhol
Jarabe	syrup	sirop	Saft, Sirup	sciroppo	xarope
Jardín	garden	jardin	Garten	giardino	jardim
Jefe	boss	chef	Chef	capo	chefe
Jinete	rider/horseman	jockey	Reiter	cavalier	cavaleiro
Jirafa	giraffe	girafe	Giraffe	giraffa	girafa
Joven	young	jeune	jung	giovane	jovem
Joyería	jewellery shop	joaillerie	Schmuckgeschäft	gioieleria	joalheria
Jubilado, a	retired	retraité, e	Rentner/in	pensionato/a	reformado,a (aposentado, a)
Judía	bean	haricot	Bohne	fagiolo	feijão
Jueves	Thursday	jeudi	Donnerstag	Giovedì	quinta-feira
Jugador, a	player	joueur, joueuse	Spieler/in	giocatore/giocatrice	jogador, a
Jugar	to play	jouer	spielen	giocare	jogar
Juguetería	toy shop	jouetterie	Spielzeuggeschäft	toyshop	loja de brinquedos
Julio	July	juillet	Juli	Luglio	julho
Junio	June	juin	Juni	Giugno	junho
Justo, a	just	juste	gerecht	giusto	justo, a

K

Español	Inglés	Francés	Alemán	Italiano	Portugués (Brasileño)
Kilo	kilo	kilo	Kilo	chilo	quilo
Kiwi	kiwi	kiwi	Kiwi	kiwi	quivi (kiwi)

Español	Inglés	Francés	Alemán	Italiano	Portugués (Brasileño)
L					
Labio	lip	lèvre	Lippe	labbro	lábio
Lago	lake	lac	See	lago	lago
Lámpara	lamp	lampe	Lampe	lampada	lâmpada
Lápiz	pencil	crayon	Bleistift	matita	lápis
Largo, a	long	long, longue	lang	lungo/a	comprido, a
Lavabo	sink	lavabo	Waschbecken	lavandino	lavabo
Lavadora	washing machine	lave-linge	Waschmaschine	lavatrice	máquina de lavar
Lavar	to wash	laver	waschen	lavare	lavar
Lavarse	to wash	se laver	sich waschen	lavarsi	lavar-se
Leche	milk	lait	Milch	latte	leite
Lechuga	lettuce	laitue	Kopfsalat	lattuga	alface
Leer	to read	lire	lesen	leggere	ler
Legumbre	legume/pulse	légume sec	Hülsenfrucht	legume	legume
Lejos	far	loin	weit	lontano/a	longe
Lengua	tongue	langue	Zunge	lingua	língua
Lenteja	lentil	lentille	Linse	lenticchia	lentilha
Levantarse	to get up	se lever	aufstehen	alzarsi	levantar-se
Libre	free	libre	frei	libero	livre
Librería	book shop	librairie	Buchhandlung	librería	livraria
Libro	book	livre	Buch	libro	livro
Limón	lemon	citron	Zitrone	limone	limão
Limpiar	to clean	nettoyer	putzen	pulire	limpar
Limpio, a	clean	propre	sauber	pulito/a	limpo, a
Listo, a	clever	intelligent, e	fertig	furbo/a	esperto, a
Litro	litre	litre	Liter	litro	litro
Llamar (a)	to call	appeler	anrufen	chiamare	ligar
Llamarse	to be called	s'appeler	heißen	chiamarsi	chamar-se
Llave	key	clé	Schlüssel	chiave	chave
Llegar	to arrive	arriver	ankommen	arrivare	chegar
Llenar	to fill	remplir	füllen	riempire	encher
Lleno, a	full	rempli, e	voll	pieno/a	cheio, a
Llevar	to carry	porter	mitnehmen	portare	levar
Llover	to rain	pleuvoir	regnen	piovere	chover
Lluvia	rain	pluie	Regen	pioggia	chuva
Lugar	place	lieu	Ort	posto	lugar
Luminoso, a	illuminated	lumineux	hell	fulgente	luminoso, a
Lunes	Monday	lundi	Montag	Lunedì	segunda-feira
Luz	light	lumière	Licht	luce	luz
M					
Madera	wood	bois	Holz	legno	madeira
Madre	mother	mère	Mutter	madre	mãe
Madrugador, a	early-riser	matinal, e	Frühaufsteher/in	mattiniero/a	madrugador, a
Madrugar	to get up early	se lever tôt	früh aufstehen	alzarsi presto	madrugar
Maduro, a	ripe	mûr, e	reif	maturo/a	maduro, a
Majo, a	good-looking/nice	sympathique	nett	carino/a	giro (legal)
Maleta	suitcase	valise	Koffer	valigia	mala
Mañana	morning	matin, demain	morgen	domani	manhã
Mandar	to send	envoyer	schicken	inviare	mandar
Manga	sleeve	manche	Ärmel	manica	manga
Mano	hand	main	Arm	mano	mão
Manta	blanket	couverture	Decke	coperta	cobertor
Mantener	to maintain	maintenir	bewahren	mantenere	manter
Mantequilla	butter	beurre	Butter	burro	manteiga
Manzana	apple	pomme	Apfel	mela	maçã
Mapa	map	carte, plan	Landkarte	mappa	mapa

GLOSARIO

Español	Inglés	Francés	Alemán	Italiano	Portugués (Brasileño)
Maquillarse	to make up	se maquiller	sich schminken	truccarsi	maquilhar-se (maquiar-se)
Marcado, a	marked	marqué, e	geprägt	segnato/a	marcado, a
Marcar	to mark	marquer	anstreichen, ankreuzen	segnare	marcar
Marcharse	to go away/leave	s'en aller	weggehen	andarsene	ir embora
Marco	frame	cadre	Rahmen	cornice	moldura
Mareado, a	sick	avoir mal au cœur	schwindelig	vertiginoso/a	enjoado, a
Marearse	to get sick	avoir la nausée	schwindelig werden	avere la vertigine	enjoar-se
Marido	husband	mari	Gatte	marito	marido
Marisco	seafood	fruits de mer	Meeresfrucht	frutto di mare	marisco (fruto do mar)
Marrón	brown	marron	braun	marrone	marrom
Marroquí	Moroccan	Marocain, e	marrokanische/r	marocchino	marroquino
Martes	Tuesday	mardi	Dienstag	Martedì	terça-feira
Masticar	to chew	mastiquer	kauen	masticare	mastigar
Matar	to kill	tuer	töten	uccidere	matar
Material	material	matériel	Material	materiale	material
Matrimonio	married couple	mariage	Ehe	matrimonio	casamento
Mayor	old	plus grand, e	älter, größer	maggiore	maior
Mayoría	majority	majorité	Mehrheit	maggioranza	maioria
Mecánico, a	mechanic	mécanicien, mécanicienne	Mechaniker/in	meccanico	mecânico, a
Médico, a	doctor	médecin	Arzt/Ärztin	dottore/essa	médico, a
Medio ambiente	environment	environnement	Umwelt	ambiente	meio ambiente
Mediodía	midday	midi, mi-journée	Mittag	mezzogiorno	meio-dia
Mejicano, a	Mexican	Mexicain, e	mexikanische/r	messicano/a	mexicano, a
Mejillón	mussel	moule	Miesmuschel	cozza	mexilhão
Mejor	better	meilleur	besser	meglio/migliore	melhor
Melocotón	peach	pêche	Pfirsich	pesca	pêssego
Melón	melon	melon	Melone	melone	melão
Memoria	memory	mémoire	Gedächtnis	memoria	memória
Mensaje	message	message	Nachricht	messaggio	mensagem
Mente	mind	esprit	Geist	mente	mente
Mercado	market	marché	Markt	mercato	mercado
Merienda	snack	goûter	Vesper, Picknick	merenda	lanche
Merluza	hake	merlu	Seehecht	merluzzo	pescada (merluza)
Mermelada	jam	confiture	Marmelade	marmellata	geleia
Mes	month	mois	Monat	mese	mês
Mesa	table	table	Tisch	tavola	mesa
Mesita de noche	night table	table de nuit	Nachttisch	tavolino	mesinha de cabeceira
Miércoles	Wednesday	mercredi	Mittwoch	Mercoledì	quarta-feira
Minoría	minority	minorité	Minderheit	minoranza	minoria
Minuto	minute	minute	Minute	minuto	minuto
Mismo, a	the same	même	gleiche/r	stesso/a	mesmo, a
Mitad	half	moitié	Hälfte	metà	metade
Mochila	backpack	sac à dos	Rucksack	zaino	mochila
Modelo	model	modèle	Modell	modello	modelo
Moderación	moderation	modération	Mäßigung	misuratezza	moderação
Moderno, a	modern	moderne	modern	moderno/a	moderno, a
Momento	moment	moment	Moment	momento	momento
Montar	to ride a bike	monter (à bicyclette)	Rad fahren	guidare la bici	andar de bicicleta
Montón	loads of	tas	Haufen	mazzo	montão
Monumento	monument	monument	Denkmal	monumento	monumento
Moreno, a	dark	brun, e	braun	bruno	moreno, a
Motivo	motive	motif	Motiv	motivo	motivo
Motocicleta	motorbike	motocyclette	Motorrad	motocicletta	motocicleta
Móvil	mobile	mobile	Mobiltelefon	cellulare/telefonino	telemóvel (celular)
Mucho, a	much/many	beaucoup	viel	molto/a	muito, a
Mueble	furniture	meuble	Möbelstück	mobile	móvel

Español	Inglés	Francés	Alemán	Italiano	Portugués (Brasileño)
Muela	wisdom tooth	dent	Backenzahn	molare	dente
Muerto, a	dead	mort, e	tot	morto/a	morto, a
Mujer	woman	femme	Frau	donna	mulher
Mujer	wife	femme, épouse	Gattin	sposa	mulher
Mundo	world	monde	Welt	mondo	mundo
Museo	museum	musée	Museum	museo	museu
Música	music	musique	Musik	musica	música
Musical	musical	comédie musicale	Musical	musicale	musical
Músico, a	musician	musicien, musicienne	Musiker/in	musicista	músico, a

N

Español	Inglés	Francés	Alemán	Italiano	Portugués (Brasileño)
Nada	nothing	rion	nichts	niente	nada
Nadar	to swim	nager	schwimmen	nuotare	nadar
Nadie	nobody	personne	niemand	nessuno	ninguém
Naranja	orange	orange	Orange	arancione	laranja
Nariz	nose	nez	Nase	naso	nariz
Nata	whipped cream	crème	Sahne	panna	natas (creme de leite)
Natación	swimming	natation	Schwimmsport	nuoto	natação
Navegar	to sail	naviguer	mit einem Schiff fahren	navigare	navegar
Necesario, a	necessary	nécessaire	notwendig	necessario/a	necessário, a
Necesitar	to need	avoir besoin de	brauchen	aver bisogno	necessitar (precisar)
Negativo, a	negative	négatif, négative	negativ	negativo/a	negativo, a
Negro, a	black	noir, e	schwarz	negro/a	preto, a
Nervioso, a	nervous	nerveux, nerveuse	nervös	nervoso/a	nervoso, a
Nevar	to snow	neiger	schneien	nevicare	nevar
Nevera	fridge	réfrigérateur	Kühlschrank	frigorifero	frigorífico (geladeira)
Niebla	fog	brume	Nebel	nebbia	neblina
Niño, a	child	petit garçon, petite fille	Kind	bambino/a	criança
Noche	night	nuit	Nacht	notte	noite
Nocturno, a	night	nocturne	nächtlich	notturno/a	noturno, a
Norte	north	nord	Norden	norte	norte
Noviembre	November	novembre	November	Novembre	novembro
Novio, a	boyfriend/girlfriend	copain, copine	feste(r) Freund/in, Braut/Bräutigam	fidanzato/a	namorado, a
Nuevo, a	new	nouveau, nouvelle, neuf, neuve	neu	nuovo/a	novo, a
Número	number	nombre, numéro	Nummer	numero	número
Nunca	never	jamais	nie	mai	nunca

O

Español	Inglés	Francés	Alemán	Italiano	Portugués (Brasileño)
Obligación	obligation	obligation	Verpflichtung	obbligo	obrigação
Obsesión	obsession	obsession	Besessenheit	ossessione	obsessão
Ocio	free/leisure time	loisir	Freizeit	tempo libero	lazer
Octubre	October	octobre	Oktober	Ottobre	outubro
Ocupado, a	busy	occupé, e	besetzt	occupato/a	ocupado, a
Odiar	to hate	haïr	hassen	odiare	odiar
Oferta	offer	offre, proposition	Angebot	offerta	oferta
Oficial	official	officiel, officielle	offiziell	ufficiale	oficial
Oficina	office	bureau	Büro	ufficio	escritório
Ofrecer	to offer	offrir, proposer	anbieten	offrire	oferecer
Oír	to hear	entendre	hören	udire	ouvir
Ojo	eye	œil	Auge	occhio	olho
Olor	smell	odeur	Geruch	odore	cheiro
Olvidar	to forget	oublier	vergessen	dimenticare	esquecer
Ombligo	navel	nombril	Bauchnabel	ombelico	umbigo
Ópera	opera	opéra	Oper	opera	ópera

GLOSARIO

Español	Inglés	Francés	Alemán	Italiano	Portugués (Brasileño)
Opinar	to think	être d'avis que	meinen	opinare	opinar
Opinión	opinion	opinion	Meinung	parere	opinião
Optimista	optimist	optimiste	Optimist	ottimista	otimista
Ordenado, a	tidy	ordonné, e	aufgeräumt, ordentlich	sistemato/a	organizado, a
Ordenador	computer	ordinateur	Computer	computer	computador
Oreja	ear	oreille	Ohr	orecchio	orelha
Organizado, a	organized	organisé, e	organisiert	organizzato/a	organizado, a
Organizar	to organize	organiser	organisieren	organizzare	organizar
Órgano	organ	organe	Organ	organo	órgão
Origen	origin	origine	Herkunft	origine	origem
Original	original	original, e	Original	originale	original
Orquesta	orchestra	orchestre	Orchester	orchestra	orquestra
Otoño	autumn	automne	Herbst	Autunno	outono

P

Español	Inglés	Francés	Alemán	Italiano	Portugués (Brasileño)
Paciente	patient	patient, e	geduldig	indulgente	paciente
Paciente	patient	patient, e	Patient/in	paziente	paciente
Padre	father	père	Vater	padre	pai
Paella	paella	paëlla	Paella	paella	paelha (paella)
Pagar	to pay	payer	zahlen	pagare	pagar
País	country	pays	Land	paese	país
Paisaje	landscape	paysage	Landschaft	paesaggio	paisagem
Palacio	palace	palais	Palast	palazzo	palácio
Palomitas	popcorn	pop-corn	Popcorn	popcorn	pipocas
Pan	bread	pain	Brot	pane	pão
Pantalla	screen	écran	Leinwand	schermo	ecrã (tela)
Pantalón	trousers	pantalon	Hose	pantalone	calça
Papel	paper	papier	Papier	carta	papel
Papelera	wastepaper bin	corbeille à papier	Papierkorb	cestino	cesto dos papéis (lixeira)
Parada de autobús	bus stop	arrêt d'autobus	Bushaltestelle	fermata dell'autobus	paragem de autocarros (ponto de ônibus)
Paraguas	umbrella	parapluie	Regenschirm	ombrello	guarda-chuva
Parar	to stop	arrêter	halten	fermare	parar
Parecer	to appear/seem	sembler, paraître	scheinen	sembrare	parecer
Pared	wall	mur	Wand	parete	parede
Pareja	pair	couple, partenaire	Paar	coppia	par
Parque	park	parc	Park	parco	parque
Parque de atracciones	amusement park	parc d'attractions	Vergnügungspark	lunapark	parque de diversões
Parque natural	natural park	parc naturel	Naturpark	parco naturale	parque natural
Partido	match	match	Spiel	partita	jogo
Pasaporte	passport	passeport	Pass	passaporto	passaporte
Pasar	to go by	passer	vorbeigehen	passare	passar
Pasear	to walk	se promener	spazierengehen	passeggiare	passear
Paseo	walk	promenade	Spaziergang	passeggiata	passeio
Paseo marítimo	promenade/esplanade	bord de mer	Strandpromenade	passeggio marittimo	passeio marítimo (calçadão)
Pasión	passion	passion	Leidenschaft	passione	paixão
Pasivo, a	passive	passif, passive	passiv	passivo/a	passivo, a
Pasta	pasta	pâtes	Nudeln	pasta	massa
Pastilla	pill	pillule	Tablette	pastiglia	comprimido
Patata	potato	pomme de terrre	Kartoffel	patata	batata
Paté	pâté	pâté	Leberpastete	patè	patê
Pausa	pause/break	pause	Pause	pausa	pausa
Pecas	freckles	taches de rousseur	Sommersprossen	lentiggine	sardas
Pedir	to ask	demander	verlangen	chiedere	pedir
Peinarse	to comb	se peigner	sich kämmen	pettinarsi	pentear-se
Película	film	film	Film	film	filme

Español	Inglés	Francés	Alemán	Italiano	Portugués (Brasileño)
Peligroso, a	dangerous	dangereux, dangereuse	gefährlich	pericoloso/a	perigoso, a
Pelirrojo, a	red-haired	roux, rousse	rothaarig	dai capelli rossi	ruivo, a
Pelo	hair	cheveux	Haar	capelli	cabelo
Pendientes	earrings	boucles d'oreille	Ohrringe	orecchini	brincos
Pensar	to think	penser	denken	pensare	pensar
Peor	worse	pire	schlechter	peggio	pior
Pepino	cucumber	concombre	Gurke	cetriolo	pepino
Pequeño, a	small	petit, e	klein	piccolo/a	pequeno, a
Pera	pear	poire	Birne	pera	pera
Perder	to lose	perdre	verlieren	perdere	perder
Perderse	to get lost	se perdre	sich verirren	perdersi	perder-se
Pérdida	loss	perte	Verlust	perdita	perda
Perdonar	to pardon/forgive	pardonner	entschuldigen	perdonare	perdoar
Perfecto, a	perfect	parfait, e	perfekt	perfetto/a	perfeito, a
Perfume	perfume	parfum	Parfüm	profumo	perfume
Periódico	newspaper	journal	Zeitung	giornale	jornal
Periodismo	journalism	journalisme	Journalismus	giornalismo	jornalismo
Periodista	journalist	journaliste	Journalist/in	giornalista	jornalista
Perro, a	dog/bitch	chien, chienne	Hund/Hündin	cane	cão, cadela (cachorro,a)
Persona	person	personne	Person	persona	pessoa
Personaje	character	personnage	Persönlichkeit	personaggio	personagem
Personal	personal	personnel	Personal	personale	pessoal
Pescado	fish	poisson	Fisch	pesce	peixe
Petardo	firecracker	pétard	Feuerwerkskörper	petardo	petardo (bombinhas)
Pie	foot	pied	Fuß	piede	pé
Piedra	stone	pierre	Stein	pietra	pedra
Piel	skin	peau	Haut	pelle	pele
Pierna	leg	jambe	Bein	gonna	perna
Piloto, a	pilot	pilote	Pilot	pilota	piloto
Pimiento	pepper	poivron	Paprika	peperone	pimentão
Pinacoteca	art gallery	pinacothèque	Pinakothek	pinacoteca	pinacoteca
Piñata	piñata	panier de friandises	geschmücktes Tongefäß, mit Süßigkeiten für Kinder, das bei einem Fest zerschlagen wird	pignatta	pinhata
Pinchadiscos	disc jockey/DJ	disc-jockey	DJ	DJ	DJ
Pincho	small portion	petite portion	Häppchen	salatini	porção
Pintar	to paint	peindre	malen	dipingere	pintar
Pintor, a	painter	peintre	Maler/in	pittore/pittrice	pintor, a
Pintoresco, a	picturesque	pittoresque	malerisch	pittoresco/a	pitoresco, a
Pintura	painting	peinture	Farbe	pittura	pintura
Piscina	swimming pool	piscine	Schwimmbad	piscina	piscina
Piso (vivienda)	floor	appartement	Wohnung	appartamento	andar
Pista	clue	piste	Spur	pista	pista
Pizarra	board	tableau	Tafel	lavagna	quadro
Plan	plan	plan	Vorhaben	progetto	plano (programa)
Plancha	iron	fer à repasser	Bügeleisen	ferro da stiro	ferro
Plano	map	plan, carte	Karte	pianta	mapa
Plantar	to plant	planter	pflanzen	plantare	plantar
Plástico	plastic	plastique	Plastik	plastica	plástico
Plátano	banana	banane	Banane	banana	banana
Plato	plate	plat, assiette	Teller	piatto	prato
Playa	beach	plage	Strand	spiaggia	praia
Plaza	square	place	Platz	piazza	praça
Población	population	population	Bevölkerung	popolazione	população

GLOSARIO

Español	Inglés	Francés	Alemán	Italiano	Portugués (Brasileño)
Poco, a	little/few	peu	wenig	poco/a	pouco, a
Poder	power	pouvoir	können	potere	poder
Poema	poem	poème	Gedicht	poema	poema
Política	politics	politique	Politik	politica	política
Pollo	chicken	poulet	Hähnchen	pollo	frango
Poner	to put	mettre	stellen, legen	mettere	pôr
Ponerse	to put on	se mettre	anziehen	mettersi	ficar
Popular	popular	populaire	beliebt	popolare	popular
Portátil	portable/laptop	portable	Laptop	laptop	portátil (laptop)
Portero, a	goal keeper	gardien, gardienne (de but)	Torhüter/in	portiere	guarda-redes (goleiro, a)
Portugués, a	Portuguese	Portugais, e	portugiesische/r	portoghese	português, a
Posible	possible	possible	möglich	possibile	possível
Positivo, a	positive	positif, positive	positiv	positivo/a	positivo, a
Postal	postcard	carte postale	Postkarte	cartolina	cartão-postal
Póster	poster	poster	Poster	poster	cartaz (pôster)
Potenciar	to foster/promote	renforcer	verstärken, ausbauen	potenziare	potencializar
Pozo	well	puits	Brunnen	pozzo	poço
Practicar	to practise	pratiquer	praktizieren	esercitare	praticar
Precio	price	prix	Preis	prezzo	preço
Precioso, a	beautiful	magnifique	wunderschön	prezioso/a	precioso, a
Predicción	prediction	prédiction	Vorhersage	predizione	previsão
Preferencia	preference	préférence	Vorzug	preferenza	preferência
Preferente	preferential/special	préférentiel, préférentielle	lieber	preferenziale	preferente
Preferido, a	preferable	préféré, e	bevorzugt, Lieblings-	preferito/a	preferido, a
Preferir	to prefer	préférer	vorziehen	preferire	preferir
Pregunta	question	question	Frage	domanda	pergunta
Preguntar	to ask	poser une question	fragen	domandare	perguntar
Prensa	press	presse	Presse	stampa	imprensa
Preocupación	worry	inquiétude	Sorge	preoccupazione	preocupação
Preparado, a	ready	préparé, préparée, prêt, prête	vorbereitet	preparato/a	preparado, a
Preparar	to prepare	préparer	vorbereiten	preparare	preparar
Presentación	presentation	présentation	Präsentation, Vorstellung	presentazione	apresentação
Presentar	to present	présenter	vorstellen	presentare	apresentar
Presentarse	to introduce oneself	se présenter	sich vorstellen	presentarsi	apresentar-se
Presumido, a	conceited/big-headed	prétentieux, prétentieuse	eitel	millantatore	vaidoso, a
Primavera	spring	printemps	Frühling	Primavera	primavera
Primero, a	first	premier, première	erste/r	primo/a	primeiro, a
Primo, a	cousin	cousin, e	Cousin/e	cugino/a	primo, a
Prisa	hurry	hâte	Eile	fretta	pressa
Probar	to taste	goûter	kosten	provare/assaggiare	provar
Problema	problem	problème	Problem	problema	problema
Procedencia	origin	provenance	Herkunft	provenienza	procedência
Profesión	profession/occupation	profession	Beruf	professione	profissão
Profesor, a	professor	professeur, e	Lehrer/in	professore/essa	professor, a
Programa	programme	programme	Programm	programma	programa
Propietario, a	owner	propriétaire	Eigentümer/in	proprietario/a	proprietário, a
Proponer	to propose	proposer	vorschlagen	proporre	propor
Propósito	purpose/objective	but	Zweck	proposito	propósito
Protagonista	protagonist	protagoniste	Hauptdarsteller/in	protagonista	protagonista
Proteger	to protect	protéger	schützen	proteggere	proteger

Español	Inglés	Francés	Alemán	Italiano	Portugués (Brasileño)
Próximo, a	next	prochain, prochaine	nächste/r	prossimo/a	próximo, a
Proyecto	project	projet	Projekt	progetto	projeto
Prueba	test/exam	examen	Prüfung	prova	exame (prova)
Psicólogo, a	psychiatrist	psychologue	Psychologe/Psychologin	psicologo/a	psicólogo, a
Publicista	advertiser/publicist	publiciste	Publizist/in	pubblicista	publicitário, a
Público, a	public	public, publique	öffentlich	pubblico/a	público, a
Pueblo	village	village	Dorf	paese	povoação (povoado)
Puente	bridge	pont	Brücke	ponte	ponte
Puerto	port/harbor	port	Hafen	portoghese	porto
Puesto	stall	étal	Stand	bancarella	banca (barraca)

Q

Español	Inglés	Francés	Alemán	Italiano	Portugués (Brasileño)
Quedar (con / en)	to meet up with/en	avoir rendez-vous (avec, à)	sich treffen mit	dare appuntamento	combinar com / em
Quedarse	to stay	rester	bleiben	rimanere	ficar
Querer	to want	vouloir	wollen	volere	querer
Queso	cheese	fromage	Käse	formagio	queijo
Quinto, a	fifth	cinquième	fünfte/r	quinto/a	quinto, a
Quiosco	kiosk	kiosque	Kiosk	chiosco	quiosque

R

Español	Inglés	Francés	Alemán	Italiano	Portugués (Brasileño)
Ración	portion	portion	Portion, Ration	razione	dose (porção)
Radio	radio	radio	Radio	radio	rádio
Ramo (de flores)	bunch/bouquet	bouquet (de fleurs)	Strauß	mazzo di fiori	ramo de flores (buquê)
Raro, a	strange	étrange	seltsam, eigenartig	strano/a	esquisito, a
Rato (momento)	moment	moment	Augenblick	attimo	momento
Razón	reason	raison	Vernunft, Grund	ragione	razão
Receta	recipe	recette	Rezept	ricetta	receita
Recibir	to receive	recevoir	empfangen	ricevere	receber
Recomendación	recommendation	recommandation	Empfehlung	raccomandazione	recomendação
Recomendar	to recommend	recommander	empfehlen	raccomandare	recomendar
Recordar	to remember/to remind	rappeler	sich erinnern	ricordare	lembrar
Recuperarse (de)	to recover from	se remettre (de)	sich erholen (von)	rimettersi	recuperar-se
Redondo, a	round	rond, e	rund	rotondo/a	redondo, a
Refresco	soft drink	rafraîchissement	Erfrischung	rinfresco	refrigerante
Regalo	gift	cadeau	Geschenk	regalo	presente
Región (zona)	region	région (zone)	Region	regione	região
Registrado, a	registered	inscrit, e	registriert	iscritto/a	registado, a (registrado, a)
Regresar (a /de)	to return to/from	rentrer, revenir	zurückkehren	tornare a-in/da	regressar a/de (voltar)
Regular	regular/fair	régler	regulieren, regeln	regolare	regular
Reírse	to laugh	rire	lachen	ridere	rir
Relajarse	to relax	se détendre	sich erholen	rilassarsi	relaxar-se
Reloj	clock/watch	horloge, montre	Uhr	orologio	relógio
Repaso	revision	révision	Wiederholung	ripasso	revisão
Representativo, a	representative	représentatif, représentative	repräsentativ	rappresentativo/a	representativo, a
Reserva	reservation	réservation	Reserve, Vorrat	prenotazione	reserva
Reservar	to reserve/book	réserver	reservieren	prenotare	reservar
Resfriado	cold	rhume	Erkältung	raffreddore	resfriado
Resfriado, a	to have a cold	enrhumé, e	erkältet	raffreddato/a	resfriado, a
Residencia	residence	résidence	Wohnheim	residenza	residência
Resolver	to solve	résoudre	lösen	risolvere	resolver
Responsable	responsible	responsable	verantwortlich	responsabile	responsável
Restaurante	restaurant	restaurant	Restaurant	ristorante	restaurante
Resuelto, a	resolved	résolu, e	gelöst	deciso/a	resolvido
Retraso	delay	retard	Verspätung	ritardo	atraso

GLOSARIO

Español	Inglés	Francés	Alemán	Italiano	Portugués (Brasileño)
Reunión	reunion	réunion	Versammlung	riunione	reunião
Revés	the back	dos	Rückseite	rovescio	revesso (verso)
Revista	magazine	revue	Zeitschrift	rivista	revista
Rico, a	tasty	savoureux, savoureuse	köstlich	piacevole	delicioso, a
Riesgo	risk	risque	Gefahr	rischio	risco
Río	river	fleuve, rivière	Fluss	fiume	rio
Rizado, a	curly	bouclé, e	lockig	riccio/a	encaracolado,a (enrolado, a)
Rodilla	knee	genou	Knie	ginocchio	joelho
Rojo, a	red	rouge	rot	rosso/a	vermelho, a
Romano, a	Roman	romain, e	römische/r	romano/a	romano, a
Romántico, a	Romantic	romantique	romantisch	romantico/a	romântico, a
Romper	to break	rompre	brechen	rompere	quebrar
Ropa	clothes	vêtements	Kleider	abbigliamento	roupa
Rosa	rose	rose	rosa	rosa	rosa
Roto, a	broken	cassé, e	kaputt	rotto/a	quebrado, a
Ruido	noise	bruit	Lärm	rumore	barulho
Ruina	ruin	ruine	Ruine	rovina	ruína
Ruta	route	route, circuit	Route	percorso	rota

S

Español	Inglés	Francés	Alemán	Italiano	Portugués (Brasileño)
Sábado	Saturday	samedi	Samstag	Sabato	sábado
Saber	to know	savoir	wissen	sapere	saber
Sacar	to take out	sortir	herausholen	tirare fuori	tirar
Sal	salt	sel	Salz	sale	sal
Salami	salami	salami	Salami	salame	salame
Salchicha	sausage	saucisse	Würstchen	salsiccia	salsicha
Salida	exit	sortie	Ausgang	uscita	saída
Salir	to go out/exit	sortir	hinausgehen, ausgehen	uscire	sair
Salmón	salmon	saumon	Lachs	salmone	salmão
Salón	living room	salon	Wohnzimmer	soggiorno	sala
Salud	health	santé	Gesundheit	salute	saúde
Saludable	healthy	bon pour la santé	gesund	salubre	saudável
Sandía	watermelon	pastèque	Wassermelone	anguria	melancia
Sangre	blood	sang	Blut	sangue	sangue
Sano, a	healthy	sain, e	gesund	sano/a	saudável
Sardina	sardine	sardine	Sardine	sardina	sardinha
Sauna	sauna	sauna	Sauna	sauna	sauna
Secarse	to dry oneself/to dry up	se sécher	sich abtrocknen	asciugarsi	secar-se
Secreto, a	secret	secret, secrète	geheim	segreto/a	segredo
Sed	thirst	soif	Durst	sete	sede
Seguir	to follow	suivre, continuer	folgen	continuare	seguir
Segundo	second	seconde	Sekunde	secondo	segundo
Segundo, a	the second	deuxième	zweite/r	secondo/a	segundo, a
Semana	week	semaine	Woche	settimana	semana
Señalar	to show	signaler	signalisieren, anzeigen	segnare	mostrar
Señor, a	Mr/Mrs	Monsieur, Madame	Herr/Frau	signore/a	senhor, a
Sentado, a	seated	assis, e	sitzend	seduto/a	sentado, a
Sentarse	to sit down	s'asseoir	sich setzen	sedere	sentar-se
Sentir(se)	to feel	(se) sentir	sich fühlen	sentire	sentir(-se)
Septiembre	September	septembre	September	Settembre	setembro
Ser	to be	être	sein	essere	ser
Serio, a	serious	sérieux, sérieuse	ernst	serio/a	sério, a
Servir	to serve	servir	dienen	servire	servir
Siempre	always	toujours	immer	sempre	sempre

Español	Inglés	Francés	Alemán	Italiano	Portugués (Brasileño)
Siesta	siesta/nap	sieste	Mittagsschlaf	siesta	sesta (soneca)
Significar	to mean	signifier	bedeuten	significare	significar
Símbolo	symbol	symbole	Symbol	simbolo	símbolo
Simpático, a	friendly	sympathique	sympathisch	simpatico/a	simpático, a
Sincero, a	sincere	sincère	aufrichtig	sincero/a	sincero, a
Síntoma	symptom	symptôme	Symptom	sintomo	sintoma
Sitio	place	endroit, place	Ort	posto	lugar
Sociable	sociable	sociable	gesellig	socievole	sociável
Social	social	social, e	sozial, gesellschaftlich	sociale	social
Sofá	sofa	sofa	Sofa	divano	sofá
Sol	sun	soleil	Sonne	sole	sol
Soler	to tend/usually do	avoir l'habitude de	pflegen	essere solito	costumar
Solidaridad	solidarity	solidarité	Solidarität	solidarità	solidariedade
Solidario, a	supportive	solidaire	solidarisch	solidario/a	solidário, a
Solo, a	alone	seul, e	allein	solo/a	sozinho, a
Sonar	to sound/to ring	sonner	klingen	suonare	sonhar
Sonido	sound	son	Ton	suono	som
Sonreír	to smile/laugh	sourire	lächeln	sorridere	sorrir
Sonrisa	smile	sourire	Lächeln	sorriso	sorriso
Sorpresa	surprise	surprise	Überraschung	sorpresa	surpresa
Subir	to climb	monter	hochgehen, steigen	salire	subir
Sucio, a	dirty	sale	schmutzig	sporco/a	sujo, a
Sueco, a	Swede	Suédois, e	schwedische/r	svedese	sueco, a
Sueño	dream	sommeil	Schlaf	sonno	sonho
Suerte	luck	chance	Glück	fortuna	sorte
Supermercado	supermarket	supermarché	Supermarkt	supermercato	supermercado
Suponer	to suppose	supposer	annehmen	supporre	supor
Suspense	suspense	suspense	Spannung	thriller	suspense

T

Español	Inglés	Francés	Alemán	Italiano	Portugués (Brasileño)
Tacón	heel	talon	Absatz	tacco	salto
Taller	workshop	atelier	Werkstätte	officina	oficina
También	too/as well	aussi	auch	anche	também
Tampoco	neither	non plus	auch nicht	neanche	também não
Tapa	bar snack	tapa	Tapa, Häppchen	spuntino	petisco
Tarde	afternoon	après-midi	Nachmittag	pomeriggio	tarde
Tarde	late	tard	spät	tardi	tarde
Tarjeta	identification card	carte	Ausweis	carta d'identità	bilhete de identidade (carteira de identidade)
Tarta	cake	tarte	Torte	torta	bolo
Tatuaje	tattoo	tatouage	Tätowierung	tatuaggio	tatuagem
Taza	cup	tasse	Tasse	tazza	xávena (xícara)
Té	tea	thé	Tee	tè	chá
Teatro	theatre	théâtre	Theater	teatro	teatro
Teléfono	(tele)phone	téléphone	Telefon	telefono	telefone
Televisor / Televisión	television/TV	télévision	Fernsehen	televisione	televisão
Temperatura	temperature	température	Temperatur	temperatura	temperatura
Templado, a	mild/warm	tiède	lauwarm, mild	tiepido/a	morno, a
Temprano	early	tôt	früh	presto	cedo
Tener	to have	avoir	haben	avere	ter
Tenis	tennis	tennis	Tennis	tennis	ténis (tênis)
Tercer mundo	third world	tiers monde	Dritte Welt	terzo mondo	terceiro mundo
Terminar	to finish	terminer	beenden	finire	terminar
Ternera	beef	veau	Rindfleisch	vitello	vitela
Terraza	terrace	terrasse	Terrasse	terrazza	terraço
Terror	terror	terreur	Schrecken	terrore	terror

GLOSARIO

Español	Inglés	Francés	Alemán	Italiano	Portugués (Brasileño)
Tiempo	weather	temps	Wetter	tempo	tempo
Tienda	shop	magasin, boutique	Geschäft	negozio	loja
Tímido, a	shy	timide	schüchtern	timido/a	tímido, a
Tío, a	uncle/aunt	oncle, tante	Onkel/Tante	zio/a	tio, a
Típico, a	typical	typique	typisch	tipico/a	típico, a
Tirar	to throw away	tirer	ziehen	gettare	deitar fora (jogar fora)
Tirita	bandage	pansement	Pflaster	cerotto	penso (band-aid)
Tiza	chalk	craie	Kreide	gesso	giz
Toalla	towel	serviette	Handtuch	asciugamani	toalha
Tobillo	ankle	cheville	Knöchel	caviglia	tornozelo
Tocar	to touch	toucher	berühren	toccare	tocar
Todavía	yet/still	encore	noch	ancora	ainda não
Todo, a	all/everything	tout, e	alles	tutto/a	todo, a
Tomar	to have	prendre	nehmen	prendere	tomar
Tomate	tomato	tomate	Tomate	pomodoro	tomate
Toro	bull	taureau	Stier	toro	touro
Torre	tower	tour	Turm	torre	torre
Tos	cough	toux	Husten	tosse	tosse
Tostador	toaster	grille-pain	Toaster	brustolino	torradeira
Trabajar	to work	travailler	arbeiten	lavorare	trabalhar
Trabajo	job/work	travail	Arbeit	lavoro	trabalho
Tradición	tradition	tradition	Tradition	tradizione	tradição
Tradicional	traditional	traditionnel	traditionell	tradizionale	tradicional
Traer	to bring	amener	mitnehmen	portare	trazer
Tragedia	tragedy	tragédie	Tragödie	tragedia	tragédia
Traje	suit	costume, tailleur	Anzug	vestito da uomo	fato (terno)
Tranquilidad	tranquillity	tranquillité	Ruhe	tranquillità	tranquilidade
Tranquilo, a	calm	tranquille	ruhig	tranquillo/a	tranquilo, a
Transporte	transport	transport	Transport	trasporto	transporte
Tratamiento	treatment	traitement	Behandlung	cura	tratamento
Tremendo, a	tremendous	terrible, énorme	fürchterlich	tremendo/a	enorme
Tren	train	train	Zug	treno	comboio (trem)
Tripa	tummy	ventre	Darm, Bauch	pancia	barriga
Triste	sad	triste	traurig	triste	triste
Tumbado, a	to be lying down	allongé, e	liegend	sdraiato/a	deitado, a
Turismo	tourism	tourisme	Tourismus	turismo	turismo
Turístico, a	tourist	touristique	touristisch	turistico/a	turístico, a

U

Español	Inglés	Francés	Alemán	Italiano	Portugués (Brasileño)
Ubicado, a	situated	situé, e	gelegen	ubicato/a	localizado, a
Universidad	university	université	Universität	università	universidade
Usar	to use	user	benutzen	usare	usar
Uso	use	usage	Gebrauch	uso	uso
Utilizar	to use/utilize	utiliser	benutzen	utilizzare	utilizar
Uva	grape	raisin	Traube	uva	uva

V

Español	Inglés	Francés	Alemán	Italiano	Portugués (Brasileño)
Vacaciones	holidays	vacances	Urlaub	vacanze	férias
Vacío, a	empty	vide	leer	vuoto/a	vazio, a
Vago, a	lazy	fainéant, e	Faulpelz	pigro/a	preguiçoso, a
Valer	to cost	valoir	kosten	valere	valer
Vanguardia	avant-garde	avant-garde	Avantgarde	avanguardia	vanguarda
Vaquero	jeans	jean	Jeans	jeans	calça de ganga (calça jeans)
Variado, a	varied	varié, e	vielfältig, abwechslungsreich	misto/a	variado, a
Variedad	variety	variété	Vielfältigkeit	varietà	variedade
Vaso	glass	verre	Glas	bicchiere	copo

Español	Inglés	Francés	Alemán	Italiano	Portugués (Brasileño)
Váter	toilet	water	WC	gabinetto	sanita (vaso sanitário)
Vecino, a	neighbour	voisin, e	Nachbar/in	vicino/a	vizinho, a
Vegetal	vegetable	végétal	pflanzlich	vegetale	vegetal
Vegetariano, a	vegetarian	végétarien, végétarienne	vegetarisch	vegetariano/a	vegetariano, a
Vela	candle	voile	Kerze	candela	vela
Vendado, a	bandaged	bandé, e	verbunden	bendato/a	vendado, a
Vender	to sell	vendre	verkaufen	vendere	vender
Venir	to come	venir	kommen	venire	vir
Ventaja	advantage	avantage	Vorteil	vantaggio	vantagem
Ventana	window	fenêtre	Fenster	finestra	janela
Ver	to see	voir	sehen	vedere	ver
Verano	summer	été	Sommer	Estate	verão
Verdad	truth	vérité	Wahrheit	verità	verdade
Verde	green	vert	grün	verde	verde
Verdura	vegetable	légumes verts	Gemüse	verdura	verdura
Vestido	dress	robe	Kleid	abito	vestido
Vestirse	to dress	s'habiller	sich anziehen	vestirsi	vestir-se
Vez	time	fois	Mal	volta	vez
Viajar	to travel	voyager	reisen	viaggiare	viajar
Viaje	travel/trip/journey	voyage	Reise	viaggio	viagem
Vida	life	vie	Leben	vita	vida
Videojuego	video game	jeu vidéo	Videospiel	videogioco	videojogo (videogame)
Viejo, a	old	vieux, vieille	alt	vecchio/a	velho, a
Viento	window	vent	Wind	vento	vento
Viernes	Friday	vendredi	Freitag	Venerdì	sexta-feira
Vinagre	vinegar	vinaigre	Essig	aceto	vinagre
Vino	wine	vin	Wein	vino	vinho
Vino blanco	white wine	vin blanc	Weißwein	vino bianco	vinho branco
Vino tinto	red wine	vin rouge	Rotwein	vino rosso	vinho tinto
Violeta	violet	violet, violette	violett	viola	violeta
Visita	visit	visite	Besuch	visita	visita
Visitar	to visit	visiter, rendre visite à	besuchen	visitare	visitar
Vista	view	vue	Sicht, Sehvermögen	vista	vista
Vivir	to live	vivre	leben	vivere	viver
Vivo, a	alive	vif, vive	lebend, lebendig	vivo/a	vivo, a
Volcán	volcano	volcan	Vulkan	vulcano	vulcão
Volver	to return/come back	revenir, retourner	zurückkehren	tornare	voltar
Votar	to vote	voter	wählen	eleggere	votar
Voz	voice	voix	Stimme	voce	voz
Vuelo	flight	vol	Flug	volo	voo

Y

Español	Inglés	Francés	Alemán	Italiano	Portugués (Brasileño)
Yate	yacht	yacht	Jacht	yacht	iate
Yeso	plaster	plâtre	Gips	gesso	gesso
Yogur	yoghurt	yaourt	Joghurt	yogurt	iogurte

Z

Español	Inglés	Francés	Alemán	Italiano	Portugués (Brasileño)
Zanahoria	carrot	carotte	Karotte	carota	cenoura
Zapato	shoe	chaussure	Schuh	scarpa	sapato
Zumo	juice	jus	Saft	succo	sumo (suco)